Zu diesem Buch

Am 27. Dezember 1979 ist die sowjetische Armee in Afghanistan eingerückt. Einen Tag zuvor hatte Karl-Heinrich Rudersdorf, der Beauftragte des Deutschen Entwicklungsdienstes in Kabul, sein Manuskript über die führenden Männer der afghanischen Revolution 1978 beendet und an den Rowohlt Verlag auf die Post gegeben.

Der sowjetische Einmarsch beantwortete die Frage, die das ursprüngliche Manuskript gestellt hatte: «Ist eine blockfreie Revolution noch möglich?» Die endgültige Fassung dieses Buches ist im Januar und Februar unter dem Eindruck einer sich zuspitzenden Konfrontation zwischen den Weltmächten abgeschlossen worden. Das Buch wird veröffentlicht in der Furcht, daß beide Weltmächte längst über die Interessen der Afghanen hinweggegangen sind.

«Dürfen wir auf Eure Kosten, mit dem Schein des mitleidsvollen Altruismus, unsere eigene Sicherheit noch etwas sicherer machen? Darf die Angst um unsere Ölwege unser Denken und Handeln Eurem Volk gegenüber bestimmen? Es geht darum, den schmalen Grat zu finden zwischen gefährlicher Resignation und Anpassung an durch Gewalt geschaffene Verhältnisse und einem sinnlosen, selbstvernichtenden Widerstand. Der folgende Bericht soll die Entwicklung der beiden vergangenen Jahre, die zur heutigen Lage in Afghanistan führte, protokollieren und im Zusammenhang darstellen. Eine einfache Lösung, wie wir Außenstehenden dieses Land, in dem wir gearbeitet und das wir lieben gelernt haben, weiterhin unterstützen können, kann ich nicht anbieten. Aber wenn der Bericht in Deutschland vor allzu schnellen Fehlschlüssen und Fehlurteilen warnen kann, dann hat er schon viel geleistet» (Rudersdorf in einem Brief an einen afghanischen Freund).

Der Band wird ergänzt durch eine Analyse der militärischen Aspekte des sowjetischen Einmarsches von Ulrich Albrecht und einem Augenzeugenbericht von Andreas Kohlschütter aus der «Zeit».

Karl-Heinrich Rudersdorf, geb. 1940, von März 1978 bis Februar 1980 Beauftragter des Deutschen Entwicklungsdienstes (DED) in Afghanistan. 1965–1970 Studium der Soziologie, 1973 bis 1977 Redakteur in der entwicklungspolitischen Redaktion des epd in Frankfurt. Veröff. u. a.: Das Entwicklungskonzept des Weltkirchenrates, Saarbrücken 1975; gemeinsam mit T. Z. Chung: Ausländerstudium und Reintegration, in: Entwicklungsländer, hg. vom World University Service, 3/75.

Ulrich Albrecht, geb. 1941, ist Professor für Politische Wissenschaften an der Freien Universität Berlin. Veröff. u. a.: Arbeitsplätze durch Rüstung? (zus. mit Peter Lock und Herbert Wulf), Reinbek, 1978.

Andreas Kohlschütter, geb. 1935, Korrespondent der «Zeit» für den Nahen und Mittleren Osten.

Karl-Heinrich Rudersdorf

Afghanistan – eine Sowjetrepublik?

Mit weiteren Beiträgen von Ulrich Albrecht und Andreas Kohlschütter

rororo

Rowohlt

rororo aktuell – Herausgegeben von Freimut Duve

Originalausgabe

Veröffentlicht im Rowohlt Taschenbuch Verlag GmbH,
Reinbek bei Hamburg, Mai 1980

Der Beitrag von Andreas Kohlschütter ist zuerst in der «Zeit»
von 7. März 1980 erschienen. © Andreas Kohlschütter
Übersetzung des Anhangs von Hubert Gaethe
Umschlagentwurf Werner Rebhuhn (Foto dpa)

Satz Aldus (Linotron 404)
Gesamtherstellung Clausen & Bosse, Leck
Printed in Germany
680-ISBN 3 499 14643 6

Inhalt

«Jegliches Paktieren mit dem Antikommunismus mußten wir uns schlechterdings verbieten. Zwar war es nicht zu vermeiden, daß unsere Sowjetkritik partiell sich deckte mit den Argumenten, die die antikommunistische Propaganda aus den despotischen Zügen des Sowjetsystems bezog, und daß sie von ihr mitverwendet wurde. Sie deshalb – wie die sie darum als ‹antikommunistisch› denunzierenden Kommunisten oft verlangten – zu unterlassen, kam nicht in Frage, weil sie für die Profilierung unserer eigenen Position unerläßlich war und weil die Hoffnung nicht aufgegeben werden konnte, solche Kritik werde auf die Dauer auch von den Kommunisten im Zuge ihrer eigenen Entwicklung als berechtigt anerkannt werden.»

Helmut Gollwitzer zur Begründung seiner Kritik an der Sowjetunion zur Zeit der Adenauer-Ära. In: Das Argument 113, Januar/Februar 1979, Seite 84

«Früher dachte man an Entwicklung ohne Tränen. Man dachte, man könne Entwicklung erreichen, ohne sich mit den Machtverhältnissen, Klassen und wirtschaftlichen Interessen in der Gesellschaft zu befassen. Jetzt muß man erkennen, daß Entwicklung Tränen und Kampf bedeutet. Die Art des Kampfes und das Ausmaß von Leiden und Qualen in diesem Kampf sind Dinge, die aus der Geschichte gelernt werden können.»

S. L. Parmar, indischer Wirtschaftswissenschaftler, gestorben im Mai 1979

Vorwort

Die weltweite Empörung über den Verlust der nationalen Unabhängigkeit Afghanistans ist groß. Sie ist vielleicht deshalb besonders groß, weil zwar im allgemeinen nicht sehr viele Einzelheiten über dieses Land bekannt sind, aber sich gerade der Freiheitswille dieses Volkes im Laufe der Geschichte einen legendären Ruf erringen konnte. Afghanistan war die erste Halbkolonie der Neuzeit, die 1919 nach drei Kriegen gegen die britische Kolonialmacht ihre volle nationale Unabhängigkeit erlangte. Sechzig Jahre danach, im Dezember 1979, intervenierten sowjetische Truppen erstmals außerhalb ihres vorgegebenen Machtbereichs – in Afghanistan. Wie in diesem Land die Jahrzehnte der Dekolonisation begannen, beginnt nun dort die erste Stufe eines neuen sowjetischen Expansionismus?

Um diese Frage sachgemäß beantworten zu können, gehört die Kenntnis der Entwicklung in Afghanistan selbst unbedingt hinzu. Mit der mangelhaften Berücksichtigung eben dieser innenpolitischen Situation Afghanistans erklärt Georg F. Kennan, anerkannter Analytiker der Ost-West-Beziehungen und amerikanische Exdiplomat, zum Teil die Überreaktion des Westens auf den sowjetischen Einmarsch. Kennan kommt seinerseits zu dem Schluß, daß die Sowjetunion in Afghanistan eher defensive als offensive Ziele verfolgte (*Der Spiegel*, 11. Februar 1980).

Das vorliegende Buch will aber nicht fertige Antworten und distanzierte Analysen liefern. Es will vielmehr so genau wie möglich die Entwicklungen der beiden wichtigen Jahre in Afghanistan vor dem sowjetischen Einmarsch beschreiben, wie sie jemand, der in dieser Zeit in Afghanistan gearbeitet hat, miterleben konnte. Es ist mit gutem Recht nicht Sache von Angehörigen des Deutschen Entwicklungsdienstes (DED), sich in innere politische Angelegenheiten ihrer Gastländer einzumischen. Es geht in diesem Band daher in erster Linie um Darstellung, nicht um Wertung der Ereignisse. Auch enthält er keinerlei Stellungnahme des DED zu den Ereignissen in Afghanistan.

Dieser Bericht hätte nicht entstehen können ohne die vielen Diskussionen mit afghanischen Projektpartnern und Freunden, mit durchreisenden Journalisten und Afghanistan-Wissenschaftlern, mit deutschen und ausländischen Entwicklungsexperten und nicht zuletzt mit den DED-Entwicklungshelfern. Die Entwicklungshelfer arbeiteten in dieser Zeit in Afghanistan bei der Spinsar Co. in Kundus, bei der Afghanischen Textil-Gesellschaft in Gulbahar und Pul-i-Chumri, in verschiedenen Einrichtungen des Gesundheitsministeriums, in Projekten des Rural Development Departments, bei der Stadtplanungsbehörde und in Lehrerbildungseinrichtungen, Berufsschulen und Kindergärten. All denjenigen, die mir geholfen haben, das Land Afghanistan ein wenig besser verstehen zu lernen, sei herzlich gedankt. Ohne all die anderen zu vergessen, bin ich auf Grund von Anregungen und Hilfestellungen zu besonderem Dank verpflichtet Gisela Frommer, Angelika Göser-Huber, Hannspeter Disdorn, Jan Heeren Grevemeyer, Wolfgang Holzwarth, Max Klimburg, Andreas Kohlschütter, Eberhard Kuhrau, Johann Schamp, Peter Snoy, Peter Wald, meiner Frau, meiner Mutter und Frau Becker, die die mühsame Arbeit des Abschreibens des Manuskripts übernommen hatte. Aus verständlichen Gründen muß ich es unterlassen, an dieser Stelle auch die Namen der afghanischen Kollegen und Freunde zu nennen. Gewidmet werden soll dieses Buch dem Schriftsteller und Philosophen Dr. Gholam Ghauss Schodschaie, der in München studiert hat, danach an der Universität Kabul lehrte und seit Frühjahr 1979 in afghanischen Gefängnissen vermißt ist.

Karl-Heinrich Rudersdorf
Kabul/Bad Dürrheim, Februar 1980

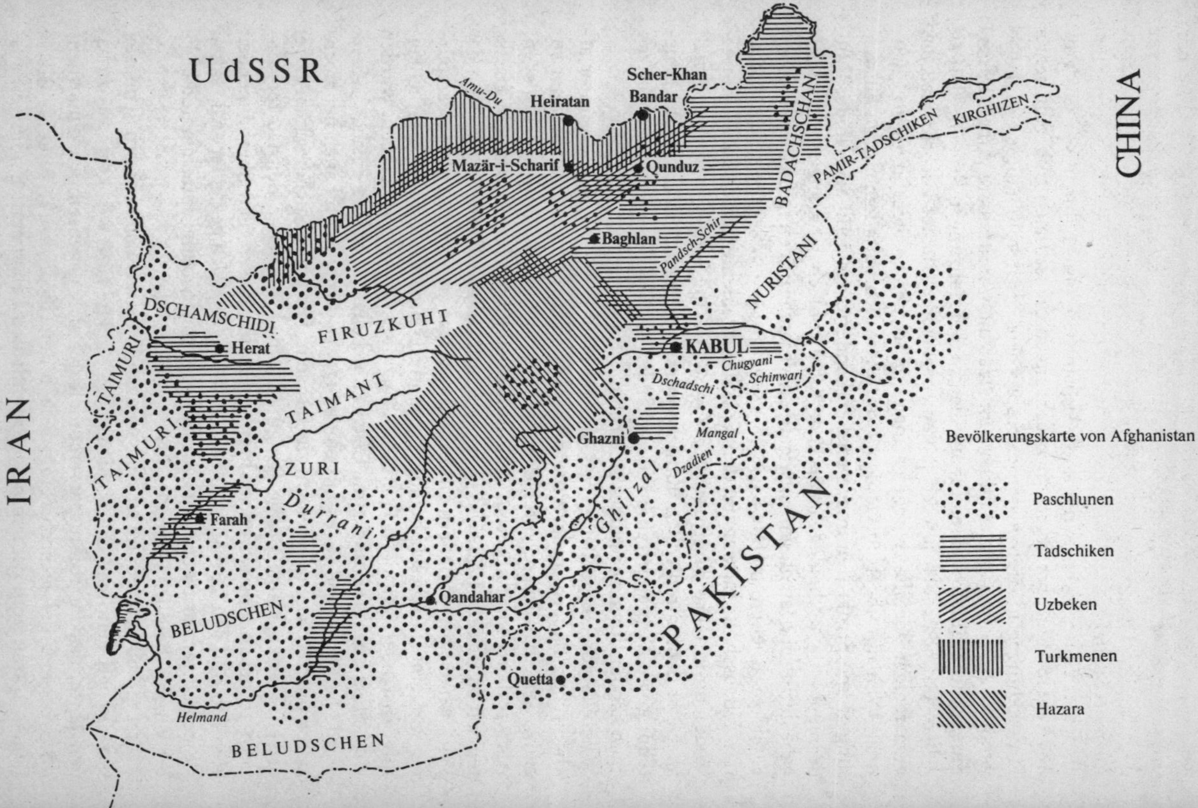
UdSSR
CHINA
IRAN
PAKISTAN
Amu-Du
Heiratan
Scher-Khan
Bandar
Mazär-i-Scharif
Qunduz
BADACHSCHAN
PAMIR-TADSCHIKEN
KIRGHIZEN
Baghlan
Pandsch-Schir
NURISTANI
DSCHAMSCHIDI
FIRUZKUHT
Herat
KABUL
Chugyani
Schinwari
Dschadschi
TAIMURI
TAIMANT
TAIMURI
Ghazni
Mangal
Dzadien
ZURI
Durrani
Ghilzai
Farah
Qandahar
BELUDSCHEN
Quetta
Helmand
BELUDSCHEN
Bevölkerungskarte von Afghanistan
Paschlunen
Tadschiken
Uzbeken
Turkmenen
Hazara

Brief an einen afghanischen Freund

Lieber Nurullah,
als ich vor über zwei Jahren nach Afghanistan kam, nahmen wir uns vor, uns regelmäßig über meine Beobachtungen der sozialen und politischen Entwicklungen in Afghanistan zu besprechen. Mich sollten diese Gespräche veranlassen, mir während dieser Zeit über die unmittelbare Arbeit in den Entwicklungshilfeprojekten hinaus über neue Erfahrungen Rechenschaft zu geben. Grundsätzlich bin ich ja gemeinsam mit Dir der Ansicht, daß das unerträgliche Gefälle zwischen armen und reichen Ländern in unserer heutigen Welt nur abgebaut werden kann, wenn sich vor allem an den Einstellungen und Strukturen in den reichen Ländern, das heißt auch in der Bundesrepublik, entscheidend etwas ändert. Obwohl ich daher meine Hauptaufgabe darin sehe, an diesen notwendigen Veränderungen in meinem eigenen Lande zu arbeiten, meinte ich doch, es wäre gut, einmal über einen längeren Zeitabschnitt hinweg mit den täglichen Problemen eines Entwicklungslandes unmittelbar konfrontiert zu werden. Eine solche Erfahrung erhält aber erst dann ihren vollen Sinn, wenn man versucht, daraus für die Beurteilung von Vorgängen in ärmeren Ländern und für das Verhalten der reichen Länder ihnen gegenüber zu lernen.

Bereits vor Jahren hatten wir uns bei einer Befragungsaktion unter afghanischen Bauern in der Provinz kennengelernt. Du warst bei dieser sozialwissenschaftlichen Untersuchung einer meiner afghanischen Kollegen. Als wir damals mit unserem selbstgebastelten Fragebogen loszogen, merkten wir zwar sehr bald, wie weit die schulmäßigen Vorstellungen von der Wirklichkeit dieser Bauern entfernt lagen. Das erste, was ich aber verspürte, war eine fast beschämende, spontane Freundlichkeit und Gastlichkeit mir Ausländer, mir doch Fremdem gegenüber. Wo wir hinkamen, wurden wir sofort zum Tee und zum Essen eingeladen, es wurde gelacht, Musik wurde gemacht, und sei es mit einem Transistorradio, und auch bei Hochzeiten durften wir mit Freuden zu Gast sein. Für uns Besucher schien es bei diesen Treffen kaum soziale Rangunterschiede zwischen den Dorfbewohnern zu geben, alle waren in ihren wallenden Hosen, den überhängenden Hemden und den Turbanen mehr oder weniger gleich gekleidet. Alle saßen sie gemeinsam im Teehaus des Dorfes oder sonstwo und sprachen und lachten, augenscheinlich wenig beschwert, miteinander.

Erst allmählich merkte ich, daß es auch in dieser scheinbar problemlosen Gesellschaft deutliche Hierarchien gab. Es zeigte sich, wer wem was zu sagen hatte, das Begrüßungszeremoniell des sich gegenseitigen Umarmens und Küssens fiel je nach Rang doch unterschiedlich aus, und sämtliche Frauen waren vom gemeinsamen öffentlichen Leben der Männerwelt ausgeschlossen. Du konntest mir auch sehr bald klarmachen, wer in jedem

Dorf der tonangebende alles bestimmende Grundbesitzer, der Chan, war, von dem die meisten abhingen und dem die meisten Geld, zum Teil hoffnungslos viel Geld, schuldeten.

Trotz dieser Abhängigkeiten war aber Platz für jeden. Auch der ärmste Bauer konnte zum Chan zum Essen gehen, niemand mußte in einer Dorfgemeinschaft verhungern, solange es überhaupt etwas zu essen gab. Beim Essen konnte der Chan offen über seine Besitzverhältnisse sprechen, und niemanden schien dies sehr zu stören oder zu provozieren. Die Erneuerung der lebenswichtigen Bewässerungskanäle und die Verteilung des Wassers für die Felder wurde von allen gemeinschaftlich ohne Hilfe des Staates vorgenommen. Bei den seltenen Anlässen, wo wir als Männer auch die privaten Teile des Hauses betreten durften, war bald zu bemerken, daß die Frauen in diesem Bezirk nicht das unwichtigste Wort mitzureden haben.

Dennoch war damals schon in dieser scheinbar intakten Gesellschaft der Wunsch nach Veränderung, nach Verbesserung, nach undefiniertem «Fortschritt» unüberhörbar. Die Regierung solle mehr Straßen und Brücken bauen, sie solle dafür sorgen, daß jeder mehr Land zum Bebauen habe, mehr Schulen sollten eingerichtet werden und mehr und bessere Ärzte sollten kommen usw. Die Meinung der Frauen konnten wir trotz all unserer Bemühungen nicht erfahren, denn auch noch der sich am fortschrittlichsten gebende Lehrer erlaubte uns nicht, mit seiner Frau zu sprechen.

Als wir dann im April 1978 über die für uns beide überraschende Revolution unter Nur Mohammad Taraki diskutierten, der sich umfassende Reformen der Gesellschaftsstruktur in den Dörfern und Städten zum Ziel gesetzt hatte, warst Du sofort ziemlich skeptisch. Du sagtest, Deiner grundsätzlichen Einstellung nach könne eine solche Revolution «von oben» nichts Gutes bedeuten, auch nicht für Afghanistan. Du meintest, jetzt habe offensichtlich einfach nur eine neue Machtclique die bisherige abgelöst; für das Volk werde sich dadurch trotz aller Versprechungen nichts zum Besseren ändern. Besonders mißtrauisch machte Dich damals schon die unaufgeklärte Rolle, die die sowjetischen Militärberater bei diesem Umsturz gespielt haben.

Ich hielt dem entgegen, daß wir kritisch gegen uns selbst sein müßten. In Kindheit und Schule haben wir im Westen zwar gelernt, nichts Gutes zu erwarten, wohinter möglicherweise Kommunisten oder die Sowjetunion stecken, und oft genug in der Wirklichkeit auch erlebt. Ich verwies darauf, daß ich als Außenstehender nicht von vornherein wissen kann, wieviel Unterstützung die Partei Tarakis im Volke hat oder wieviel sie im Laufe der Zeit erringen kann. Auch sagte ich, es ist nicht richtig, wenn ich meine eigenen Maßstäbe aus Deutschland an Ereignisse in Entwicklungsländern anlege; es sei in erster Linie Sache dieser Länder selbst, und sei dies mittels innerer Machtkämpfe, einen eigenen Weg für ihre Entwicklung zu finden.

Nun aber sind es keine «inneren Machtkämpfe», nun steht eine Großmacht mit mehreren Zehntausenden von Soldaten in eurem Land. Wirksame Gegenwehr gegen diese gewaltsame «Einmischung» wäre nur möglich durch freundschaftliche «Einmischung» von dritter Seite. Ich warnte schon damals davor, daß immer wieder Staaten der Dritten Welt zum Kampf- und Krisenschauplatz der Großmächte würden.

Ihr standet schon damals skeptisch und ablehnend der neuen Regierung gegenüber. Euch empörte, daß es keine islamische Regierung sei, sondern eingesetzt von den Sowjets, für Euch waren die Mitglieder der neuen Regierung sowjetische Spione. Ich redete Euch zu, Ihr solltet ein wenig abwarten und der neuen Regierung eine Chance geben. Ihr solltet die neuen Leute beobachten und sie da unterstützen, wo sie konkret für Verbesserungen der Lebensumstände der Bevölkerung arbeiten. Wir sprachen allerdings auch darüber, daß eine Reihe unserer afghanischen Freunde und Bekannten nicht nur Gutes von der neuen Regierung erwarten könnten, da sie in vielen Fällen innerhalb der afghanischen Gesellschaft eher den wirtschaftlich und sozial privilegierten Gruppen zuzurechnen waren. Irgendwie hoffte ich damals noch, das Neue möge auch Fortschritte bringen. Du kannst Dich erinnern, damals konnte ich noch auf diesen oder jenen Parteimann verweisen, der sich in der Tat für das Wohl der Menschen einsetzte. Ich denke an den neuen Ministeriumsbeamten, der unbestechlich und ideologisch nicht eingeengt war und mit dem man offen auch über Kritik an der neuen Regierung sprechen konnte, ohne daß er dies übelnahm. Ich denke an den neuen leitenden Angestellten eines Provinzkrankenhauses, der sich die Mühe nahm, auch noch die entferntest gelegene Gesundheitsstation in den Dörfern regelmäßig zu besuchen. Ich denke an die Leiterin der Kindergärten, die beim Neubau eines Kindergartens ausdrücklich darauf bestand, daß er kein Prestigebau werden, sondern billiger und den Bedürfnissen des Landes und den Kindern angepaßt sein solle.

Du und die anderen Skeptiker schienen aber dennoch immer mehr recht zu behalten. Es war nahezu unerträglich, die Beweise für eine sich fast von Tag zu Tag steigernden Arroganz der neuen Machthaber mitzuerleben. Sie verkündeten immer großartiger klingende Phrasen und arbeiteten in der Praxis immer mehr gegen die Interessen derer, denen sie immerwährenden Fortschritt versprachen. Mangels einer wirklichen Kontrolle durch das Volk verstiegen sie sich zu immer groteskeren Machtkämpfen, bei denen die «großen Führer» von gestern zu «gemeinsamen Verrätern» von heute wurden und umgekehrt. Der Einmarsch der sowjetischen Truppen bildete den bisherigen Höhepunkt dieser Entwicklung. Die Macht, die vorgab, im Namen des Volkes zu handeln, unterwarf sich das Volk ungefragt; diejenigen, die befreit werden sollten, verloren im Namen der Freiheit ihre nationale Eigenständigkeit.

Deine Angst war daher voll berechtigt. Sicherlich hätten alle Beobachter und Betroffenen Afghanistan eine bessere Zukunft gewünscht. Unter den mittlerweile geschaffenen Bedingungen haben nicht nur einige Privilegierte zu leiden, sondern gerade auch die armen und ärmsten der Bevölkerung.

Die Allahu-Akbar-, Gott-ist-groß-Rufe über den Dächern von Kabul sind ein überwältigender Protestschrei nahezu der gesamten Bevölkerung gegen die Besatzer und gegen diejenigen, die sie gerufen haben. Für viele Afghanen ist eindeutig klar, was in dieser Situation zu tun ist: entschlossener Kampf gegen die Besatzer und ihre Helfershelfer bis zum Tode. Es haben sich bereits zahlreiche Gruppen und Dorfverbände zusammengetan, um mit dem Mut der Verzweiflung gegen die moderne Militärmaschine zu kämpfen. Sie fühlen sich voll getragen von der moralischen Unterstützung der islamischen Länder und Völker und von dem überwiegenden Teil der Weltmeinung.

Du hast Dich entschieden. Du bist heute aktiv in einer Widerstandsgruppe, ein «Freiheitskämpfer» im westlichen Sprachgebrauch, ein «Aufständischer» im sowjetischen Begriff. Ihr kämpft für eine afghanische Republik, die weder vom Osten noch vom Westen abhängig ist, eine Republik, die sich auf die eigenen Überzeugungen, auf die eigenen Traditionen, auf den Islam stützt. Du weißt, wie skeptisch sowohl im Westen wie im Osten die islamische Revolution im Iran beurteilt wird.

Aber müssen wir hier im Westen Euch nicht nur moralisch, sondern vielleicht auch materiell nach Kräften fördern und unterstützen? Diese Frage wird bei uns, das mag Dich verwundern, kaum diskutiert, sie erscheint hier selbstverständlich. Die Empörung über den sowjetischen Einmarsch hierzulande ist nicht nur ein Ergebnis von Propaganda. Viele Menschen sind der Überzeugung, daß wir alles dransetzen müssen, um hier ein Exempel zu statuieren, damit sich derartige Interventionen der Großmächte nie und nirgends wiederholen mögen.

Ich kenne Euer Land, ich glaube, Eure Chancen abschätzen zu können. Ich war lange Euer Gast, ich muß mich zwingen, die spontanen Empfindungen zurückzudrängen und eine nüchterne Einschätzung vornehmen; und die bringt mich zur bitteren Erkenntnis: Die moralische Berechtigung Eures Widerstandes ist mit Händen zu greifen, sie kann Euch von keinem ehrlichen Beobachter, der sich um Euch mehr sorgt als um seine eigenen Ziele, abgestritten werden. Wir befinden uns, wie so viele vor uns in der Geschichte gewaltsamer Unterwerfungen, in dem fast ausweglosen Dilemma, die Aussichtslosigkeit Eures Kampfes eingestehen zu müssen. Aussichtslos deshalb, weil Euer Kampf paradoxerweise nur durch aktive Beteiligung von außen eine Chance bekommt, aber schon hätte sich auch der Westen in die afghanische Innenpolitik verstrickt, schon wäre Euer Land Welt-Kriegsschauplatz, wie es Korea und Vietnam waren.

Wir hören von den neuen Machthabern hehr klingende Ziele und sehen zugleich, wie wenig davon auf absehbare Zeit verwirklicht werden kann. Wir sehen eine kleine Gruppe von afghanischen Politikern, die trotz allem auch unter vorläufiger Akzeptierung der jetzt geschaffenen Verhältnisse sich für das Wohl ihres Volkes und Landes einsetzen.

Afghanistan ist heute in eine ähnliche Situation geraten wie andere Staaten vor ihm: Ungarn 1956. Kádár war bereit, das Beste für sein Volk zu versuchen. Er hatte Folterungen erduldet, ihm waren in den stalinistischen Gefängnissen die Fingernägel ausgerissen worden – aber er hat, unter der Anwesenheit sowjetischer Truppen, zu arbeiten versucht. In Prag 1968 übte ein ganzes Volk den Widerstand bewußt gewaltlos angesichts der tödlichen Übermacht.

Als Außenstehende haben wir nur scheinbar eine größere Bewegungsfreiheit. Es ist aus der Ferne leicht, ein ideales Modell einer dezentralen, von breiten Volksmassen getragenen Entwicklung zu fordern. Wer hielte das nicht für den besten Weg! Sehr viel schwieriger ist es aber, in einer konkreten politischen Situation mit ihren Wirren und Kämpfen die jeweils beste, im Interesse der Bevölkerung liegende Position einzunehmen und sich dafür einzusetzen.

Lieber Nurullah, wenn wir Europäer uns vorbehaltlos auf Eure Seite schlagen, so geschieht dies – vielleicht sogar gegen unseren Willen – im Interesse machtpolitischer und geostrategischer Überlegungen. Unser Engagement für Euch wird der Geostrategie untergeordnet.

Dürfen wir auf Eure Kosten, mit dem Schein des mitleidsvollen Altruismus, unsere eigene Sicherheit noch etwas sicherer machen? Darf die Angst um unsere Ölwege unser Denken und Handeln Eurem Volk gegenüber bestimmen? Es geht darum, den schmalen Grat zu finden zwischen gefährlicher Resignation und Anpassung an durch Gewalt geschaffene Verhältnisse und einem sinnlosen, selbstvernichtenden Widerstand.

Mein Bericht soll die Entwicklung der beiden vergangenen Jahre, die zur heutigen Lage in Afghanistan führte, protokollieren und im Zusammenhang darstellen. Eine einfache Lösung, wie wir Außenstehenden dieses Land, in dem ich gearbeitet und das ich lieben gelernt habe, weiterhin unterstützen können, kann ich nicht anbieten. Aber wenn der Bericht in Deutschland vor allzu schnellen Fehlschlüssen und Fehlurteilen warnen kann, dann hat er schon viel geleistet.

Bad Dürrheim, 14. März 1980 Dein Karl-Heinrich Rudersdorf

Afghanistan – eine Sowjetrepublik?

Der 7. Saur 1357

Es sollte einer der geliebten Wochenendausflüge werden, die man von Kabul aus unternehmen kann. Wir wollten mit unserem klappernden Toyota-Jeep Richtung Norden nach Gulbahar («Die Frühlingsblume») und von dort möglichst weit ins Pandschirtal («Tal der fünf Löwen») hinauffahren. Alles war vorbereitet, mitfahrende Freunde wurden abgeholt und frisches Gemüse noch rasch im Kabuler Basar eingekauft, da sich die Entwicklungshelfer-Kollegen in Gulbahar beschwert hatten, es gäbe derzeit bei ihnen zuwenig davon zu kaufen.

Punkt zwölf Uhr verließen wir am Interconti vorbei über den kleinen Chair-Chana-Paß Kabul. Die Straße führt zwischen Weinbergfeldern und alten Maulbeerbaumalleen in die fruchtbare Parwan-Ebene hinein. Wir verließen die Teerstraße und bogen nach rechts ab, um auf einem direkten Weg am Militärflughafen Bagram vorbei über Kapisa nach Gulbahar zu gelangen.

Wir wunderten uns, daß an diesem Donnerstagnachmittag, dem 27. April 1978, nach afghanischem Kalender der 7. Saur 1357, mehrere Militärflugzeuge von der Piste aufstiegen. Da der Freitag, der «Dschoma», der Wochenfeiertag in Afghanistan ist, gilt der Donnerstag, wie der europäische Samstag, bereits als Vorfeiertag. Aber warum soll die afghanische Luftwaffe, sagten wir uns, nicht auch einmal an einem Wochenende Übungen fliegen.

Hinter dem Dorf Bagram besichtigten wir ausführlich die Reste der Sommerresidenz des Königs Kanischka, dem größten Herrscher des kuschanischen Reiches, das sich im 1. bis 2. Jahrhundert unserer Zeitrechnung über weite Teile des heutigen Afghanistan und darüber hinaus, vom Aralsee und dem westlichen China bis zum Indischen Ozean, erstreckte. Im Basar des Dorfes Kapisa tranken wir noch Tee in einer Tschai-Chana («Teehaus»). Der Wirt erwähnte unter anderem, daß Radio Kabul um siebzehn Uhr nicht seine gewohnten abendlichen Sendungen begonnen habe. Seine und unsere Uhren stimmten überein, es war 17 Uhr 30.

Die Schotterstraße führte weiter nach Gulbahar, wo unsere Entwicklungshelfer-Freunde bei der «Afghanischen Textil-Gesellschaft» eine Lehrlingsausbildung aufbauen halfen. Sie hatten uns eingeladen, über Nacht bei ihnen zu Gast zu sein. Als wir eintrafen, saßen alle ums Radio. Eben habe ein Sprecher durchgegeben, berichteten sie, daß der Staatspräsident Daud und seine Regierung in Kabul gestürzt worden sei, und eine Schora, ein militärischer Rat, die Macht in Afghanistan übernommen habe. (Ich mußte an meine Mutter denken, die beim Abschied in Deutschland vor drei Monaten meinte, es sei gut, daß wir in ein Land gingen, über das nicht so viel in den Zeitungen zu lesen sei!)

Was war in Kabul geschehen? Unsere Gastgeber wie ihre afghanischen Kollegen rätselten darüber. Bald folgte eine erste formelle Erklärung über Radio: «Zum erstenmal in der Geschichte Afghanistans wurden die letzten Reste der Monarchie, der Tyrannei, des Despotismus und der Macht der alten (Königs-)Dynastie des Tyrannen Nadir-Chan beendet, und alle Macht des Staates ist jetzt in den Händen des Volkes von Afghanistan. Die Macht des Staates liegt beim revolutionären Rat der bewaffneten Streitkräfte ...»

Als einziger nannte sich an diesem Abend über Radio ein Luftwaffenoffizier mit Namen: Abdul Qadr. Er hatte bereits beim Putsch Mohammad Dauds 1973 gegen dessen Vetter und Schwager, König Sahir Schah, eine wichtige Rolle gespielt. Inzwischen war Qadr von Daud wieder zurückgesetzt worden und hatte zeitweise eher untergeordnete Funktionen in Armee und Luftwaffe wahrnehmen müssen, wie zum Beispiel die Leitung des militärischen Schlachthofs.

Am nächsten Morgen war leider nicht mehr an unseren geplanten Ausflug ins Pandschir-Tal zu denken. In der Pförtnerloge der Afghanischen Textil-Gesellschaft traf ich den Fabrikleiter und seinen Stellvertreter. Beide saßen in ungewohnter afghanischer Kleidung, die von ihnen nur in der Freizeit getragen wird, am Radio und Telefon und warteten auf Informationen. Draußen am Fabriktor nahmen Angestellte das Bild von Mohammad Daud und seine Regierungsparolen von den Wänden. Sonst war alles ruhig. Niemand wußte genau, was in Kabul vorgefallen war. Wir entschieden uns, nach Kabul zurückzufahren. Zunächst war sich der Provinzgouverneur am Telefon unschlüssig, dann durften wir doch fahren.

Diesmal benutzten wir die Hauptstraße. Auch hier war alles ruhig, nichts schien verändert zu sein. Nur in den Dörfern und Ortschaften waren inzwischen ebenso wie in Gulbahar die Daud-Bilder abgenommen worden. Kein Militär war zu sehen, auch nicht an den Brücken und Straßenkreuzungen. Es gab einige Verkehrspolizisten, mit in etwa am bundesdeutschen Design orientierten Uniformen. (Seit Jahren lief ein deutsches Polizeiberatungsprojekt in Afghanistan.) Sie paßten sich, je nach Temperament schrill pfeifend oder lächelnd, erfolgreich dem Verkehrsfluß der einzelnen Fahrzeuge an.

Kurz vor Kabul waren auf einem Geröllfeld einige Panzer zu sehen. Am Stadtrand gab es die erste Straßenkontrolle. Panzer und Soldaten mit aufgepflanzten Bajonetten kontrollierten uns. Die Straße war gesperrt, wir mußten einen Umweg fahren. Auf den Straßenkreuzungen regelten Jugendliche ohne Uniform den Verkehr. Der Süden der Stadt war völlig abgeschnitten. Beim Außenministerium mußten wir einen größeren Bombentrichter in der Straße umfahren. Der Turm des Königspalastes hatte an einer Ecke offensichtlich einen kleineren Treffer abbekommen. Vor der deutschsprachigen Amani-Schule stand ein ausgebrannter VW-Bus. Fast überall waren die Durchgangsstraßen von Panzerkettenspuren gezeichnet. Größere Kreuzungen wurden von Soldaten und Panzern bewacht.

Ich versicherte mich, daß keinem der Entwicklungshelfer etwas zugestoßen war. Ein Telex nach Deutschland: «Alle wohlauf», konnte abgeschickt werden. Wir suchten ein Restaurant zum Mittagessen auf. Die in Kabul verbliebenen Kollegen berichteten, daß seit ca. zwölf Uhr des vorherigen Tages in der Stadt Schüsse und Detonationen zu hören gewesen seien. Überall seien Panzer aufgefahren. Am späteren Nachmittag und während der Nacht hätten Düsenjäger immer wieder Tiefangriffe geflogen. Genaueres über die Zusammenhänge und Hintergründe wußten sie nicht, und es war auch nichts Weiteres in der deutschen Botschaft zu erfahren.

Über Radio Kabul hörte man neben Musik immer wieder kurze Durchsagen: «Daud ist nicht mehr Präsident»; «Daud und seine Famile sind vernichtet»; «Alle Bürger Afghanistans sollen die Nation unterstützen, sie sollen Ruhe bewahren»; «Alle Einwohner Afghanistans sind gleichwertig» (das heißt unabhängig von ihrer religiösen und ethnischen Zugehörigkeit). Die Bevölkerung wird aufgefordert, den Sturz Dauds erst dann zu feiern, wenn sie durch die neuen Machthaber dazu aufgerufen werden. Die Minister und Staatssekretäre der alten Regierung werden über Radio zu einer Versammlung ins Kriegsministerium gerufen. Außerdem wird angesagt, daß jeder am nächsten Morgen, am Schambe, dem ersten Arbeitstag der afghanischen Woche, wieder zu seiner gewohnten Arbeit gehen solle.

So geschah es. Vom frühen Morgen des nächsten Tages an rollte der normale Berufsverkehr. Putzkolonnen säuberten die Straßen von den Spuren der Panzerketten. Der Bombentrichter vor dem Außenministerium wurde bereits wieder zugeschüttet. Büros, Schulen und Geschäfte etc. waren geöffnet. An der Amani-Schule war keine einzige Unterrichtsstunde auf Grund des Umsturzes ausgefallen. Alle schienen wie gewohnt, ihrer Arbeit nachzugehen.

An den Straßenkreuzungen standen noch einige Panzer. Sie waren zum Teil mit Papier- und Blumengirlanden geschmückt. Die wachestehenden Soldaten hatten Blumen in ihre Gewehrläufe gesteckt. Sie posierten stolz, wenn man sie fotografieren wollte. Am Sonntag wurde die Bevölkerung in die «Arg», den ehemaligen Königspalast und Regierungssitz, zur Besichtigung zugelassen. Die «Arg» wurde in «Haus des Volkes» umbenannt.

Noch am Samstag, dem 29. April, wurde «im Namen Gottes, des Allmächtigen» über Radio mitgeteilt, daß der «Revolutionäre Rat der Streitkräfte» seine Befugnisse an einen «Revolutionären Rat der Demokratischen Republik Afghanistan» übergeben habe. Weiterhin wurde festgestellt, daß die «demokratische und nationale Revolution» das «despotische» Regime von Mohammad Daud in weniger als 24 Stunden zerschlagen habe.

Klar war zu diesem Zeitpunkt lediglich, daß in Afghanistan neue Kräfte die Macht übernommen und die bisherige Regierung abgelöst haben. Aber waren einige putschende Offiziere neu an der Macht, oder hatte eine «islamische Revolution» stattgefunden, oder war dies ein von Kommunisten gesteuerter Staatsumsturz?

Am Sonntag, dem 30. April 1978, wird Dekret «Nr. eins», wiederum «im Namen Gottes, des Allmächtigen», bekanntgegeben. Danach sei Nur Mohammad Taraki zum Vorsitzenden des Revolutionsrats und zum Premierminister ernannt worden. Der neue Staat nenne sich «Demokratische Republik Afghanistan». Es herrsche Kriegsrecht.

Die internationale Berichterstattung hatte damit ein neues Thema. Die Spekulationen reichen von «harmlosem Militärputsch», über «heftigste militärische Auseinandersetzung», bis zur «kaum verdeckten Machtergreifung der UdSSR in Afghanistan». Überwiegend werden von vornherein außenpolitische Aspekte des Machtwechsels betont. Die Schlagzeilen in der Bundesrepublik lauten auf Grund der Berichte der internationalen Nachrichtenagenturen: «In Kabul brach die alljährliche Rebellion der Armee aus» (*Frankfurter Rundschau*, 28. April). «Erbitterte Kämpfe in Kabul – Widerstand gegen das neue Militärregime» (*Süddeutsche Zeitung*, 29. April), «In Teheran schrillen die Alarmglocken» (*Berliner Morgenpost», 30. April)*, «Staatsstreich auf Rußlands Route nach Süden» (*Süddeutsche Zeitung*, 2. Mai), «Moskau seinem Traumziel ein Stück näher» (*Frankfurter Allgemeine Zeitung*, 3. Mai), «Afghanistan fest in kommunistischer Hand» (*Neue Zürcher Zeitung*, 6. Mai), «Ein mögliches Kuba» (*Der Spiegel*, 8. Mai) und «Wie der Kreml einen Putsch organisiert» (*Bild-Zeitung*, 19. Mai). All diese Berichte und Analysen konnten sich nur auf mehr oder weniger zuverlässige Informationen und Spekulationen stützen.

Aber auch die nachträgliche Rekonstruktion des Ablaufs der Ereignisse kann vorläufig im wesentlichen nur auf Angaben der Sieger beruhen. Diese berichten immer wieder im einzelnen, wie sie es geschafft haben, das Regime Daud zu stürzen. Am 17. April 1978, also zehn Tage vor dem Umsturz, war auf offener Straße, vor seinem Haus, Mir Akbar Chaibar, ein führendes Mitglied der an Moskau orientierten politischen Gruppierung Partscham («Fahne»), durch eine Maschinengewehrsalve erschossen worden. Täter und Motive sind bis heute nicht bekannt. Waren es Polizeikräfte Dauds in der Absicht, einen unliebsam gewordenen Oppositionellen zu beseitigen? War es der sowjetische Geheimdienst, der Unruhe stiften und einen Anlaß zum späteren Umsturz schaffen wollte? Oder war der Mord das Ergebnis von Auseinandersetzungen innerhalb der oppositionellen Linken in Afghanistan?

Zwei Tage nach dem Tod Chaibars fand in den Straßen Kabuls anläßlich seines Begräbnisses eine große Schweige-Demonstration mit Tausenden von Teilnehmern statt. An seinem Grab wurden Reden gehalten, die sich gegen den Imperialismus, gegen die USA und gegen die Regierung Daud richteten. Am 26. April wurden daraufhin mehrere Führer von Partscham und der gleichfalls an Moskau orientierten Gruppe Chalq («Volk», «Masse») verhaftet. Zu ihnen gehörten Nur Mohammad Taraki, Führer von Chalq, und Babrak Karmal, Leiter von Partscham. Einige Stunden später wurde Hafisullah Amin, der Beauftragte von Chalq für die Parteiarbeit in der afghanischen Armee, von der Polizei in seinem Haus festgenommen. Die ca. zehn Stunden Zeitdifferenz zur Verhaftung seiner Parteikollegen hatten ihm jedoch ausgereicht, um die entsprechende Anweisung zur Durchführung des schon zuvor ausgearbeiteten Umsturzplans zu geben. Später einmal erklärte Taraki, daß die Revolution eigentlich für den Monat Asad (23. Juli bis 22. August), dem Monat des «Löwen», geplant gewesen sei. Daud habe seinen Putsch 1973 im Saratan (21. Juni bis 22. Juli), dem Monat des «Krebses» durchgeführt. Auf Grund der Umstände hätte aber nun seine eigene Revolution im Saur (21. April bis 20. Mai), dem Monat des «Stiers», stattfinden müssen.

Gemäß dem vorbereiteten Plan sollte der Panzermajor Aslam Watandschar den Befehl über die Landstreitkräfte und der Oberst Abdul Qadr die Leitung der Luftwaffe übernehmen. Außerdem wurden weitere zwanzig Vertrauensleute der Partei aus dem mittleren Offizierskorps mit verschiedenen, genau beschriebenen Führungsaufgaben betraut. Um neun Uhr am nächsten Morgen, dem 27. April, sollte Watandschar den Beginn der Revolution bei den Streitkräften ausrufen. Danach sei das Kommando über die Luftstreitkräfte zu übernehmen. Das nächste Ziel der Streitkräfte solle Radio Afghanistan sein. Ein Angestellter des Senders und zugleich Vertrauter der Chalq-Partei, Cheyal Mohammad Katawasi, war bereits zuvor instruiert worden, im Falle der Revolution den Rundfunk zu organisieren.

Um 11 Uhr 30 verließ als erster Watandschar mit seiner Panzertruppe die Kaserne in Richtung Kabul, um zwölf Uhr wurden die ersten Schüsse vor dem Verteidigungsministerium abgegeben. Ab sechzehn Uhr wurde der Regierungssitz Dauds, die «Arg», zusätzlich durch die Luftwaffe angegriffen. Das Innenministerium mit dem Sicherheitsdienst, das Polizeihauptquartier und die Kabul-Provinzverwaltung wurden genommen. Um 17 Uhr 30 wurden die im Gefängnis befindlichen Parteiführer befreit und zu Radio Kabul, dem vorläufigen Hauptquartier der Revolutionäre, gebracht. Bereits um achtzehn Uhr sei der Oberbefehl der revolutionären Kräfte von den Offizieren an Hafisullah Amin übergeben worden. Aber aus der «Arg» heraus gab es immer noch Widerstand. Ebenso hielt die 7. Division im Süden Kabuls, in Rischkor, noch zu Daud. Auch dort wurde die Luftwaffe eingesetzt. Daud sollte angeblich möglichst lebend gefangengenommen werden. Da er Widerstand geübt habe, habe auf ihn und seine ihn begleitende Familie, Verwandte und Gefolgsleute geschossen werden müssen. Später waren drei ausgebrannte Panzer vor dem Arg-Eingang zu sehen, und es seien beim Kampf mit der 7. Division in Rischkor zwei Flugzeuge abgeschossen worden.

Um neunzehn Uhr wurde die Machtübernahme über Radio Kabul offiziell bekanntgegeben. Die Nacht verbrachten Taraki, Babrak Karmal und einige weitere Parteiführer im Hauptquartier der Luftwaffe, in Chwadscha Rawasch, nördlich von Kabul neben dem zivilen Flughafen, während Hafisullah Amin die Stellung in der Kommandozentrale der Revolution, im Gebäude von Radio Afghanistan, hielt.

Über die Verluste an Menschenleben während der Kämpfe gibt es keine verläßlichen Angaben. Die Schätzungen schwanken von Hunderten bis zu mehreren Tausenden. Die Bevölkerung beteiligte sich auf keiner der beiden kämpfenden Seiten in größerer Anzahl, sondern schaute den Kampfhandlungen erstaunt, zum Teil interessiert zu. Viele Zivilisten und Verkehrspolizisten kamen als völlig Unbeteiligte ums Leben. Der Sachschaden an Gebäuden und Straßen war erstaunlich gering.

Da die Revolution trotz aller äußeren militärischen Aktionen offensichtlich sehr stark von Parteigruppen initiiert und geleitet wurde, ist es auch verständlich, daß bereits am 1. Mai in einem Dekret «Nr. zwei» eine Ministerliste mit zwanzig Namen bekanntgegeben wurde. Auffallend an dieser Liste war auf den ersten Blick, daß sie nur drei Militärs enthielt, obwohl der Umsturz vor allem von den Streitkräften durchgeführt worden war. Auch wird es bisher kaum gewaltsame Staatsumstürze in Entwicklungsländern gegeben haben, die schneller eine komplette Ministerliste haben veröffentlichen können.

Die Sieger selbst betonen immer wieder, daß dies kein bloßer «Coup d'état » (Putsch, Staatsumsturz) gewesen sei. Vielmehr habe eine wirkliche Revolution stattgefunden. Sie sei bei vollem Tageslicht in etwa zehn Stunden durchgeführt worden. Dieser «abgekürzte» Weg wurde von den neuen Führern immer wieder als eine «Modell-Revolution» bezeichnet und anderen Entwicklungsländern zur Nachahmung empfohlen.

Die Sieger schreiben die Geschichte neu

Die Sieger der Saur-Revolution beginnen nicht bei Null. Sie sehen sich als logisches Glied in der Geschichte des neuzeitlichen Afghanistan. Sie schreiben die bisherige Geschichte Afghanistans um und neu. Besonders herausgestellt werden dabei die verschiedenen Oppositionsbewegungen gegen die jeweiligen königlichen Herrscher der letzten hundert Jahre. Die Geschicke der Vorkämpfer dieser Bewegungen werden aufgegriffen und in ausführlichen Artikeln und Veröffentlichungen, insbesondere auch in der regierungsamtlichen, englischsprachigen Zeitung *Kabul Times*, dargestellt. Breiten Raum nimmt in diesem Zusammenhang selbstverständlich die eigene Parteigeschichte ein.

Der Widerstand gegen die britische koloniale Oberherrschaft wird mit Nachdruck in das positive Geschichtsbild einbezogen. Afghanistan war zwar nie eine unmittelbare Kolonie Großbritanniens, aber im 19. und beginnenden 20. Jahrhundert galt Afghanistan als Puffer zwischen den Interessengebieten des zaristischen Rußland und des britischen Kolonialreichs in Indien. Zumeist gelang es Großbritannien, die Emire von Kabul mehr oder weniger abhängig zu halten und dadurch Einfluß in Afghanistan zu erlangen. Dieser Abwehrkampf Afghanistans gegen die britische Oberherrschaft setzte schon sehr früh ein, war häufig erfolgreich und kompromißlos blutig und hatte auch Einfluß auf den antikolonialen Widerstand in Indien.

In den Zeitungen nach der Saur-Revolution wird in langen Artikeln der drei sogenannten «anglo-afghanischen Kriege» gedacht. Im Jahre 1841/42 wurde eine koloniale indisch-britische Armee von rund 15000 Mann in Afghanistan bis auf wenige Augenzeugen vollständig vernichtet. Auch wurde der hundertste Jahrestag des zweiten anglo-afghanischen Krieges von 1878/79 ausführlich gewürdigt. Allerdings wurde bemerkt, daß es sich eigentlich nicht um einen «Krieg» gehandelt habe, sondern um eine britische «Aggression», die am 21. November 1878 ihre Ausdruck fand in dem Vertrag von Gandamak, dem Ort, wo 37 Jahre zuvor die britische Armee vernichtend geschlagen worden war. Es seien aber die «tapferen Volksmassen» gewesen, die sich gegen diesen von den Briten diktierten Vertrag erhoben haben und am 3. September 1879 den britischen Gesandten und seine 77 Mann starke Begleitung in Bala Hissar, in der Burg von Kabul, niedergemacht haben.

Nachdem der junge König Amanullah 1919 die Regierung übernommen und sofort einseitig die Unabhängigkeit Afghanistans proklamiert hatte, kam es zum dritten anglo-afghanischen Krieg. Während aber in den ersten Jahren nach 1919 der Unabhängigkeitstag jeweils am 19. August gefeiert wurde, dem Tag, an dem Afghanistan und Großbritannien in Rawalpindi den Unabhängigkeitsvertrag unterzeichneten, verlegte König Nadir Schah nach 1930 diesen Tag auf den 25. Mai, als der von ihm geführte Truppenteil 1919 einen seiner Ansicht nach wichtigen Sieg errang. Die Chalq-Regierung führte bezeichnenderweise nach der Saur-Revolution wieder das alte Datum Amanullahs, den 19. August, als Unabhängigkeitstag ein.

Verschiedene historische Veröffentlichungen nach der Saur-Revolution gelten den Intellektuellen und bürgerlichen Oppositionsbewegungen und deren Repräsentanten in der ersten Hälfte dieses Jahrhunderts. Die Bewegung der «Jung-Afghanen» und Verfechter einer konstitutionellen Monarchie waren die Hauptträger der Reformen unter König Amanullah 1919 bis 1929. Sie waren Bewunderer von Kemal Atatürk, der etwa zur gleichen Zeit die Türkei grundlegend reformierte. Die Namen dieser Reformer, deren in Veröffentlichungen gedacht wird, sind unter anderem Mahmud Tarsi, der Lehrer und spätere Schwiegervater Amanullahs, Baba Abdul Asis, dem sogenannten «stillen Revolutionär», Kaka Sayid Ahmad Ludin, der 32 Jahre seines Lebens im Gefängnis verbrachte, Abdur Rahman Ludin, sein Sohn, Tadsch Mohammad Paghmani, der als ein Führer des Stammes der Belutschen unter Amanullah verschiedene Posten bekleidete und von König Nadir Schah 1929 hingerichtet wurde, und Mir Mohammad Ghubar, ein Schriftsteller und der Geschichtsschreiber der «Jung-Afghanen-Bewegung».

Die besondere Feindschaft der offiziellen Geschichtsdarstellungen seit dem 27. April 1978 gilt König Nadir Schah (1929 bis 1933), der, so wird gesagt, mit Hilfe der Briten und konservativer Mullahs, den islamischen Geistlichen, das Ende des Reformkönigtums Amanullahs herbeiführte und deshalb stets der «Verräter» genannt wird. Sein Auftreten in Afghanistan wird als eine Tragödie bezeichnet, wie sie selten in der Geschichte des Orients gefunden werden könne (*Kabul Times*, 4. Mai 1978). In einer mehrteiligen Artikel-Serie wird im Jahre 1978 die authentische Darstellung Amanullahs über seinen Sturz veröffentlicht. Im Oktober 1978 wird nochmals eine neunzehnteilige Artikel-Serie in der *Kabul Times* mit dem Titel «Wie bestieg Nadir den Thron?» publiziert. Demgegenüber gelten erstaunlich wenig Veröffentlichungen König Sahir Schah (1933 bis 1973), seinen Familienangehörigen und Mohammad Daud, Ministerpräsident unter Sahir Schah 1953 bis 1963 und Alleinherrscher 1973 bis 1978.

Verständlicherweise wird aber der Darstellung der eigenen Parteigeschichte und der Biographie des «großen Führers», Nur Mohammad Taraki, der meiste Platz eingeräumt. Von der bisherigen zeitgeschichtlichen Historiographie waren diese Entwicklungen wenig oder gar nicht beachtet worden. Taraki soll etwa 1917 als Sohn eines armen Bauern in der Gegend von Mukur zwischen Kabul und Kandahar in einem kleinen Dorf geboren worden sein und nur etwa für zwei Jahre eine Grundschule besucht haben. Seine Eltern waren Halbnomaden vom Stamme der Taraki. Dieser Stamm gehört zum größeren paschtunischen Verband der Ghilsai, während die Königsfamilie dem ebenso paschtunischen Stamm der Durani angehört. Zwischen Ghilsais und Duranis besteht eine traditionelle Feindschaft, die unter anderem auch 1929/30 bei der Thronbesteigung Nadir Schahs eine wichtige Rolle spielte. Während die Duranis Nadir Schah unterstützten, hielten die Ghilsais noch lange zu Amanullah. 1935 bis 1938 arbeitete Taraki für eine Kandaharer Exportfirma für Trockenfrüchte in Bombay. Hier lernte er Englisch in Abendschulen und hier hatte er auch erstmals Kontakt zu marxistisch-leninistischen Gruppen. Nach seiner Rückkehr aus Bombay lebte Taraki mit kurzen Unterbrechungen in Kabul. 1948 beteiligte er sich aktiv bei der politischen Gruppe «Wisch Salmiyan» (Erwachte Jugend). Abdur Rauf Bivawa veröffentlichte 1947 in der Zeitschrift *Kabul* das Manifest dieser Gruppe:

«Wir, die Erwachte Jugend, streben
danach,
für das Wohl des Vaterlandes und seines Volkes tätig zu sein,
die Afghanen aus dem Dunkel der Unwissenheit und der Ignoranz herauszuführen,
die im Volk verwurzelten unwürdigen Gewohnheiten und Laster mit Stumpf und Stiel auszurotten,
die jungen Faulenzer und Müßiggänger zur Arbeit zu schicken, frei zu denken,

ohne fremde Einmischung und selbst zu bestimmen, was uns annehmbar und was unpassend erscheint,
den afghanischen Frauen ihre gesetzmäßigen Rechte zu geben,
eine Stütze unserer souveränen Regierung zu werden,
die Fundamente der Bestechlichkeit, des Verrats und der Unterdrückung zu sprengen.

Die Entwicklung der vaterländischen Industrie und des Handwerks zu fördern, die nationalen Reichtümer für das Erblühen und das Wohl des Volkes zu nützen,
den allseitigen Fortschritt Afghanistans zu ermöglichen und dem afghanischen Volk ein neues Leben zu schaffen,
eben danach streben wir, die Erwachte Jugend.»

(Zitiert nach Klaus Jäkel im *Afghanischen Journal*, Graz 1978, Heft 3, S. 106.)

Nach 1950 zerfiel diese Gruppe. Zugleich bildete sich im April 1950 eine «Studentenunion». In ihr spielte Babrak Karmal, Sohn des Generals Muhammad Husain Kamari, der spätere Führer der Partscham-Gruppe, nach dem April 1978 für einige Monate Stellvertreter Tarakis und jetziger Ministerpräsident, eine führende Rolle. Im April 1951 berichtete die Zeitung *Angar*, bei der Taraki inzwischen tätig war, über das Ende der Studentenunion, forderte ihre Wiederzulassung und wurde daraufhin selbst verboten. Babrak Karmal mußte im Anschluß an seine Aktivitäten in der Studentenunion einige Jahre im Gefängnis verbringen. In *Angar* schrieb Taraki in dieser Zeit: «Wir erklären deutlich und bestimmt, daß wir fürs erste fordern: Essen, und sei es trockenes Brot, Kleidung, sei es selbst drittklassige, Bildung im weitesten Maße, echte, ernsthafte Volksbildung, Gleichheit für jeden im Dienst an der Gesellschaft ...» (zitiert nach Jäkel, a. a. O.).

In den fünfziger Jahren entfaltete Taraki eine umfangreiche schriftstellerische Aktivität. Auf Grund seiner Kurzgeschichten und Romane, in denen er vor allem das einfache Leben auf dem Lande schildert und für soziale Verbesserungen eintritt, wird er als der Begründer des neuen Realismus in der Paschtu-Literatur angesehen. 1953 ging Taraki für sechs Monate als Presseattaché an die afghanische Botschaft in Washington, bis er dort eine provokative Pressekonferenz gegen die afghanische Regierung gab. Zu Beginn 1956 kehrte er nach Kabul zurück, wo der seit 1953 im Amt befindliche Ministerpräsident Mohammad Daud inzwischen von seiner strikten Neutralitätspolitik in eine eher prosowjetische Richtung gedrängt worden war. Daud hatte sich trotz der Aufforderung der USA geweigert, sich dem westlichen Verteidigungssystem anzuschließen, und die USA wollten Daud ihrerseits nicht bei seiner offensiven Politik gegen Pakistan auf Grund der seit der Kolonialzeit ungelösten Paschtunistanfrage unterstützen. Etwa die Hälfte der in Afghanistan dominierenden Volksgruppe der Paschtunen lebt seit der Grenzziehung durch die Engländer 1893 entlang der sogenannten Durand-Linie im heutigen Pakistan. Diese Grenze wurde von seiten Afghanistans nie als endgültig anerkannt, es gelang den Afghanen bisher nicht, auch nicht im Unabhängigkeitsvertrag von 1919, eine Revision dieser Grenze durchzusetzen.

Nach seiner Rückkehr lebte Taraki hauptsächlich von seinem von ihm betriebenen «Noor Translations Bureau» und von gelegentlichen Übersetzerarbeiten für die US-Botschaft und US-Aid in Kabul. An Fremdsprachen sprach Taraki außer seiner Muttersprache Paschtu nur Englisch, kein Russisch; auch kann sich niemand erinnern, daß er jemals Dari, die in Afghanistan verwendete Form des Persischen, gesprochen hat.

Nachdem 1963 Daud durch den Ministerpräsidenten Mohammad Yusuf abgelöst wurde, kam eine neue Liberalisierungs- und Demokratisierungsbewegung in Gang. Im Zuge dieser Bewegung bildeten am 1. Januar 1965 ca. dreißig Männer bei einem Gründungskongreß im Hause Tarakis im Kabuler Stadtteil Karte-Tschahar die «Volksdemokratische Partei Afghanistans», genannt «Chalq» (Volk, Masse). Zu dieser Gruppe gehörte auch Babrak Karmal. Im März/April 1966 konnten sechs Ausgaben der Parteizeitung *Chalq* erscheinen, bis diese wieder verboten wurde. Bei einer Charakterisierung dieser Zeitschrift wird noch 1976 in einer amerikanischen Veröffentlichung Taraki als «liberaler Bürger» bezeichnet. Die ersten beiden Ausgaben der Zeitung *Chalq* enthielten das Programm der Partei, das erste vollständige Parteiprogramm in der Geschichte Afghanistans. Es beinhaltete bereits viele Einzelheiten, die dann auch im Regierungsprogramm nach der Saur-Revolution erscheinen sollten. Der Hauptgegensatz in der heutigen Welt besteht nach diesem Programm zwischen Sozialismus und Weltimperialismus, und diese Auseinandersetzung habe ihren Anfang genommen mit der «großen sozialistischen Oktoberrevolution» (in der UdSSR). Für Afghanistan wird eine Politik der positiven Bündnisfreiheit, die Unterstützung der friedlichen Koexistenz und Beziehungen zu allen friedliebenden Nationen gefordert. Es wird eine allgemeine Förderung der Wirtschaft und Industrie in Aussicht gestellt und eine «Stärkung des staatlichen Sektors». In der Landwirtschaft sollen die kleinen Landbesitzer gestärkt, aber gleichzeitig große Staatsfarmen gebildet werden. Die «Ideologie des Glaubens» soll in die nationale demokratische Unabhängigkeit und in den sozialen Fortschritt eingefügt werden. Was im Parteiprogramm gefordert wird, im späteren Regierungsprogramm aber fehlt, sind «Freiheit des Denkens, Freiheit der Rede, Freiheit der Presse, Freiheit der Vereinigung, Freiheit zur Bildung politischer Parteien, Freiheit zur Bildung von Gewerkschaften» und andere einzeln aufgeführte Freiheiten. Übrigens wurde dieses Parteiprogramm nach der Saur-Revolution nicht nochmals veröffentlicht.

Ein vorbereitetes Parteiengesetz wurde dem König 1968 vorgelegt, trat aber nie in Kraft, da er seine Unterschrift immer wieder hinauszögerte. Die Parteien und politischen Gruppen mußten sich im Untergrund organisieren. In dieser Zeit spaltete sich eine Gruppe um Babrak Karmal von der Chalq-Partei ab und bildete eine Organisation mit einer eigenen Publikation: *Partscham* (Fahne, Banner). 1973 kam dann mit Hilfe linksorientierter Offiziere der ehemalige Ministerpräsident von 1953 bis 1963, Mohammad Daud, durch einen weitgehend unblutigen Putsch an die Macht. Er erklärte seinen Vetter und Schwager, König Sahir Schah, der sich gerade zu einer Kur in Italien aufhielt, für abgesetzt und rief die Republik aus.

Zu Anfang seiner neuerlichen Regierungszeit gab Daud sich linksorientiert und sozial fortschrittlich. Während die Chalq-Gruppe sich zurückhielt, unterstützten die Partschamis unter Babrak Karmal anfänglich das Daud-Regime. Dies ging sogar so weit, daß Chalq-Leute vermuteten, daß die Ähnlichkeiten zwischen der Regierungserklärung von Daud und ihrem eigenen Parteiprogramm von 1966 auf die Beteiligung von Babrak Karmal und seiner Anhänger zurückzuführen seien. Auch gehörte Mohammad Chan Dschalalar, neuer Handelsminister nach dem Einmarsch der Sowjets im Dezember 1979, bereits dem Kabinett Daud in der Zeit von 1973 bis 1978 an.

Im Laufe seiner Regierungszeit drängte Daud aber die linken Gruppen, die ihn mit an die Macht gebracht hatten, immer weiter zurück. Auch außenpolitisch distanzierte er sich immer mehr von der Sowjetunion und suchte Anlehnung und finanzielle Hilfe bei den reichen konservativen islamischen Ölstaaten. Die zu Anfang versprochenen Reformen, wie zum Beispiel die Landneuverteilung, blieben weitgehend unrealisiert, und zugleich wurde der Regierungsstil Dauds zunehmend autokratischer und selbstherrlicher.

Seit 1973 intensivierten die Chalq-Anhänger ihre Agitation, besonders in der afghanischen Armee. Einerseits waren ihre doch wohl vorhandenen Bemühungen, an der Regierung Daud beteiligt zu werden, zurückgewiesen worden, zum anderen hatten sie an Hand der Machtergreifung 1973 erkannt, daß ein paar Offiziere, wenn sie nur entschlossen genug sind, Regierungen in Kabul ab- und einsetzen können. Mit dieser Arbeit in der Armee beauftragte Taraki Hafisullah Amin.

Amin stammte aus einer «intellektuellen unteren Mittelklassen-Familie», wie es in seiner Biographie heißt. Er wurde 1921 in Paghman, etwa fünfzehn Kilometer südwestlich von Kabul, geboren. Nachdem er eine Lehrerausbildung absolviert hatte, besuchte er die naturwissenschaftliche Fakultät der Kabuler Universität. 1957 ging er in die USA und erlangte dort den Grad eines «Magister in Pädagogik». Zurückgekehrt nach Kabul wurde er unter anderem Direktor der dortigen Lehrerbildungsanstalt. 1962 ging er ein zweites Mal in die USA, um einen Doktor-Grad in Erziehungswissenschaft zu erlangen, kehrte aber 1965 ohne diesen nach Afghanistan zurück. Nach 1965 wurde Amin Mitglied der Chalq-Partei, die zu dieser Zeit ihren Gründungskongreß bereits hinter sich hatte. Amin ist daher kein Gründungsmitglied der Partei, konnte sich aber später doch als der «erste und treueste Schüler Tarakis» bezeichnen. Er vertrat von 1969 bis 1973 als Abgeordneter den Bezirk Paghman im Parlament («Wolesi Dschirgah»). Der Auftrag von 1973, die Parteiarbeit in der Armee zu übernehmen, sicherte ihm eine entscheidende Machtstellung. Außer Paschtu und Dari sprach Amin gut Englisch, nicht Russisch. Es heißt aber, daß seine Form des Dari eine grobe und ruppige Basar-Sprache gewesen sei.

Nachdem die linken Kräfte in der Daud-Regierung und damit auch der Einfluß der Partscham-Gruppe immer weiter zurückgedrängt worden waren, war der Weg frei für eine Wiedervereinigung von Partscham und Chalq, die dann im Juli 1977 erfolgte.* Die Wiedervereinigung der beiden an Moskau orientierten, aber verfeindeten Gruppen wird vermutlich nicht zuletzt auf Drängen der Sowjetunion zustande gekommen sein und war sicherlich eine wichtige Voraussetzung für den Erfolg der Saur-Revolution. Der zehn Tage vor dem 27. April 1978 ermordete Mir Akbar Chaibar gehörte Partscham an und war der Beauftragte dieser Gruppe für die Arbeit in der Armee. Ein möglicher Konkurrent für Hafisullah Amin war damit von vornherein ausgefallen. Auch hätten Partscham-Offiziere, nach Angaben von Chalq, in den Revolutionsstunden vom 7. Saur 1357 über lange Zeit zu Daud gehalten.

Über die Mitgliederzahlen von Chalq und Partscham vor der Saur-Revolution lassen sich nur schwer genaue Angaben erhalten. Beide Gruppen hatten sich mehr oder weniger im Untergrund organisiert und konnten daher über ihre Anhängerzahlen selbst nur ungenaue Angaben machen. Die Schätzungen bewegen sich zwischen 10000 und 30000 aktiven Mitgliedern und bis zu 50000 Sympathisanten. Während sich die Chalq-Anhänger zum großen Teil aus paschtunischen, aufsteigenden bäuerlichen Schichten zusammensetzten, fand Partscham seinen Hauptrückhalt bei städtischen mittelständischen darisprechenden Intellektuellen. Dieser Gegensatz erwies sich als jeweils nur für kurze Zeit überbrückbar. Trotz der Unterdrückung der Parteiarbeit beider Gruppen sind aber nur wenige Verhaftungen und keine Hinrichtungen von führenden Parteikadern bekannt geworden.

* Offiziell wurde von diesem Zeitpunkt an mit «Chalq» wieder nur noch die von beiden Gruppen gemeinsam getragene «Volksdemokratische Partei Afghanistans» bezeichnet, und auch Babrak Karmal, der Führer der Partscham-Gruppe, konnte sich deshalb auch zum Beispiel nach dem Einmarsch der Sowjettruppen im Dezember 1979 als Mitglied von «Chalq» bezeichnen. Inoffiziell wurde aber während der ganzen Zeit zwischen Partscham- und Chalq-Anhängern im engeren Sinne unterschieden.

Die neue Macht organisiert sich

Die erste sichtbare Aktivität der neuen Regierung Taraki galt nach der Machtübernahme der Ersetzung möglichst aller alten, einigermaßen wichtigen Amtsinhaber durch Parteianhänger und Leute ihres Vertrauens. Dies begann mit der raschen Bildung eines kompletten, überwiegend zivilen Kabinetts.

Die am 1. Mai 1978 veröffentlichte Ministerliste führt folgende Namen auf:
Nur Mohammad Taraki (Ministerpräsident),
Babrak Karmal (Vizepräsident),
Hafisullah Amin (Vizepräsident und Außenminister),
Major Mohammad Aslam Watandschar (Vizepräsident und Kommunikationsminister),
Oberst Abdul Qadr (Verteidigungsminister),
Dr. Schah Wali (Gesundheitsminister),
Nur Ahmad Nur (Innenminister),
Dastagir Pandschiri (Erziehungsminister),
Sultan Ali Keschtmand (Planungsminister),
Suleiman Laeq (Minister für Radio und Fernsehen),
Dr. Saleh Mohammad Seary (Landwirtschaftsminister),
Abdul Karim Misaq (Finanzminister),
Mohammad Hassan Bareq Schafyi (Informations- und Kulturminister),
Abdul Hakim Scharai Dschausdschani (Justizminister und oberster Staatsanwalt),
Dr. Anahita Ratebsad (Sozialministerin),
Abdul Qudus Ghorbandi (Handelsminister),
Ingenieur Mohammad Ismail Danesch (Minen- und Industrieminister),
Major Mohammad Rafi (Minister für öffentliche Arbeiten),
Dozent Mohammad Mansur Haschemi (Minister für Wasser und Energie),
Professor Mahmud Suma (Minister für höhere Erziehung),
Nesamuddin Tahsib (Minister für Grenzangelegenheiten).

Zwar sind nicht von sämtlichen Ministern Lebensläufe zugänglich, und soweit biographische Daten veröffentlicht wurden, müssen sie nicht in allen Einzelheiten stimmen. Dennoch lassen sich einige wesentliche Merkmale der Zusammensetzung des Kabinetts erkennen. Soweit bekannt ist, haben allein sechs Minister in den USA studiert, nämlich Amin, Ghorbandi, Danesch, Haschemi, Suma und Ratebsad. Nur von einem einzigen Minister, Danesch, heißt es, daß er zu weiterführenden Studien außer in den USA auch in der Sowjetunion weilte. Zwei der Minister, Amin und Pandschiri, haben Lehrerausbildungseinrichtungen besucht, zwei, Suma und Haschemi, sind Hochschullehrer, und zwei weitere, Danesch und Ghorbandi, haben zumindest zeitweise als Lehrer gearbeitet. Drei Minister – Schah Wali, Seary und Ratebsad – sind von Beruf Arzt. Nur drei Minister sind Berufsoffiziere: Watandschar, Qadr und Rafi.

Die überwiegende Zahl der Minister war zumindest zeitweise im öffentlichen Dienst tätig. Außer den vier Lehrern und Hochschullehrern sind dies die Ärzte Schah Wali und Seary, Schafyi als Redakteur in Regierungszeitungen, der Theologe Dschadschani als Journalist unter anderem bei Radio Afghanistan, Ghorbandi angestellt bei der Afghan Air Authority, Danesch im Bergbau- und Industrieministerium und Misaq im Innenministerium und im Ministerium für Bergbau und Industrie. (Die Biographie Misaqs in dem Band *‹Moderne Erzähler der Welt – Afghanistan›*, Erdmann Verlag, Tübingen 1977, dürfte hinsichtlich seiner beruflichen Funktionen einiges Understatement enthalten.)

Fünf Minister haben sich zur Königszeit vor 1973 um Parlamentssitze beworben: Ratebsad, Karmal, Amin, Seary und Ghorbandi; aber nur Ratebsad, Karmal und Amin waren erfolgreich und gelangten als Abgeordnete von 1965 bis 1969 bzw. von 1969 bis 1973 ins Parlament. Von zweien der Minister ist bekannt, daß sie längere Zeit im Gefängnis waren, nämlich Babrak Karmal Anfang der fünfziger Jahre und Dastagir Pandschiri von 1969 bis 1976.

Hinsichtlich der ethnischen Herkunft herrschte im Kabinett ein klares Übergewicht der Paschtunen vor und hier insbesondere aus der südöstlichen Provinz Paktia, woher allein drei der Minister stammen (Suleiman Laeq, Suma und Watandschar). Aber immerhin gab es bei diesem ersten Kabinett fünf Mitglieder, bei denen eindeutig ist, daß sie Nicht-Paschtunen sind (Pandschiri aus dem Pandschirtal nördlich von Kabul, Ghorbandi aus dem Ghorband-Tal nordwestlich von Kabul, Dschausdschani stammt aus Nordafghanistan, Haschemi aus Badachschan an der sowjetisch-chinesisch-pakistanischen Nordostgrenze, und Keschtmand aus Zentralafghanistan.) Soweit bekannt ist, gehörten acht der Minister der Partscham-Fraktion an: Karmal, Nur Ahmad Nur, Keschtmand, Suleiman Laeq, Abdul Qadr (?), Mohammad Rafi (?), Nesamuddin Tahsib und Anahita Ratebsad, die einzige Frau im Kabinett.

Zusammenfassend läßt sich sagen, daß es sich um ein Kabinett der kleineren und mittleren Staatsbeamten mit relativ wenig Regierungs- und politischer Führungserfahrung handelte.

Die Neubesetzung der Ämter erstreckte sich sehr schnell auch auf Staatssekretäre und Abteilungspräsidenten in den Ministerien, auf Direktoren von Regierungsorganisationen, Fabriken und Schulen bis hin zu kleineren Beamten, Angestellten und Lehrern, die aus verschiedensten, zum Teil auch aus persönlichen Gründen, den Chalq-Leuten nicht akzeptabel erschienen.

Die alten Minister der Regierung Daud wurden entweder sofort hingerichtet oder kamen ins Gefängnis. Über ihr Schicksal gibt es zumeist nur

Mutmaßungen. Die übrigen alten Stelleninhaber wurden teilweise auf untergeordnete Positionen degradiert oder als «Berater» weiterbeschäftigt, andere völlig entlassen, oder sie verschwanden auch in den Gefängnissen.

Während in den meistenn anderen Entwicklungsländern vergleichbare Parteien wie Chalq und Partscham von vornherein völlig unterdrückt und zum Teil physisch ausgerottet wurden oder werden, konnte sie sich in Afghanistan vor ihrer Machtergreifung seit Jahren einmal mehr, einmal weniger behindert im Untergrund organisieren. Sie verfügten daher von Anfang an im ganzen Land über relativ viele loyale Parteianhänger. Obwohl auch in den Provinzen sehr rasch neue Leute eingesetzt werden konnten, brachten diese in vielen Fällen wenig fachliche Qualifikationen für ihre neuen Aufgaben mit. Auf Grund ihrer bisherigen politisch bedingten Zurücksetzung hatten wenige der neuen Leute Erfahrung in Leitungsfunktionen sammeln können. Ein häufiger Typ des neuen Stelleninhabers war daher der Paschtusprachlehrer, der nun plötzlich Fabrikdirektor, Provinzgouverneur oder Subgouverneur wurde. Unvermeidlich bei diesem Verfahren war, daß zu offensichtliche fachliche Fehlbesetzungen bald, und zum Teil mehrmals, wieder ausgetauscht werden mußten. Später spielten bei diesen häufigen Amtsumbesetzungen parteiinterne Auseinandersetzungen eine wichtige Rolle.

Oft war bei der Auswahl neuer Leute auch die verwandtschaftliche Beziehung von ausschlaggebender Bedeutung. Besonders erfolgreich und aktiv in dieser Hinsicht war Hafisullah Amin. Sein älterer Bruder Abdul Amin zum Beispiel wurde zunächst Präsident des Baumwollbetriebes Spinsar in Kundus, später zusätzlich Präsident der Afghanischen Textil-Gesellschaft, dem größten Textilunternehmen Afghanistans, und wiederum später der mit praktisch allen Vollmachten ausgestattete Sicherheitsbeauftragte der Regierung in den nördlichen Provinzen Kundus, Tachar, Baghlan und Samangan. Asidullah Amin, der Sohn von Abdul Amin, wurde zunächst Staatssekretär im Gesundheitsministerium, zugleich Präsident der Afghanisch-sowjetischen Freundschaftsgesellschaft und wechselte später, als sein Onkel das Außenministerium abgab und das Verteidigungsministerium übernahm, als Staatssekretär ins Außenministerium. Im Herbst 1979 gab er auch diesen Posten wieder ab und wurde Chef der Geheimpolizei. Als solcher erlag er Mitte Dezember 1979 einem Mordanschlag. Aber auch im Werk Gulbahar der Afghanischen Textil-Gesellschaft mit ca. 7000 Beschäftigten wurde ein fachlich völlig ungenügend qualifiziertes Mitglied der Amin-Großfamilie eingesetzt. Ebenso wurde in der Zeit, als Schah Wali Gesundheitsminister war, dessen jüngerer Bruder, der gerade erst sein Medizinstudium in der Tschechoslowakei abgeschlossen hatte, sofort nach seiner Rückkehr nach Afghanistan Präsident des Public Health-Instituts in Kabul und später Präsident des gesamten afghanischen medizinischen Ausbildungswesens. An seiner Stelle wurde anschließend wiederum ein Verwandter Hafisullah Amins, Sur Gol Hatis, Präsident des Public Health-Instituts. Er fiel allerdings im September 1979 einem Mordanschlag zum Opfer. Außerdem war Hafisullah Amin offensichtlich besonders umsichtig und erfolgreich beim Einschleusen spezieller Vertrauensleute in den ganzen Regierungsapparat, die Armee und nicht zuletzt in den Geheimdienst AGSA bzw. später KAM.

Immer wieder gab es nach dem langen Dasein im Untergrund Versuche, die Partei neu und übersichtlich zu organisieren. Aber erst im April 1979, also ein Jahr nach der Revolution, wurde der Parteimitgliedsausweis Nr. 1 von Amin an Taraki in einer offiziellen Zeremonie übergeben. Zugleich gab es von Anfang an drängende Versuche, insbesondere in den Ministerien und öffentlichen Institutionen wie Schulen, aber auch in den Verkehrsbetrieben, neue Parteimitglieder zu werben. Da sehr viele entweder aus allgemeinen opportunistischen Gründen, oder um den Arbeitsplatz nicht zu verlieren, oder um eine bessere Stelle zu erhalten, oder weil sie sich zu sehr unter direkten Druck gesetzt sahen, neue Parteimitglieder wurden, war sich augenscheinlich auch die Partei selbst nicht recht schlüssig, mit welcher Loyalität dieser neuen Mitglieder sie rechnen kann. Es gab daher sehr bald, wie übrigens auch in der Sowjetunion, nicht nur «ordentliche» Parteimitglieder, sondern auch «Mitglieder zur Probe». Auch anderthalb Jahre nach der Machtergreifung konnte die Partei noch immer keine genaue Auskunft über den Stand ihrer Mitgliederzahlen geben. Die verkaufte Auflage des Parteiorgans *Enqelab* (Revolution) von 3000 bis 4000 Stück dürfte aber einen Anhaltspunkt für die wirkliche Zahl der aktiven Mitglieder geben.

Es wurden zahlreiche Versuche unternommen, parteipolitisch orientierte gesellschaftliche Organisationen nach dem Muster der sozialistischen Länder zu bilden. Aber diese konnten sich nur dann einigermaßen überzeugend in Szene setzen, wenn sie, wie zum Beispiel bei der afghanischen Frauenorganisation, auf bereits vor der Revolution bestehende Organisationen und Institutionen zurückgreifen konnten. Dagegen zeigten sich zum Beispiel die Chalq-Jugend-Organisation und die neu ins Leben gerufenen Gewerkschaften weit weniger aktiv. (Ein neuer Fabrikpräsident nach der Saur-Revolution sagte auf die Frage, wer denn Leiter der neuen Gewerkschaft in seinem Betrieb werden solle, ohne großes Zögern «Chod-e-man» – Ich selbst.)

Dennoch gelangen der Partei, zumindest äußerlich gesehen, zunächst erstaunliche Mobilisierungserfolge in der Bevölkerung. Zwar gab es nach dem 27. April 1978 keine allgemeine Siegesfeier und auch am darauffolgenden 1. Mai fand keine große Kundgebung statt. Unter anderem wurden aber in sämtlichen staatlichen und wirtschaftlichen Organisationen reihum sogenannte «7.-Saur-Feiern» abgehalten, wobei es den einzelnen Institutionen überlassen blieb, ob sie diese Veranstaltung nur mit langen politischen Reden bestritten oder eine folkloristisch-musikalische Umrahmung beigaben. Auch wurden immer wieder neue Gruppen von Stammes- und Dorfführern eingeladen und in langen Reden von Taraki und Amin über die Vorstellungen und Ziele der Regierung informiert und zur Loyalität aufgerufen. Diese Reden wurden in der Regel breit von Radio und Fernsehen übertragen und in den Tageszeitungen in voller Länge mit Bild nachgedruckt.

Eine erste große landesweite Demonstration für die neue Regierung wurde erst am 19. Oktober 1978 organisiert. Der Anlaß war die Hissung der neuen Nationalfahne. Während die alte Fahne aus den Farben Schwarz, Rot und viel Grün, als Farbe des Islam, zusammengesetzt war, zeigt die neue Fahne nur Rot und in der linken oberen Ecke in Goldfarbe ein Emblem mit der Beschriftung «Chalq» in landesüblichen arabischen Buchstaben. Von morgens früh um fünf Uhr an marschierten ganze Schulklassen, Betriebsbelegschaften und Angestellte der verschiedenen Verwaltungen meist in mehr oder weniger roter, zum Teil aber auch in nationaler Kleidung, an der neuen Fahne im «Volkshaus», dem alten Königspalast, mit Sprechchören und Spruchbändern vorbei. Sieben Stunden dauerte der Vorbeimarsch, Flugzettel wurden von Hubschraubern abgeworfen, Böllerschüsse und Düsenjägerlärm begleiteten die Flaggenhissung. Auch überall in der Provinz wurde dieser Tag mit großen Aufmärschen begangen. Sicherlich war dies eine Leistung der neuen Regierung und der Chalq-Partei; es wird bis dahin in der Geschichte Afghanistans wohl kaum eine ähnliche Organisierung der Volksmassen gegeben haben.

Dieser Mobilisierungserfolg wurde später noch von den Feiern zum ersten Jahrestag der Revolution am 27. April 1979 übertroffen. Bereits die Vorbereitungsanstrengungen, die schon Wochen und Monate zuvor den halben Regierungsapparat nahezu lahmgelegt hatten, wurden mit unglaublichem Aufwand, Energie und auch Phantasie betrieben. Der Tag selbst wurde mit relativ kurzer Militärparade, Düsenjägerstaffel und einem langen Vorbeimarsch vieler Regierungsinstitutionen und Schulen, zumeist wieder in roter, aber auch in traditioneller Kleidung und auf geschmückten Lastwagen, eingeleitet. Sonst gab es an diesem Tag und den Tagen danach zahllose musikalische und folkloristische Darbietungen und Ausstellungen in Kabul und den Provinzen. Ein prächtiges Feuerwerk, das zum Teil in der Bundesrepublik gekauft worden sein soll, wurde abgebrannt. Die Straßen und Plätze waren mit einer unglaublichen Anzahl von Lichtergirlanden geschmückt worden. Zahlreiche Künstlergruppen unter anderem aus der Sowjetunion, der Mongolei und der DDR, waren gekommen und bestritten viele Veranstaltungen in Kabul und einigen Provinzstädten, häufig allerdings nicht gerade unter den besten organisatorischen Bedingungen.

Wieweit die Bevölkerung an diesen Veranstaltungen nicht bloß äußerlich beteiligt war und tatsächlich für die Partei und Regierung gewonnen werden konnte, läßt sich von außen kaum mit Sicherheit ausmachen. Die Mehrheit der Bevölkerung zeigte von Anfang an mindestens Zurückhaltung, wenn nicht verdeckte oder offene Ablehnung gegenüber den neuen Machthabern. Immer wieder wurde das Gerücht verbreitet und glaubhaft versichert, die Gegenrevolution fände in Bälde statt. Im Laufe der Zeit nahm diese ablehnende Haltung gegenüber der Regierung noch eher zu, obwohl diese außer bei den personellen Umbesetzungen zunächst eher behutsam und vorsichtig vorzugehen versuchte. Auch über die ideologischen Grundlinien und Zielsetzungen gab es lange Zeit fast nur allgemeine Aussagen, wie zum Beispiel, daß die Ausbeutung von Menschen durch Menschen abgeschafft werden solle.

Die Parteileute bezeichneten sich auch nie als «Kommunisten», «Marxisten» oder gar «Atheisten». Amin erklärte auf entsprechende Interviewfragen von Journalisten, daß zur ideologischen Grundausrichtung der Partei deshalb keine weiteren Aussagen gemacht werden, damit keine vorschnelle Etikettierung gemacht würde. Vielmehr solle man sich die Mühe nehmen und die einzelnen politischen Aussagen und Maßnahmen der Regierung ansehen und sich danach ein Bild machen. Bei allen weiterreichenden inhaltlichen Aussagen über ihre politischen Ziele hielt sich die Partei und Regierung jedoch lange Zeit auffallend zurück. Obwohl bereits am 9. Mai 1978 ein Regierungsprogramm von Taraki vorgelegt wurde, zeigten sich erst im Laufe der Zeit genauere Konturen der politischen Zielsetzungen für die Außen-, Reform- und Wirtschaftspolitik.

Besondere Beziehungen zu den Nachbarn

Nach dem 27. April 1978 und ähnlich nach dem Einmarsch der sowjetischen Truppen nach dem 27. Dezember 1979, galt das Hauptinteresse der westlichen Zeitungsberichterstattungen vor allem den Veränderungen in der außenpolitischen Situation. Ohne lange nach den sozialen und wirtschaftlichen Folgen der Revolution für die afghanische Bevölkerung selbst zu fragen, wurden schnelle strategische Spekulationen angestellt, wonach die Sowjetunion nun einen entscheidenden Schritt ihrem Ziel, einen Zugang zu einem südlichen Meer, und das auch noch in unmittelbarer Nachbarschaft zu den größten Welterdölvorkommen am persisch-arabischen Golf, näher gekommen sei. Wie entwickelten sich die Außenbeziehungen Afghanistans im einzelnen?

Afghanistan hat eine lange Tradition in seinem Bemühen, nicht alleine von einem einzigen ausländischen Staat abhängig zu werden. Während des 19. Jahrhunderts verstanden es die Emire von Kabul, sich weder völlig dem zaristischen Rußland, noch dem britisch-indischen Kolonialreich unterzuordnen. 1919 war Afghanistan die erste Halbkolonie, die ihre völlige formale Unabhängigkeit von Großbritannien durchsetzte. Im Kalten Krieg zwischen Ost und West gelang es Afghanistan seit den fünfziger Jahren zu beiden Seiten gute Beziehungen zu haben und von Ländern aus beiden Lagern nicht unbeträchtliche Entwicklungshilfeleistungen zu erhalten.

Die Regierungserklärung, die Nur Mohammad Taraki am 9. Mai 1978, also kaum zehn Tage nach der Revolution, über Radio Afghanistan verkündete, schien dieser Tradition zu folgen. Es ist hier die Rede von einer «positiven und aktiven, blockfreien und unabhängigen, friedlichen Politik». Allerdings wird gleich eingeschränkt, daß die Beziehungen der neuen Regierung zu anderen Ländern «auf ihrem Verhalten gegenüber unserer demokratischen nationalen Revolution» beruhen. Auch sind verschiedene inhaltliche Ziele der Außenpolitik so formuliert, daß sie sehr an entsprechende sowjetische Wortwahl erinnern: «Erhaltung des Weltfriedens», «Kampf für globale Abrüstung», «friedliche Koexistenz» und anderes.

Die neue afghanische Regierung erfuhr zunächst keine demonstrative Ablehnung durch das Ausland. Sehr rasch wurde sie von den meisten Ländern anerkannt bzw. nahmen diese normale Beziehungen zur Revolutionsregierung auf. Die meisten westlichen Länder, unter ihnen auch die Bundesrepublik, die nach ihrer Auffassung nur Staaten und nicht Regierungen anerkennen und die Anerkennung neuer Regierungen daher nur durch die Wiederaufnahme von normalen Geschäftsbeziehungen bekunden, vollzogen diesen Schritt bereits in den Tagen um den 6. Mai 1978. Auch kamen sehr bald relativ hohe Staatsbesucher, so zum Beispiel ein Sondergesandter Rumäniens am 8. Mai und am 9. Mai der Außenminister Libyens. Im September weilte der pakistanische Präsident Sia ul-Haq zu einem Kurzbesuch in Kabul, und kurz danach kam der indische Außenminister Vajpayee zu einer «offiziellen und freundschaftlichen Visite», wie die afghanische Presse feststellte.

Unübersehbar wurde aber von Anfang an gezeigt, wem die besondere Zuneigung der Revolutionsregierung galt. Immer wieder wurde betont, daß es die Sowjetregierung war, die als erste die Anerkennung der neuen afghanischen Regierung ausgesprochen habe. In der Regierungserklärung vom 9. Mai wurde als besonderes Ziel die «Festigung und allseitige Ausweitung der freundschaftlichen Beziehungen mit dem nördlichen Großnachbarn, der Sowjetunion» ausdrücklich hervorgehoben. Die afghanischen Zeitungen berichteten immer wieder über den Abschluß von zahlreichen größeren und kleineren Kooperationsabkommen zwischen der afghanischen und der sowjetischen Regierung. Freundschaftliche Beziehungen zur Sowjetunion gehören aber zur Tradition Afghanistans. Bereits 1919 war es die Regierung Lenins, die das unabhängige Afghanistan als erste anerkannte. Umgekehrt anerkannte Afghanistan als erstes Land im selben Jahr die neue Sowjet-Regierung.

In den fünfziger Jahren, während der Amtszeit Dauds als Premierminister, kam es wiederum zu einer Annäherung an die Sowjetunion. Die USA mit ihrem Außenminister John Foster Dulles wollte im Rahmen ihrer antisowjetischen Eindämmungspolitik die Fortsetzung ihrer Wirtschaftshilfe und die Gewährung von Militärhilfe, von dem Eintritt Afghanistans in den Militärpakt CENTO (Central Treaty Organization; damalige Mitglieder:

Türkei, Iran und Pakistan) abhängig machen. Afghanistan war jedoch nicht gewillt, seine Neutralität aufzugeben. Außerdem unterstützten die Amerikaner in der strittigen Paschtunistan-Frage mehr den Standpunkt des CENTO-Pakt-Mitglieds Pakistan. Afghanistan lehnte sich daraufhin stärker an die Sowjetunion an und akzeptierte unter anderem sowjetische Militärhilfe und damit einen stärkeren Einfluß der Sowjetunion in der afghanischen Armee. Damit war bereits eine der entscheidenden Voraussetzungen für die spätere erfolgreiche Revolution am 27. April 1978 und den Einmarsch sowjetischer Truppen am 27. Dezember 1979 geschaffen worden.

In der zweiten Amtszeit Dauds von 1973 bis 1978 erfolgte zumindest anfänglich eine weitere Annäherung an die Sowjetunion. Allerdings ging Daud im Laufe der Jahre eher wieder auf Distanz zu ihr und sprach sich zum Beispiel gegen den Führungsanspruch des an der UdSSR orientierten Kuba im Zusammenschluß der bündnisfreien Länder aus. Annäherung und Kredite, vor allem um dringend benötigte Arbeitsplätze in Afghanistan zu schaffen, suchte Daud deshalb in seinen letzten Jahren vermehrt bei den sozial konservativen Ölstaaten wie Iran und Saudi-Arabien. Dies hat sicherlich auch zu seinem Sturz beigetragen.

Höhepunkt der Annäherung der Taraki-Regierung an die Sowjetunion war die Unterzeichnung eines afghanisch-sowjetischen Freundschaftsvertrages am 5. Dezember 1978 in Moskau. Schon der Vertragstext selbst verweist allerdings darauf, daß er sich als eine Erneuerung und Erweiterung der entsprechenden afghanisch-sowjetischen Verträge von 1921 und 1931 versteht. Der neue Vertrag hat eine Laufzeit von zwanzig Jahren und verlängert sich danach jeweils automatisch um fünf Jahre, falls er nicht vorher von einem der beiden Vertragspartner gekündigt wird. In dem Vertrag wird ausdrücklich die bündnisfreie Politik der afghanischen Regierung bestätigt. Zugleich werden zur Aufrechterhaltung von «Sicherheit, Unabhängigkeit und territorialer Integrität» erforderlichenfalls Konsultationen und der Abschluß von Abkommen über «geeignete Maßnahmen» gegenseitig zugesichert. Diese Beistandsformel ist zwar vager formuliert als zum Beispiel in dem zeitlich kurz zuvor abgeschlossenen sowjetisch-vietnamesischen Freundschaftsvertrag, läßt aber doch viele Umsetzungsmöglichkeiten offen, und wie die Rechtfertigung des Einmarsches im Dezember 1979 bewies, interpretierte die Sowjetunion diesen Passus in der Tat sehr extensiv. Ansonsten wird in dem Vertragstext eine enge wirtschaftliche Kooperation beider Länder vereinbart, und bis in die Sprachregelung hinein werden politische Positionen der sowjetischen Regierung unterstützt. Allerding verwies Taraki in dieser Zeit noch in einer langen Rede beim Bankett im Kreml anläßlich der Vertragsunterzeichnung darauf, daß sein Land friedliche Beziehungen zu allen Ländern der asiatischen Region wünsche, wobei er unter anderem ausdrücklich die Volksrepublik China erwähnte.

Viele Spekulationen entstanden über die Anzahl der sowjetischen Experten und Berater in Afghanistan. Aber bereits vor der Revolution im April

1978 gab es etwa tausend zivile sowjetische Entwicklungsexperten und eine unbekannte Anzahl von Militärberatern. Nach Angaben der Revolutionsregierung haben sich diese Zahlen nicht wesentlich verändert. Allerdings ist auf Grund von glaubhaften Angaben und Berichten anzunehmen, daß sich insbesondere die Zahl der Sowjets in der Armee und Luftwaffe bereits vor dem Einmarsch im Dezember 1979 erheblich vergrößert hatte. Aber Mutmaßungen von westlichen Berichterstattern, die von Tausenden oder gar Zehntausenden von sowjetischen Militärberatern sprachen, waren zu diesem Zeitpunkt reine Spekulation. Nicht zuletzt der Einmarsch selbst hat ja bewiesen, daß der sowjetische Einfluß weder in der Regierung noch im Militär der allein beherrschende war.

Zu den übrigen mit der Sowjetunion verbündeten Ländern demonstrierte die neue afghanische Regierung seit April 1978 gute Beziehungen. Botschafter wurden ausgetauscht, Abkommen unterzeichnet, Stipendien vergeben, Delegationen kamen und gingen. Aber öfters wurde der Eindruck vermittelt, daß sich Länder wie ČSSR, Bulgarien oder die DDR schwertaten, ein gutes Verhältnis zu den afghanischen Stellen zu erhalten und die Bereitschaft und die Möglichkeiten zur substantiellen Zusammenarbeit eher eingeschränkt waren und weitgehend auf Druck der UdSSR zustande kamen. So wurde zum Beispiel mit der DDR mit großem Zeremoniell ein ziviles Luftverkehrsabkommen geschlossen, aber soweit bekannt wurde, landete bisher noch keine Interflugmaschine auf dem Kabuler Flughafen.

Freundschaft wurde auch zu Ländern demonstriert, die im Zusammenschluß der bündnisfreien Länder die an Moskau orientierten Positionen vertreten, wie zum Beispiel Vietnam und Kuba. Dies wurde bei der Teilnahme Tarakis am Gipfeltreffen der Bündnisfreien Anfang 1979 in Havanna/ Kuba demonstriert. Ohne Zweifel versuchten die afghanischen Revolutionsregierungen seit dem April 1978 jeweils die Positionen der UdSSR zu unterstützen, sei dies nun in der Palästina-Frage, hinsichtlich Südafrika oder durch die Unterstützung der Forderung nach einem «wirksamen Sicherheitssystem in Asien». Mit letzterem Punkt, der auch im sowjetisch-afghanischen Freundschaftspakt festgehalten wird, scheint Afghanistan, wie die *Neue Zürcher Zeitung* (8. Dezember 1978) feststellt, als erstes asiatisches Land das alte sowjetische Projekt zur Bildung eines dem europäischen Helsinki-Papier analogen Vertragssystems in Asien in aller Form zu unterstützen.

Besondere Bemühungen Afghanistans um gute Beziehungen galten von Anfang an Indien. Diese Beziehungen haben eine lange Geschichte, die allerdings in den voraufgegangenen Jahrhunderten häufig die Form von Eroberungszügen aus dem afghanischen Raum in den indischen Subkontinent angenommen hatten. Nicht zuletzt dürfte die neue afghanische Regierung mit einem guten Verhältnis zu Indien beabsichtigen, den direkten Nachbarn Pakistan potentiell unter Druck setzen zu können. Aber Indien ging zur Zeit der Desai-Regierung offensichtlich etwas vorsichtig auf Distanz, wohl einmal, weil sie nicht ganz so gute Beziehungen zur UdSSR unterhalten wollte wie Indira Gandhi in ihrer ersten Regierungszeit und zum anderen, weil sie sich nicht auf eine erneute Auseinandersetzung mit Pakistan einlassen wollte. Die Zukunft muß zeigen, inwieweit der sowjetische Einmarsch und die Wiederwahl Indira Gandhis diesen Stand der Beziehungen längerfristig verändert.

Die bilateralen Beziehungen zu den westlichen Ländern gestalteten sich offiziell vor allem von seiten der afghanischen Regierung freundlich, faktisch aber von beiden Seiten mehr oder weniger abwartend. Immer wieder wurde von der afghanischen Regierung betont, daß man weiterhin an Entwicklungshilfe von allen Ländern interessiert sei, soweit diese nicht an Bedingungen geknüpft sei. Besonders problematisch schien sich auch nach außen das Verhältnis zu Großbritannien zu entwickeln. Immerhin gab es nach afghanischer Geschichtsdarstellung drei Kriege gegen die britische Kolonialmacht, und die aktuelle Berichterstattung der englischen Rundfunkanstalt BBC mit ihren regelmäßigen über Kurzwelle ausgestrahlten Sendungen in der Landessprache Dari bot besonders seit dem Frühjahr 1979 zahlreiche Anlässe zur offenen Kritik durch die afghanische Regierung. Zugleich wurden diplomatische Beziehungen und auch verschiedene kleinere Entwicklungskooperationen mit britischen Beratern und Gutachtern aufrechterhalten. Besondere Mühe wollte sich anfänglich anscheinend die deutsche Bundesregierung geben, um die seit den Tagen des Ersten Weltkrieges traditionell guten Beziehungen Deutschland–Afghanistan nicht unnötig zu gefährden. Bereits Mitte Juni 1978 kam der Asienreferatsleiter Petersen aus dem Auswärtigen Amt in Bonn nach Kabul zu Besuch und wurde von Taraki empfangen. Im Oktober 1978 wurde dann in Bonn ein afghanisch-deutsches Regierungsabkommen über Entwicklungszusammenarbeit mit einem Gesamtvolumen von rund 80 Millionen DM abgeschlossen, in dem unter anderem der weitere Ausbau von Radio Afghanistan anvisiert wurde. Vor allem aber im Gefolge der unaufgeklärten Ermordung von zwei deutschen Lehrerehepaaren, die an den beiden deutschen Schulen in Kabul tätig waren, und zweier ihrer Kinder in etwa fünfzehn Kilometer Entfernung von Kabul während eines Ausflugs Anfang September 1979 gerieten diese Beziehungen auf einseitiges Betreiben der deutschen Seite ins Stokken. Die alljährlich stattfindenden Entwicklungshilfe-Verhandlungen wurden 1979 verzögert und zurückgestellt. Der DED zog bereits im September 1979 seine Entwicklungshelfer ab. Mitte Oktober traf eine deutsche *fact finding*-Regierungsdelegation in Kabul ein, die sich offenkundig auf weiteres Abwarten und Beobachten einigte, bevor neue Schritte unternommen werden sollten. Nach dem sowjetischen Einmarsch gab die Bundesregierung über die Deutsche Welle den vorläufigen Abzug sämtlicher der noch verbliebenen, im Regierungsauftrag tätigen Deutschen, mit Ausnahme des Botschaftspersonals, bekannt.

Die Beziehungen zur westlichen Führungsmacht, den USA, gerieten schon früher in eine Krise. Während bei der Demonstration anläßlich der Beerdigung des ermordeten Mir Akbar Chaibar zehn Tage vor dem 27. April 1978 unter anderem auch der «amerikanische Imperialismus» angeprangert wurde, gab sich die Revolutionsregierung offiziell – abgesehen von Angriffen gegen die nach ihrer Meinung tendenziöse Berichterstattung der Voice of America – grundsätzlich offen für gute Beziehungen zu den USA. Als aber der amerikanische Botschafter im Februar 1979, während einer Entführung beim Sturm durch Regierungstruppen und, wie die Amerikaner sagen, unter Mithilfe von sowjetischen Beratern, ums Leben kam und die afghanischen Regierungssprecher sich in diesem Zusammenhang nicht gerade betroffen und höflich zeigten, wurde im Anschluß daran von den Amerikanern sämtliche Entwicklungshilfe gestrichen und das Peace Corps verließ innerhalb von zwei Wochen das Land. Als die Amerikaner dann Ende Juli 1979 aus Sicherheitsgründen die Evakuierung von Familienangehörigen ankündigten, forderte die afghanische Regierung ultimativ die Reduzierung des amerikanischen Botschaftspersonals, die allerdings nicht vollzogen wurde.

Zu den Vereinten Nationen und ihren zum Teil amerikanischen Vertretern in Kabul bemühte sich die afghanische Regierung offiziell um ein gutes Verhältnis. Aber ihr Interesse für die UN fiel im Vergleich zur Gemeinschaft der an Moskau orientierten Länder und an dem Zusammenschluß der Bündnisfreien doch deutlich schwächer aus. Im Mai 1979 fand eine relativ wichtige internationale Konferenz der UNIDO (UN-Organisation für Industrielle Entwicklung mit Sitz in Wien) mit Teilnehmern, zum Teil im Ministerrang, aus siebzehn Ländern in Kabul statt. Die UNIDO-Vollversammlung in Lima/Peru hatte 1975 gefordert, daß die Entwicklungsländer einen Anteil von 25 Prozent (statt derzeit ca. 8 Prozent) an der Weltindustrieproduktion erreichen sollen. Die Konferenz in Kabul war nun die erste einer Reihe regionaler Konferenzen, die der Erreichung dieses Ziels durch Zusammenarbeit der Entwicklungsländer untereinander (*collective selfreliance*) dienen sollte. Ein wichtiges Thema der Konferenz galt dem Beitrag der Teilnehmerländer (Indien, Pakistan, Sri Lanka, Bangladesch, Algerien, Senegal, Türkei, Jugoslawien, Rumänien, Kuba und andere) zur Entwicklung Afghanistans. Geleitet wurde die Tagung von dem UNIDO-Generalsekretär Abd-el Rahman Khane, der seinerzeit als OPEC-Generalsekretär 1973 den Ölboykott der Ölförderländer und den Ölpreisschub entscheidend mit organisiert hatte. Aber die Ende August 1979 in Kabul stattfindende, eindeutig propagandistisch ausgerichtete «Internationale Solidaritätskonferenz mit Afghanistan», veranstaltet von dem an Moskau orientierten Weltfriedensrat, mit vielen Reden und einer abschließenden «Kabul-Deklaration», fand ein unübersehbar größeres Interesse in der afghanischen Berichterstattung als die doch wohl substantiell bedeutendere voraufgegangene UNIDO-Konferenz. Auch gab es immer wieder Einzelkonflikte zwischen afghanischen Ministerien und den Vertretern von UN-Unterorganisationen. Das Bestreben der afghanischen Seite lag offenkundig darin, daß die internationalen

Organisationen überwiegend Vertreter aus sozialistischen Ländern nach Afghanistan entsenden sollten. Gegen diesen Eingriff in ihre Personalpolitik versuchten sich diese Organisationen zu wehren, aber im Frühjahr 1979 wurde der Bulgare Evolgoi Bonev zum Leiter der Kabuler UNDP-Büros (Entwicklungsprogramm der Vereinten Nationen) bestellt und damit zum koordinierenden Vertreter sämtlicher UN-Organisationen in Afghanistan. Er wiederum geriet unter Kritik, weil er immer neue Programme initiierte und neue Experten nach Afghanistan holte, obwohl deren Arbeit auf Grund der ständig eingeschränkteren Reisebedingungen im Lande weithin zur Farce geraten war.

Am problematischsten gestaltete sich aber verständlicherweise das Verhältnis zu den beiden unmittelbaren Nachbarstaaten Iran und Pakistan. Beide Länder befinden sich derzeit unter dem starken Einfluß von Reislamisierungsbewegungen, während der neuen afghanischen Regierung von vornherein antiislamische Tendenzen nachgesagt wurden. Zudem ist seit der Gründung Pakistans 1947, die durch die Briten vor rund achtzig Jahren festgelegte afghanische Ostgrenze, mitten durch das traditionelle Stammesgebiet der Paschtunen, strittig. So wird bereits in der Regierungserklärung vom 9. Mai 1978 die Lösung dieser Frage «auf politischem und friedlichem Verhandlungsweg» gefordert. Dennoch enthielt sich Afghanistan geraume Zeit direkter öffentlicher Angriffe gegen Pakistan und den Iran des Ajatollah Khomeini. Als aber die inneren Auseinandersetzungen in Afghanistan im Frühjahr 1979 zunahmen, griff die afghanische Regierung zum klassischen Mittel, und machte die beiden Nachbarstaaten für die Unruhen verantwortlich. Seither wurden Iran und Pakistan regelmäßig offen und direkt von afghanischen Zeitungen, Radio und Fernsehen von der Regierung angegriffen. Zwar wird immer wieder behauptet, man wolle die Revolution nicht exportieren und der pakistanische Staatschef Sia ul-Haq wurde mehrfach öffentlich zu friedlichen Gesprächen nach Kabul eingeladen, aber offensichtlich waren die Vorbedingungen derart, daß dieser die Einladung nicht wahrnehmen wollte. Auch umgekehrt fuhr die afghanische Regierungsspitze trotz mehrfacher Einladung noch nicht nach Islamabad. Auffallend ist auch, daß das Parteiorgan *Enqelab* nicht nur in den Sprachen Paschtu, Dari, Belutschi und Englisch, sondern auch in Urdu erscheint, einer Sprache, die vor allem in Pakistan und Indien und wenig in Afghanistan verbeitet ist. Ebenso ist schon früher die inhaltliche Ähnlichkeit der Veröffentlichungen der iranischen Tudeh-Partei und von Chalq aufgefallen. Auch gab es schon seit Jahrzehnten vielerlei Beziehungen zwischen Chalq und der pakistanischen Awami-Liga. Ebenso wie Chalq bedeutet Tudeh und Awami «Volk». Besonders seit Frühjahr 1979 wurden in den afghanischen Zeitungen proafghanische Artikel aus linksgerichteten pakistanischen Zeitungen nachgedruckt. Vor allem zur Regierungszeit Amins waren aggressive und kämpferische Töne gegen Pakistan und Iran zu hören. Es gab bereits pakistanische Proteste wegen Grenzverletzungen durch afghanisches Militär. Es ist daher nicht auszuschließen, daß eines der Motive für den Einmarsch der Sowjets im Dezember 1979 war, nicht in ein unkontrollierbares Abenteuer Amins gegen Pakistan hineingezogen zu werden. Ebenso dürften die undifferenzierten, aggressiven Ausfälle Amins gegen das Khomeini-Regime im Iran aus sowjetischer Sicht unerwünscht gewesen sein.

Reformen der Revolutionäre

Wie die Regierungserklärung vom 9. Mai 1978 zeigt, galt das Interesse der neuen Machthaber mehr der Innen- als der Außenpolitik. Die Ankündigungen ließen ein umfangreiches und tiefgreifendes Reformprogramm erwarten. Bei der Konkretisierung und Realisierung hielten sich die Revolutionäre hingegen zunächst auffallend zurück und waren vorsichtig. Priorität hatte eindeutig, wie bereits erwähnt, die Besetzung aller einigermaßen wichtigen Amtspositionen mit loyalen Parteikadern. Die einzelnen Reformmaßnahmen wurden erst allmählich Schritt für Schritt in Angriff genommen.

Eine der Reformen, die bereits in den ersten Tagen angekündigt wurde und die wohl besonderen symbolhaften Charakter haben sollte, war die Gleichstellung von allen Beamten und Angestellten bei der Verteilung von Bezugsscheinen für Mehl und die Gleichstellung beim Kantinenessen. Ebenso wurde die Verpflegung beim Militär egalisiert. Dies war eine Reform, die relativ einfach umgesetzt werden konnte. Zudem ist anzunehmen, daß einem Kabinett, das vorrangig aus kleineren und mittleren Beamten bestand, eine solche Maßnahme nahelag.

Die nächste Reform wurde vergleichsweise größer angekündigt und hatte schon weit umfassendere Folgen. Sämtliche Absolventen der achten Klasse, die die Prüfungen zum Weiterstudium, die erst drei Jahre zuvor eingeführt worden waren, bisher nicht bestanden hatten, sollten trotzdem die weiterführenden Schulen besuchen dürfen. Diese Maßnahme konsequent durchgeführt kostet sehr viel Geld, und so wurde einige Wochen lang über große Geldsammlungen für Schulhausneubauten berichtet.

Dies war aber nur ein erster Schritt der Veränderungen im Erziehungswesen. Es folgte die teilweise Abschaffung von Prüfungen in den Schulen und die daraus folgende Regelung, daß jeder Schüler unabhängig von seinen Leistungen in die nächste Klasse versetzt werden mußte. Diese von oben verordnete Erleichterung führte, wie Lehrer berichteten, zu einem allgemeinen Leistungs- und Disziplinabfall. Um dieser Folge zu begegnen, wurde zum Teil auf die Prügelstrafe zurückgegriffen. Außerdem machte sich bei Schülern wie bei Lehrern eine allgemeine ideologische Verunsicherung breit. Es gab kein vorbereitetes politisches Curriculum, so daß statt dessen mehr oder weniger spontan kurzfristig Demonstrationen und politische Versammlungen angesetzt wurden. Hinzu kam bald das Werben zum Eintritt in die Partei und später gelegentlich die Einberufung älterer Jahrgänge zum Militärdienst. Bei der Langzeitwirkung von Veränderungen im Erziehungswesen läßt sich aber nicht absehen, welche Folgen diese und noch kommende Maßnahmen im Erziehungswesen im einzelnen haben werden.

Sehr stark propagiert wurden auch Alphabetisierungskurse. Diese sind in Afghanistan mit rund 90 bis 95 Prozent Analphabeten in der Tat ein dringendes Erfordernis. Mit viel Enthusiasmus wurden in den Regierungsinstitutionen Kurse durchgeführt, in denen lese- und schreibkundige Angestellte die anderen unterrichteten und seien dies ältere Boten oder Reinmachefrauen. In den Dörfern sollten entsprechend dieser Kampagne auch die Frauen der Bauern und Nomaden solche Alphabetisierungskurse besuchen. Zum Teil soll dabei von den Regierungsbehörden ungeschickt und gelegentlich mit Gewalt vorgegangen worden sein. Wie weit man allerdings solchen Berichten jeweils glauben kann und sie nicht wenigstens teilweise für Erfindungen der Mullahs, der islamischen Geistlichen, halten soll, die ihre Macht durch die Alphabetisierungskurse gefährdet sahen, läßt sich im Einzelfall schwer entscheiden. Auch ist wenig bekannt geworden von methodisch-didaktischen Vorbereitungen für diese Alphabetisierungskampagne, und es läßt sich noch kaum sagen, welche Erfolge letztlich mit ihr erzielt wurden und noch werden. Anahita Ratebsad, die neue Erziehungsministerin nach dem Einmarsch der Sowjets im Dezember 1979, hat bereits erklärt, daß sie diese Kurse fortsetzen wolle.

Das Dekret «Nr. drei» der Revolutionsregierung vom 14. Mai 1978 («Nr. eins» enthielt die Ernennung Tarakis zum Premierminister und «Nr. zwei» die Ernennung des übrigen Ministerrats) entwarf eine umfassende Neuregelung des Rechtssystems in Afghanistan. Es wurde ein «Hoher Rechtsrat» gebildet, der die gesamte Rechtsprechung im Land kontrollieren sollte. Im Gefolge dieser Regelung wurden sehr viele, seit Jahren anhängige Verfahren, die durch Bestechung oder Inkompetenz verschleppt worden waren, beschleunigt gelöst. Dies war eine der Reformen, die von den betroffenen abhängigen Personen als Erleichterung und Fortschritt empfunden wurden.

Das nächste Dekret, «Nr. vier» vom 15. Mai 1978, galt der Förderung der Kultur der ethnischen Minderheiten Afghanistans. Die afghanische Bevölkerung, die auf etwa fünfzehn Millionen geschätzt wird, besteht rund zur Hälfte aus Paschtunen, die vor allem im Südosten zwischen Dschalalabad und Kandahar wohnen, aber auch sonst im Land verstreut in den vergangenen hundert Jahren angesiedelt wurden; ebenso gehört die Mehrheit der etwa zwei bis drei Millionen Nomaden zu den paschtunischen Stämmen. Die darisprachigen Tadschiken (Dari ist die in Afghanistan gesprochene Form des Persischen) sind eine Mischbevölkerung, die fast überall im Lande anzutreffen ist und in der Verwaltung dominiert. Daneben gibt es aber besonders im Norden noch ethnische Minderheiten – Usbeken, Turkmenen und Kirghisen –, die aus Zentralasien im Laufe der Zeit, unter anderem in den Jahren nach 1919 auf der Flucht vor der Sowjetisierung ihrer angestammten Gebiete, nach Afghanistan eingewandert sind. Außerdem leben im Südwesten zum Teil nomadisierende Belutschen, die ähnlich wie die Paschtunen außer in Afghanistan sich auch im heutigen pakistanischen Staatsgebiet und im Iran traditionell aufhalten. Im östlichen Hindukusch existiert eine ursprünglich aus islamischer Sicht kafirische, das heißt «heidnische» Minderheit, die seit ihrer Islamisierung vor rund neunzig Jahren Nuristani, die «Erleuchteten», genannt werden (vergl. Karte Seite 11).

Es ist eines der Versäumnisse der Königs- und Daud-Zeit, daß angesichts der Auseinandersetzungen um Macht und Einfluß zwischen den mehr bäuerlichen, großbäuerlichen und nomadischen Paschtunen und den in den Städten vor allem vorherrschenden Tadschiken die übrigen ethnischen Minderheiten in ihren kulturellen Rechten völlig an den Rand gedrängt wurden. Deshalb konnte es die Revolutionsregierung mit Recht als einen Fortschritt bezeichnen, wenn sie zum Beispiel im Radio nun auch Sendungen in Usbekisch, Turkmenisch, Belutschi und Nuristani aufnahm. Außerdem wurden in diesen Minderheiten-Sprachen sukzessive Zeitungen herausgegeben.

Erstaunlich ist auch, daß die bis dahin üblichen obligatorischen Paschtu-Lehrgänge für Beamte und Staatsangestellte ohne größere Ankündigung im ganzen Land entfielen. Neben der Zurücknahme der unter der nichtpaschtunischen Bevölkerung nicht gerade beliebten Bemühungen um Paschtunisierung ganz Afghanistans in der Daud-Zeit kann ein Grund hierfür darin zu sehen sein, daß viele der ehemaligen Paschtu-Sprachlehrer Partei- und Regierungsfunktionen übernehmen mußten und daher nicht mehr für diese Kurse zur Verfügung standen. Außerdem ist innerhalb von Chalq und damit in den führenden Schichten von Militär und Regierung nunmehr ohnehin Paschtu sehr stark aufgewertet worden. Ob dieser Trend sich unter der Führung der mehr tadschikisch geltenden Partscham-Gruppe nach dem sowjetischen Einmarsch im Dezember 1979 wieder entscheidend ändern wird, bleibt abzuwarten.

Das nächste Reformvorhaben, das angekündigt wurde, griff tiefer und direkter in die sozialen und wirtschaftlichen Beziehungen ein, bedeutete aber wiederum für die Regierung keinen größeren finanziellen Mehraufwand. Das Dekret «Nr. sechs», das am 12. Juli veröffentlicht wurde, galt der Schuldenerleichterung und Entschuldung der Kleinbauern. Es gibt genaue Regelungen an, welche Schulden teilweise oder ganz zu erlassen sind. So sollen zum Beispiel Personen, die von Kleinbauern, die weniger als zwei Hektar gutes Ackerland besitzen, schon länger als fünf Jahre für nicht zurückgezahlte Schulden Land als Pfand genommen haben, dieses entschädigungslos zurückgeben. Land, das weniger als fünf Jahre verpfändet worden war, ist ebenfalls zurückzugeben und die Schuld in einzelnen festgelegten Prozentstufen zurückzuzahlen. Nach Angaben der Regierung sollen 81 Prozent der Bauern Schuldenerleichterungen durch dieses Dekret erlangt haben.

Diese Reform setzt bei einem zentralen Problem der Landwirtschaft in Asien und auch in Afghanistan ein. Mangels eines effektiven und kleinmaschigen Banksystems auf dem Land haben es die grundbesitzenden Chane und die Geldverleiher verstanden, sich den größten Teil der Kleinbauern mittels astronomisch hoher Zinssätze von teilweise 100 und mehr Prozent auf geliehenes Geld abhängig bzw. zu landlosen Arbeitern auf ihrem ehemals eigenen Grund und Boden zu machen. Da in Afghanistan die ländliche Sozialstruktur noch nicht in dem Maße durch koloniale und kapitalistische Durchdringung wie in anderen asiatischen Ländern aufgehoben war, fühlte sich der Chan sozial und wirtschaftlich verantwortlich für die von ihm abhängigen Bauern und Landarbeiter. Dies dürfte auch einer der Gründe sein, weshalb in Afghanistan die Bevölkerungsflucht vom Land in die Städte noch nicht so unkontrollierbare Formen angenommen hat, wie in vielen Ländern Asiens, Afrikas und Lateinamerikas. Die jetzige Landentschuldung greift zwar indirekt in die ländlichen Abhängigkeitsstrukturen ein. Andererseits bietet sie den zu sehr verschuldeten Bauern wieder eine neue Möglichkeit, doch auf dem Land zu bleiben. Über periodische Landentschuldungen berichtet im übrigen bereits das Alte Testament, und sie sind auch sonst aus der Antike bekannt, was zeigt, daß weder das Problem noch die Problemlösung neu sind.

Das nächste Dekret, «Nr. sieben», wurde erst nach größerem zeitlichen Abstand am 18. Oktober 1978 verkündet. Es bedeutete allerdings einen weiteren, noch tieferen Eingriff in die traditionelle soziale und wirtschaftliche Struktur als die vorhergehenden Reformen. Das Dekret schreibt vor, daß bei einer Heirat kein Geld oder Sachwerte über 300 Afghani (entspricht etwa 15 DM) für die Braut gezahlt werden dürfen. Außerdem dürfe niemand zu einer Heirat gezwungen werden, und die Frau solle bei der Hochzeit mindestens sechzehn und der Mann mindestens achtzehn Jahre alt sein. Auch wurden die Aufwendungen anläßlich der Hochzeitsfeierlichkeiten drastisch beschränkt.

Ähnlich wie in vielen asiatischen und afrikanischen Ländern, so war es in Afghanistan bislang üblich, daß Brautpreise in Höhe von 20000 bis 100000 Afghanis gezahlt wurden (entspricht 1000 bis 5000 DM, das entspricht wiederum sechs bis dreißig Monatsgehältern eines mittleren Beamten). Hinzu kommen außerdem erhebliche Ausgaben für die Hochzeitsfeierlichkeiten selbst, zu denen ganze Dörfer zum Essen und Tanz eingeladen werden müssen. Für diese Zwecke mußten häufig Kredite aufgenommen werden, was zur hoffnungslosen Verschuldung ganzer Familien führte. Allerdings brachte der Brautpreis für die Frau auch Sicherheit, da sie im Falle einer Scheidung Anspruch auf diese Summe hat und notfalls bei ihrer elterlichen Familie leben kann.

Wie wohl kaum anders zu erwarten war, fanden aber auch nach der Verkündigung dieses Dekrets noch aufwendige Hochzeitsfeierlichkeiten in den Dörfern und den Städten statt. Auch wurden noch weiterhin in der einen oder anderen Form Brautpreise gezahlt, die weit über die erlaubten 300 Afghanis hinausgingen. Aber immerhin war mit diesem Dekret eine Basis für Beschwerdemöglichkeiten, insbesondere für die Braut, geschaffen. Wie weit diese Regelungen aber im einzelnen eingehalten werden und welche Folgen dies für die Familienstrukturen hat, kann jetzt noch nicht und erst an Hand gründlicher Untersuchungen festgestellt werden.

Das Herzstück der Rechtfertigung der Regierung in ihrem revolutionären Selbstverständnis bildete die Landreform. Sie kam früher, als man annehmen konnte. Noch im Juni 1978 zum Beispiel hatte Taraki in einem Presseinterview mit Andreas Kohlschütter (abgedruckt in *Die Zeit*, 9. Juni 1978) erklärt, er selbst rechne noch mit ein bis zwei Jahren, bevor die Landreformplanungen in die Praxis umgesetzt werden können. So war es dann eher eine Überraschung, daß bereits am 2. Dezember 1978 das Dekret «Nr. acht», ein umfangreiches und ausgearbeitetes Landreformgesetz, veröffentlicht wurde.

Nach diesem Gesetz darf künftig niemand mehr als dreißig Dscherib (entspricht sechs Hektar) vom besten Ackerland besitzen. Bestes Ackerland heißt in Afghanistan fruchtbares, das ganze Jahr über bewässerbares Land, das zwei bis drei Ernten jährlich tragen kann. Bei weniger gutem Land ist die Höchstgrenze gestuft heraufgesetzt bis zu dreihundert Dscherib von trockenem Anbauland, das aber seltener als alle zwei Jahre bebaut werden kann. Wenn jemand mehr besitzt, muß er dieses Land entschädigungslos abgeben.

Das enteignete Land soll zu jeweils fünf Dscherib (= ein Hektar) vom besten Ackerland oder entsprechend mehr von weniger gutem Land an landlose Bauern und Landarbeiter verteilt werden. Bevorzugt bei der Zuteilung werden diejenigen landlosen Bauern, die bisher das verteilte Land bearbeitet haben. Zusätzlich zur Verteilung kam auch Land aus dem Besitz der Königsfamilie und Staatsland.

Begonnen wurde mit der Landverteilung, da das Gesetz im Winter verkündet wurde, in den sogenannten «warmen» Provinzen Afghanistans, das sind Kandahar, Herat, Nimros, Farah, Hilmend, Nangahar und andere. Im Frühjahr und Frühsommer 1979 folgten die «kalten» Provinzen, das heißt die Gegend um Kabul, die Zentralprovinzen und der Norden. Bereits Anfang Juli, ein halbes Jahr früher als geplant, wurde der Abschluß der Verteilungsaktion bekanntgegeben. Demnach wurden an rund 285000 Familien ca. drei Millionen Dscherib (= 600000 Hektar) Land verteilt. Der neue Landwirtschaftsminister nach dem sowjetischen Einmarsch kündigte gleich nach Amtsantritt an, daß er die Landreform im Frühjahr 1980 fortsetzen wolle.

Wenn man von einer durchschnittlichen Familiengröße von sechs Mitgliedern ausgeht, und das Landreformgesetzt verstand ausdrücklich unter

Familie nur die Kleinfamilie, so profitierten rund 1,7 Millionen Landbewohner direkt von dieser Verteilung. Bei grob gerechnet zehn Millionen ländlicher Bevölkerung ist dies kein zu großer Anteil. Darin spiegelt sich die Tatsache wider, daß in manchen Gegenden und Dörfern keinerlei Land verteilt werden konnte, da schon vorher keine Familie mehr als dreißig Dscherib besaß. Ohnehin war in Afghanistan der Großgrundbesitz im Vergleich zu anderen Ländern von der Größenordnung her kein erstrangiges Problem. Dies kommt auch in neueren Zahlen des afghanischen Planungsministeriums zum Ausdruck, wonach 88 Prozent der ländlichen Familien 60 Prozent des Landes besaßen und die restlichen 12 Prozent «Feudalherren und Großgrundbesitzer» die übrigen 40 Prozent innegehabt haben sollen. Es wird wohl wenig Länder geben, die selbst nach einer Landreform eine gleichmäßigere Verteilung aufweisen.

Dennoch verfolgte das Dekret «Nr. acht» und auch die voraufgegangene Landentschuldung offenkundig den Zweck, eine Vielzahl von kleinen Grundbesitzern zu schaffen. Zwar ist angesichts der Fruchtbarkeit von bewässertem Land und der Anspruchslosigkeit afghanischer Dorfbewohner davon auszugehen, daß sich eine Familie auch nur von einem einzigen Hektar Land ernähren kann. Doch kann man nicht annehmen, daß sich über die eigene Subsistenz hinaus mit diesen Produktionseinheiten ein großer landwirtschaftlicher Mehrwert erzielen läßt. Auch ist zu fragen, ob die neuen Landbesitzer die notwendigen Produktionsmittel wie Saat, Dünger, Arbeitsgeräte und anderes in ausreichendem Maße beschaffen können. Es ist unwahrscheinlich, daß die ehemaligen Grundbesitzer und Geldverleiher nach der Entschuldungsaktion die Finanzierung dieser Produktionsmittel sicherstellen werden.

Bereits im August 1978 hatte die Regierung eine «Charta für ländliche Hilfsfonds» und kurz darauf eine «Charta für ländliche Genossenschaften» veröffentlicht. Hierin werden Regelungen festgelegt, wonach sich Landbewohner, die als einzelne nicht über ausreichende wirtschaftliche Mittel verfügen, zusammenschließen sollen, um gemeinsam die notwendigen Mittel zusammenzutragen. Es ist nicht klar, wie viele solcher Zusammenschlüsse sich daraufhin gebildet haben und tatsächlich funktionieren. Es ist auch nicht ohne weiteres klar, welche Motive auf seiten der Regierung im einzelnen zum Vorschlag dieser Kooperativen geführt haben. Handelt es sich um eine von der späteren Landreformgesetzgebung abweichende politische Konzeption? Sollen diese Zusammenschlüsse nur eine absichernde, flankierende Maßnahme zur Schaffung von Kleingrundbesitzern sein (so die regierungsoffizielle Lesart)? Oder ist darin schon ein erster Schritt zu einer Kollektivierung angelegt, nachdem man die Zwischenstufe der Kleingrundbesitzer wieder zurückgedrängt hat?

Bereits Lenin, der von Chalq und Partscham voll anerkannte russische Revolutionstheoretiker, stellte in seiner Schrift ‹*Das Verhältnis der Bauern zur Revolution in Rußland*› 1905 (‹*Ausgewählte Werke*›, Moskau 1946, S.

540–543) fest, daß er im Hinblick auf den Landbesitz keine «ausgleichende Aufteilung, Sozialisierung u. a. m.» versprechen wolle. Er halte nichts von «allerhand kleinbürgerlichen Projekten». Vielmehr müßten die materiellen Bedingungen einer «sozialistischen Großproduktion» geschaffen werden. Nur wo notwendige Voraussetzungen hierfür noch fehlten, könnte es zu einem Übergang des Bodens an die Klasse der kleinen Landwirte kommen. Ziel bliebe aber die «sozialistische Revolution», das heißt unter anderem die Übergabe der großen kapitalistischen Güter an Arbeiterassoziationen. Auf diesem Hintergrund lassen sich auch die unterschiedlichen Vorgehensweisen der Agrarreformen in Entwicklungsländern, wo eine marxistisch-leninistische Richtung zum Zuge kam, verstehen. Während zum Beispiel in Vietnam zunächst eine allgemeine Landverteilung stattfand, wurde in Kuba unmittelbar eine Vergesellschaftung der Agrarproduktion vorgenommen, da eine Verteilung des dortigen bereits kapitalistisch organisierten Großgrundbesitzes an die Landarbeiter wieder einen Schritt hinter die Entwicklung zurück bedeutet hätte. (vgl. Peter Gäng/Reimut Reiche, ‹*Modelle der kolonialen Revolution*›, edition suhrkamp, Nr. 228, Frankfurt a. M. 1969, S. 61 f und 77 f).

Als Zweck der afghanischen Landreformgesetzgebung kann man daher vermuten, daß zunächst einmal die «feudalen» und «halbfeudalen» Verhältnisse in den afghanischen Dörfern aufgelöst und eine Schicht von unabhängigen Kleinbauern geschaffen werden sollte. Man verspricht sich dadurch eine soziale Schicht zu schaffen und zu gewinnen, die loyal zur neuen Regierung steht und die im Gegensatz zu ihren früheren Bindungen an den Chan ein eigenes Klassenbewußtsein entwickeln wird. In der Propagierung von Kooperativen und gemeinschaftlichen Hilfsfonds sind bereits jetzt erste Stufen für größere, kollektive Zusammenschlüsse vorgebildet (vgl. zu diesem Zusammenhang auch Jan Grevemeyer, ‹*Landreform in Afghanistan*›, Manuskript eines beim DED-Afghanistan gehaltenen Vortrags, April 1979).

Mit der Landreform scheinen die größeren sozialpolitischen Vorhaben einen vorläufigen Endpunkt erreicht zu haben. Sicherlich geht es danach zunächst darum, die bereits eingeleiteten Veränderungen erst einmal umzusetzen und abzusichern. Auch schoben sich anderweitige Probleme in den Vordergrund wie die vermehrten Unruhen in den Provinzen, die die Regierungsaufmerksamkeit für sich beanspruchten. Dazu gehörten unter anderem auch die allgemeinen inneren und äußeren wirtschaftlichen und finanzpolitischen Probleme und die allgemeine Entwicklungsplanung mit ihren vielen Detailfragen der Ein- und Zuordnung, der Finanzierung und der Durchführung.

Die Staatswirtschaft wünscht Privatinvestitionen

Die «Volksdemokratische Partei Afghanistans» nennt sich gern die «Partei der sich abrackernden Arbeiter» oder vorsichtiger die «Vorhut der Arbeiterklasse». Eine Arbeiterklasse oder ein modernes Industrieproletariat existiert aber in Afghanistan höchstens in allerersten Anfängen. Nach der Statistik* gab es im Jahre 1975 in Afghanistan im industriell produzierenden Gewerbe insgesamt ganze 33900 und im Bergbau und in der Energiewirtschaft 4500 Beschäftigte. Es ist nicht anzunehmen, daß sich diese Zahlen bis 1978/79 wesentlich verändert haben. Fast die Hälfte der Arbeiter in der Industrie sind in Textilbetrieben beschäftigt. (Größere Textilfabriken stehen in Gulbahar, Pul-i-Chumri, Masar-i-Scharif, Herat, Bagrami und Kabul.) Es folgt die Nahrungsmittel- und Getränkeindustrie mit rund 5000 Beschäftigten (unter anderem die Zuckerfabrik in Baghlan und die Coca-Cola-Fabrik in Kabul). Für die chemische Industrie werden rund 3300 Beschäftigte angegeben (auch die deutsche Firma «Hoechst» hat in Kabul eine Niederlassung, die allerdings zu 100 Prozent auf Zulieferung aus dem Ausland angewiesen ist). Im Bergbau sind 3200 Arbeiter beschäftigt (das Bergwerk zur Förderung des weltberühmten Lapislazuli-Steines hatte 1972 ganze 46 Beschäftigte).

Diese Zahlen belegen, daß Afghanistan industriell noch sehr wenig entwickelt ist. Man nimmt außerdem an, daß es in Afghanistan insgesamt nur etwa fünf Millionen Erwerbstätige (ohne die rund zwei bis drei Millionen Nomaden) bei einer Gesamtbevölkerung von rund fünfzehn Millionen Einwohnern gibt. Diese niedrige Gesamtbeschäftigungsrate macht unter anderem deutlich, daß afghanische Frauen in aller Regel keiner Erwerbstätigkeit nachgehen oder überwiegend an das Haus gebunden oder in der Subsistenzlandwirtschaft beschäftigt sind. Von den fünf Millionen Erwerbstätigen sind rund 70 Prozent in der Landwirtschaft tätig. Die übrigen sind im verarbeitenden Gewerbe und Handwerk (350000), im Baugewerbe (130000), im Handel (200000), im öffentlichen Dienst (90000), im Verkehrswesen (80000), im Bildungs- und Gesundheitswesen (50000) und in sonstigen Bereichen beschäftigt.

Verschiedene Untersuchungen haben darüber hinaus gezeigt, daß insbesondere in der Landwirtschaft viele Beschäftigte nur teilweise oder je nach Saison tatsächlich ausgelastet sind. Daher enthalten die Zahlen auch noch einen unbekannten Prozentsatz an versteckter Arbeitslosigkeit. Eine offi-

* Diese und die folgenden statistischen Zahlen sind dem «Länderkurzbericht Afghanistan 1979» des Statistischen Bundesamtes in Wiesbaden entnommen, das seine Zahlen wiederum von afghanischen Ministerien und internationalen Organisationen bezieht. Da es in Afghanistan wie in vielen anderen Entwicklungsländern noch kein entwickeltes Statistikwesen gibt, beruhen viele Zahlen auf mehr oder weniger guten Schätzungen und können daher große Abweichungen zur Realität enthalten.

zielle Arbeitslosenstatistik (und natürlich auch eine Arbeitslosenunterstützung) gibt es in Afghanistan nicht. Man nimmt außerdem an, daß es in den vergangenen Jahren jeweils rund 500000 bis eine Million afghanische Gastarbeiter im Iran und in geringerem Maße in den Golfstaaten gab. Diese kehrten mit der politischen und wirtschaftlichen Krise im Iran zum großen Teil nach Afghanistan zurück und vergrößerten damit das Problem der zu knappen Arbeitsplätze in Afghanistan zusätzlich.

Diese unbefriedigende Beschäftigungslage ist von der durch viele natürliche und geschichtliche Faktoren behinderten gesamten Wirtschaftsstruktur bestimmt. Das Land besteht zum größten Teil aus Wüste, Ödland und Gebirgen. Landwirtschaft ist, abgesehen von nomadischer extensiver Weidewirtschaft, fast nur im Bereich der ganzjährig wasserführenden Flüsse möglich. Es sind daher nur 5 Prozent der Gesamtfläche bewirtschaftet. Neuland läßt sich nur in begrenztem Ausmaß und nur nach langwierigen Kultivierungsmaßnahmen gewinnen, wobei die Versalzung des Bodens bei neugewonnenem bewässertem Land schon häufig schwere Rückschläge für diese Bemühungen bedeutete.

Aber auch Rohstoffe gibt es in Afghanistan nicht sehr viel. Am ergiebigsten sind derzeit die Erdgasvorkommen in Nordafghanistan, die mit Hilfe der Sowjetunion ausgebeutet und überwiegend auch dorthin exportiert werden (1978 waren es 2,3 Milliarden Kubikmeter im Wert von 51 Millionen Dollar). Einige kleinere Kohlevorkommen werden hauptsächlich für den heimischen Energiebedarf genutzt. Neuerdings wird behauptet, daß im Süden des Landes größere Uranlagerstätten gefunden worden seien, die aber noch nicht genau erfaßt sind und auch noch nicht abgebaut werden. Im Zentralgebiet, in der Nähe des Hadschigak-Passes, sind seit längerem große Vorkommen von hochwertigem Eisenerz bekannt. Allerdings konnten diese Vorkommen bisher noch nicht erschlossen werden, da sie verkehrstechnisch zu schwer zu erreichen sind.

Dies verdeutlicht, daß Afghanistan als ein sogenanntes *land-locked-country* auch mit dem generellen Nachteil, keinen eigenen Zugang zum Meer zu haben, belastet ist. Es ist daher von vornherein in seinen ganzen außenwirtschaftlichen Beziehungen von dem Wohlwollen seiner unmittelbaren Nachbarn Iran, UdSSR und Pakistan abhängig. Aber auch die Binnenverkehrsverbindungen sind wenig ausgebaut. Allwetterstraßen, die erst in den vergangenen beiden Jahrzehnten angelegt wurden, gibt es in Richtung Norden von Kabul aus nach Masar und Kundus und von Kandahar nach Herat. Diese Strecken mit einem der höchstgelegenen Straßentunnel der Welt, dem Salang, durch den Hindukusch-Kamm wurde mit Hilfe der UdSSR gebaut. Außerdem gibt es die historische Verbindung über den Chaiber-Paß nach Pakistan, die ebenso wie die Südverbindung von Kabul nach Kandahar mit amerikanischer technischer Hilfe trassiert wurde. Weder sind die Wasserläufe für größere Schiffahrt (außer dem Grenzfluß Amu Darja im Norden) nutzbar, noch gibt es Eisenbahnverbindungen.

Die fehlende Eisenbahn erinnert daran, daß Afghanistan nie reguläre Kolonie war. Während andere Entwicklungsländer aus ihrer Kolonialzeit wenigstens ein gewisses Grundgerüst an materieller und immaterieller Infrastruktur ererbten, mußte diese in Afghanistan weitgehend mit eigener Initiative und eigener Kraft eingeführt und aufgebaut werden. Zum Beispiel existiert ein funktionierendes Steuersystem erst in allerersten Ansätzen, wodurch den finanziellen Möglichkeiten des Staates, der seine Einnahmen derzeit vor allem aus Zöllen und staatseigenen Unternehmen bezieht, von vornherein enge Grenzen gesetzt sind. Unter anderem wegen dieser Mittelknappheit und auch wegen der fehlenden kolonialen Vergangenheit, sind von der allgemeinen Schulpflicht und von der gesundheitspolitischen Versorgung bei weitem nicht alle Bevölkerungsteile erfaßt und dies gilt wiederum insbesondere für Mädchen und Frauen. Allgemein fehlt es bei den staatlichen Organisationen und Behörden an Verwaltungserfahrung und Effizienz.

Auf der Basis dieser schwachen Struktur mußte nun die Revolutionsregierung sich der Aufgabe stellen, ihr wirtschaftspolitisches Programm zu entwickeln und zu realisieren. Als eine erste Maßnahme nach der Machtübernahme wurde eine allgemeine Preissenkung und -kontrolle verkündet. Im folgenden wurden Preise für die einzelnen Güter des täglichen Bedarfs festgelegt, und Preislisten mußten in den Geschäften ausgehängt werden. Den Händlern wurden Gewinnspannen von rund 10 Prozent zugestanden, und es gab auch immer wieder Preiskontrollen im Basar. In einem seiner vielen Presseinterviews erklärte Taraki zur Begründung, daß seine Regierung keine höheren Arbeitslöhne bewirken wolle, da diese höheren Löhne auf Grund der Erfahrung immer wieder von Preissteigerungen eingeholt würden. Er verspreche sich dagegen mehr Erfolg durch eine Erniedrigung und Kontrolle der Preise. In der Tat konnten die meisten Preise für die wichtigsten Lebenshaltungsgüter konstant gehalten oder meist gesenkt werden. Bei Tee, dem allgemein üblichen Getränk in Afghanistan, der größtenteils aus der Sowjetunion eingeführt wird, konnte diese Preissenkung durchgehalten werden. Der Brotpreis blieb wenigstens konstant. Die meisten anderen wichtigen Güter wurden im Laufe der Monate und insbesondere im Laufe des Jahres 1979 knapper und verteuerten sich. Einzelaktionen von seiten der Regierung, den Markt mit knapp gewordenen Gütern zusätzlich zu versorgen, wie zum Beispiel bei Brennholz, brachten jeweils zwar gewisse Preisreduzierungen, änderten aber nichts grundsätzlich an der allgemeinen Verteuerung der Waren. Statistiken über die Lebenshaltungskosten sind zwar nicht erhältlich, auf Grund subjektiver Schätzungen kann man aber annehmen, daß sich die Preissteigerungsrate für den Kabuler Basar allein für die Zeit von April 1978 bis Dezember 1979 um 20 Prozent herum bewegte.

Mit dieser Steigerungsrate hat die Regierung zwar ihr eigenes Ziel in dieser Hinsicht nicht erreicht, aber es blieb doch eine vergleichsweise hohe Stabilität des Geldes erhalten. Von Anfang an appellierte die Regierung immer wieder an die «patriotischen Bürger», ihre Geldeinlagen bei den Banken zu belassen, und garantierte, daß sie dort sicher seien. Auch sollten möglichst alle Finanztransaktionen über die Banken abgewickelt werden. Dennoch wird weiterhin der wohl einmalige private Geldbasar mit seinen zahllosen Kleinbanken in der Altstadt Kabuls toleriert. Dort versorgen sich selbst große Firmen mit Tausenden von Dollar oder DM für ihren Im- oder Export und in dem in aller Regel jeder Scheck in fast allen Währungen der Welt in Zahlung genommen wird, vorausgesetzt, man ist dem Geldhändler durch einen Bekannten persönlich vorgestellt worden. Auch hat sich das Tauschverhältnis zum Beispiel Afghani zur DM in dieser Zeit nach der Revolution nur unwesentlich verändert, wobei der Basarkurs zum Bankkurs abwechselnd günstiger oder ungünstiger lag, aber bislang haben beide sich nie sehr weit voneinander fortbewegt.

Eine allgemeine Verstaatlichung der gesamten Produktionsmittel hatte weder das Chalq-Parteiprogramm von 1966 noch die Regierungserklärung vom Mai 1978 gefordert. Zurückhaltend wird vielmehr von einer «Vergrößerung des staatlichen Sektors» gesprochen. Allerdings gab es im April 1978 auch nicht mehr viele größere Unternehmungen, die sich nicht in ihrer Mehrheit im Staatsbesitz befunden hätten. Ebenso standen bereits sämtliche größere Banken unter direkter Staatskontrolle. Eine «Vergesellschaftung» der Produktionsmittel war demnach nach der Revolution nicht mehr erforderlich. Es bestanden auch keine größeren juristischen oder politisch-praktischen Schwierigkeiten, die alten Stelleninhaber in den Banken und den staatlichen Wirtschaftsunternehmen durch neue Partei-Leute zu ersetzen. Nach dem Machtwechsel ergaben sich in den Betrieben zwar einzelne Umstellungen, wie zum Beispiel die Einrichtung von drei, statt bisher zwei Arbeitsschichten im Textilwerk Gulbahar, wodurch ein Drittel mehr Arbeiter eingestellt werden konnten. Ansonsten blieben aber die Produktionsstrukturen und auch die Hierarchien in den Betrieben weitgehend erhalten. Der «Präsident» hatte zwar nun einen anderen Namen, aber er war noch immer der «Präsident» und residierte im selben Zimmer hinter demselben Schreibtisch wie der vorhergehende und war wie dieser «von oben», nur eben von einer anderen Machtgruppe, eingesetzt worden.

Da aber große Teile insbesondere des Handels und auch des Im- und Exports in privater Hand waren und blieben, richtete die Regierung periodisch immer wieder geradezu eindringliche Appelle an die «nationalen Kapitalisten» und lud sie zu Versammlungen und Besprechungen in das Chane-Chalq, das Volkshaus, dem Regierungssitz, ein. Unter anderem im Zusammenhang mit der Verkündung des Dekrets «Nr. sechs», der Landentschuldung, wird ausdrücklich hervorgehoben, daß dieses Gesetz nicht die übrigen Schulden, wie Handelskredite und dergleichen, betreffe. Vielmehr wird bereits im Zusammenhang mit diesem Dekret der «tiefe Respekt» der Regierung vor dem Privateigentum zum Ausdruck gebracht. Andererseits drohte die Regierung, daß das Verhalten derjenigen, die ihr untätiges Kapital nicht im Interesse der nationalen Wirtschaft reaktivierten, als «im Gegensatz zu den Prinzipien der Revolution stehend», angesehen würde. Offen blieb, ob sich die «patriotischen Kapitalisten» dadurch zu Neuinvestitionen haben anregen lassen.

Im Juli 1979, also bereits über ein Jahr nach der Revolution, wird nochmals deklamatorisch in einer Stellungnahme eine «umfassende Unterstützung für private Unternehmungen und Investitionen» erklärt. Dem Staatseigentum sollen nur Rohstoffe, Energie, Kommunikationsmedien, Banken, Versicherungen und öffentlicher Besitz vorbehalten sein. In Industrie, Handel, Transport und öffentlichen Diensten sollen aber private Investitionen allseitig ermutigt werden, und ihre Sicherheit werde garantiert. Klein- und Großhandel seien frei und sollen ebenso ermutigt werden. Die Regierung wolle sich im nationalen Interesse mit der Aufgabe der Kontrolle, Beobachtung und Regulierung von Kauf und Verkauf, dem Bezahlen von Steuern und der Fixierung von gerechten Preisen «belasten». Gleichzeitig sollen Verbrauchergenossenschaften und handwerkliche Produktionszusammenschlüsse gefördert werden. Die Banken werden angewiesen, den privaten Unternehmungen durch Gewährung von Krediten usw. behilflich zu sein.

Dieses Statement enthält die bislang detailliertesten Angaben über die offiziell verfolgte allgemeine Wirtschaftspolitik. Sprecher der Regierung bezeichneten gelegentlich als Ziel eine «gelenkte Wirtschaft». (Übrigens hatte bereits Daud 1954 eine «gelenkte Wirtschaft» angestrebt.) Es läßt sich aber derzeit noch kaum beurteilen, wie auf Dauer das Zusammenspiel von «lenkender» Regierung und «gelenkten» nationalen Kapitalisten und Händlern unter der Chalq-Regierung verlaufen wird. Es ist auch nicht klar, wie lange diese Konzeption von der neuen Regierung nach dem sowjetischen Einmarsch verfolgt werden wird. Möglicherweise wird sie von vornherein nur als eine befristete Übergangsphase angesehen. Es ist anzunehmen, daß dies die Händler und Kapitalbesitzer auch vermuten. Da aber die Regierung andererseits auf den privaten Handel noch angewiesen ist und da auch in den sozialistischen Ländern Osteuropas in der Regel ein mehr oder weniger großer Spielraum für private Wirtschaftsaktivität zugelassen wird, wird sich vermutlich eine gegenseitige Abgrenzung auch in Afghanistan erst im Laufe der kommenden Jahre einspielen.

Der Spielraum für den privaten Sektor dürfte aber nicht zuletzt von dem konkret gegebenen wirtschaftlichen Potential abhängen. In dieser Hinsicht sah sich Afghanistan in den ersten anderthalb Jahren nach dem Machtwechsel erheblichen zusätzlichen Belastungen ausgesetzt. Bereits im Frühsommer 1978 richteten saisonal unübliche schwere Regenfälle einen beträchtlichen Schaden in der Landwirtschaft an. Reißendes Wasser brachte Häuser zum Einstürzen, verwüstete zahllose Obstgärten und überschwemmte ganze Flußoasen. Im Winter 1978/79 fiel in den Bergen wenig Schnee, wodurch der Wasservorrat für die Bewässerung im Sommer geringer war als in anderen Jahren. Auch ist anzunehmen, daß die Umstellung auf Grund der Landentschuldung und der Landreform zusätzliche Ernteverluste bewirkten, die manche UN-Beamten sehr hoch einschätzen. Zuverlässige Zahlen für die gesamten Verluste lassen sich aber in einem Land, das ohnehin noch weitgehend von der Subsistenzwirtschaft bestimmt ist, kaum aufstellen. Die Regierung selbst gibt in dem von ihr bewirtschafteten Sektor allein den Fehlbedarf an Weizen mit 400000 bis 600000 Tonnen und bei Reis mit 20000 bis 30000 Tonnen an. Gleichzeitig wurde bekanntgegeben, daß ein großer Teil dieser Lücken durch die Sowjetunion gedeckt würde. Freilich wird nicht gesagt, daß derzeit die Sowjetunion selbst einen erheblichen Fehlbedarf an Weizen hat, den sie durch Einfuhren von 17 Millionen Tonnen aus den USA ausgleichen muß, was durch den angedrohten Exportboykott nach dem sowjetischen Einmarsch noch problematischer wird.

Gleichzeitig wurde Afghanistan aber auch von den Vorgängen im Iran wirtschaftlich mitbetroffen. Zunächst fielen die Überweisungen der afghanischen Arbeiter im Iran weitgehend aus, die nach Schätzungen Anfang 1978 fast den Umfang der Erlöse aus dem gesamten Warenexport Afghanistans angenommen hatten. Außerdem kam der für Afghanistan äußerst profitable internationale Transithandel vom und zum Iran fast völlig zum Erliegen, und gelegentlich gab es erste Verknappungen bei Diesel und Benzin. Allerdings sprang hier wiederum die Sowjetunion helfend ein, die bisher schon den Hauptteil der Ölimporte nach Afghanistan bestritten hatte.

Diese allgemeinen Schwierigkeiten dürften mit ein Grund dafür sein, weshalb der neue «Fünf-Jahres-Entwicklungsplan», der «Erste Fünf-Jahres-Plan der Demokratischen Republik Afghanistan», auch anderthalb Jahre nach dem Machtwechsel, obwohl immer wieder angekündigt, noch immer nicht veröffentlicht worden ist. Seit 1956 hatte es bereits vier Fünf-Jahres-Entwicklungspläne in Afghanistan gegeben. Die ersten beiden Pläne hatten sich überwiegend auf den Ausbau der materiellen Infrastruktur konzentriert. In diese Zeit fielen der Ausbau der großen Überlandstraßen von Kabul nach Osten, Südwesten und Norden und vor allem, mit sowjetischer und bundesdeutscher Hilfe, der Bau verschiedener Wasserkraftwerke mit den dazugehörenden Hochspannungsüberlandleitungen und Verteilernetzen. Dies waren sicherlich mittel- und langfristig gesehen äußerst notwendige Vorhaben, aber sie erbrachten keine unmittelbaren Gewinne, und das Land geriet dadurch relativ rasch unter die Last einer hohen Auslandsverschuldung.

Seit Mitte der sechziger Jahre galt daher das Interesse des afghanischen Planungsministeriums vor allem direkt produktiven Investitionen im industriellen Bereich. Dem tragen der dritte und vierte Fünf-Jahres-Plan Rechnung, wobei der vierte Plan durch den Machtwechsel von König Sahir Schah zu Mohammad Daud 1973 praktisch nicht mehr zur Ausführung gelangte. 1976 legte die Daud-Regierung ihrerseits einen neuen, umfangreichen Entwicklungsplan vor, der sich diesmal auf eine Sieben-Jahres-Periode erstrecken sollte. Auch bei diesem Plan lag das Schwergewicht auf Industrialisierungsprojekten wie zum Beispiel dem Auf- und Ausbau von Textilbetrieben. Auf die übrigen Sektoren, wie etwa die Landwirtschaft, konnten daher nur entsprechend weniger Investitionen entfallen. Aber dieser Plan wurde nach der Machtergreifung der Chalq-Regierung 1978 seinerseits außer Kraft gesetzt.

Eine der wichtigsten Voraussetzungen einer jeden Entwicklungsplanung, nämlich die einigermaßen genaue Kenntnis der Gesamtzahl der Bevölkerung und deren altersmäßige und soziale Zusammensetzung, war in Afghanistan bislang nicht vorhanden. So hatte bereits die Daud-Regierung nach mehrjähriger Vorbereitungszeit und mit Unterstützung der Vereinten Nationen für September/Oktober 1978 eine umfassende Volkszählung, die erste in der Geschichte Afghanistans, geplant. Die umfangreichen Vorbereitungsarbeiten liefen zwar auch nach dem Machtwechsel weiter, sie waren aber doch insoweit unterbrochen worden, als eine Verschiebung der endgültigen Erhebungsperiode auf Juni 1979 vorgenommen werden mußte. Die Zählungen wurden auf Grund von in den Jahren zuvor gemachten Luftaufnahmen und genauen Vorausschätzungen von rund 12000 Helfern, meist Lehrern, innerhalb einer Erhebungsperiode von zwanzig Tagen im ganzen Land durchgeführt. Auf jeden Erheber entfielen rund 200 bis 250 Familien. Es wurden nicht nur die Zahl der Haushalte und deren Mitglieder, sondern zum Beispiel auch die Zahl der Alphabeten und Analphabeten, die Art der Schulbildung und der Beschäftigung erfaßt. Nach Aussagen von UN-Beratern gehörte diese Volkszählung zu einer der am sorgfältigsten vorbereiteten Volkszählungen, die bisher in Entwicklungsländern durchgeführt wurde. Freilich wurde die Erhebung dadurch schwer behindert, daß zum Zeitpunkt der Zählung die Regierung nicht mehr die uneingeschränkte Kontrolle über alle Provinzgebiete hatte. Nach realistischen Schätzungen wurden dennoch etwa 60 bis 70 Prozent der Bevölkerung tatsächlich erfaßt, und auf Grund der Vorausschätzungen konnten die Angaben über die übrigen nicht erreichten Bevölkerungsteile hochgerechnet werden. Ein erstes Gesamtergebnis wurde im Oktober 1979 veröffentlicht; es gibt die Gesamteinwohnerzahl mit 15,54 Millionen an. Davon seien 1,72 Millionen (11,07 Prozent) städtische und 11,32 Millionen (72,84 Prozent) ländliche Bevölkerung. 2,5 Millionen (16,09 Prozent) werden zu den Nomaden gerechnet. Im Vergleich zu früheren Schätzungen hat sich damit insbesondere der Anteil der Nomaden stark erhöht, während der Anteil der städtischen und ländlichen Bevölkerung zurückging. Die Gesamtzahl der Bevölkerung hat sich im Vergleich zur letzten amtlichen Schätzung von 15,11 Millionen um rund 400000 erhöht.

Der neue Fünf-Jahres-Entwicklungsplan begann offiziell bereits am 21. März 1979. Zunächst konnten aber nur die Eckdaten des ersten Jahresbudgets der Staatsausgaben veröffentlicht werden. (In Afghanistan wird, wie in anderen Entwicklungsländern, zwischen einem Entwicklungsbudget und dem eigentlichen Staatshaushalt, der die nicht investiven Ausgaben enthält, unterschieden.) Demnach soll das allgemeine Budget im ersten Jahr des Entwicklungsplanes 35,7 Milliarden Afs. (ca. 1,8 Milliarden DM) umfassen, und liegt damit um 6,04 Prozent höher als der entsprechende Betrag des Vorjahres. In diesem Jahresbudget wächst der Erziehungssektor um 29,4 Prozent auf insgesamt 2,2 Milliarden Afs., der Gesundheitssektor sogar um 39,5 Prozent auf 0,5 Milliarden Afs. und der Industriesektor um 17 Prozent auf 2,4 Milliarden Afs.

Ende April 1979 wurden die «Direktiven» des Fünf-Jahres-Entwicklungsplans veröffentlicht. Danach soll eine weitgespannte und ausgewogene wirtschaftliche und soziale Entwicklung angestrebt werden. Unter anderem sei es das Ziel, eine möglichst große wirtschaftliche Unabhängigkeit zu erlangen. Hierzu müsse auch das private nationale Kapital seinen Beitrag leisten. Die Staatsinvestitionen sollen sich von 1358 bis 1362 (= 1979/80–1983/84) auf insgesamt 90 bis 106 Milliarden Afs. (= ca. 4,5 bis 5,3 Milliarden DM) belaufen. Die UdSSR will dazu laut Ankündigung eine Milliarde US-Dollar beisteuern, also rund 40 Prozent der Entwicklungsausgaben. Weitere 40 Milliarden Afs. sollten aus eigenen Ressourcen kommen.

Einer der Gründe für die lange Verzögerung der Fertigstellung des Fünf-Jahres-Plans dürfte darin zu suchen sein, daß es bislang noch nicht klar ist, wieviel an weiterer ausländischer Entwicklungshilfe in diesem Planungszeitraum zu erwarten ist. Wenn es tatsächlich gelingt, 40 Prozent aus einheimischen Ressourcen zu finanzieren, und die Sowjetunion rund 40 Prozent beisteuert, bleibt immer noch eine Finanzierungslücke von rund 20 Prozent. Von größeren Zusagen von seiten osteuropäischer sozialistischer Länder ist nichts bekannt. Die USA haben im Gefolge der Ermordung ihres Botschafters im Februar 1979 ihre sämtliche Entwicklungshilfe für Afghanistan einstweilen gestrichen. Auch die Bundesrepublik hat seit Mitte 1979 vorläufig weitere Verhandlungen über Entwicklungshilfeleistungen an Afghanistan eingestellt. Die UN-Organisationen verfügen nicht über genügend eigene Mittel, um solche Lücken ausfüllen zu können. Bleiben noch Zusagen von internationalen Finanzierungsinstitutionen, wie Weltbank und die Asiatische Entwicklungsbank, die aber wohl nicht in der Lage sein werden, die ganze Lücke zu schließen.

Von den geplanten Projekten liegen auffallend viele im Bereich der Rohstoffgewinnung. Zum Beispiel soll im Logartal, ca. dreißig Kilometer südöstlich von Kabul, mit Hilfe der Sowjetunion ein großer Kupferminen-Komplex errichtet werden, der nach Fertigstellung in acht Jahren zunächst 68000 bis 95000 Tonnen konzentrierten Kupfers im Wert von 7 Milliarden Afs. (= 350 Millionen DM) jährlich produzieren soll. Im Norden Afghanistans, in der Nähe von Schiberghan, ist eine Berit-Gewinnungsanlage für 33000 Tonnen geplant. Der Abbau von Erdgas und Kohle soll weiterhin gesteigert werden. Ein Stromverbundnetz mit der Sowjetunion zu den Städten im Norden, Kundus und Masar-i-Scharif, ist vorgesehen. Daneben sind zahlreiche Industrieprojekte im Staatssektor geplant. Zum Beispiel soll die Zementproduktion durch Fabriken in Herat und in der Zentralprovinz gesteigert werden. Bislang mußte Afghanistan neben der Eigenproduktion aus Dschebel Seradsch und Pul-i-Chumri Zement aus der Sowjetunion importieren. Die Produktion von gebrannten Ziegeln soll vergrößert werden. Die Verbesserung der Verarbeitung von Rohbaumwolle unter anderem durch eine grundlegende Modernisierung der Spinsar-Company in Kundus mit Unterstützung eines Kredits der Asiatischen Entwicklungsbank ist geplant. Die bestehenden Textilfabriken sollen zum Teil technisch überholt und erweitert und die bereits im Bau befindlichen neuen Textilfabriken in Herat, Kandahar und Balch sollen in Betrieb genommen werden. Auch wurden bereits einer großen Anzahl von kleinen und mittleren privaten Industrieunternehmen vom Investitionskomitee des Planungsministeriums Kredite zugesprochen. Zu diesen Projekten gehören unter anderem Schuhherstellung, Kartonfabrikation, Pflanzenöl- und Seifengewinnung, Speiseeisherstellung, Teppichmanufakturen und eine Bier- und Weinfabrik.

In der Landwirtschaft soll zwar allgemein die Effektivität und Produktionsleistung gesteigert werden. Dafür sollen aber nur 26 Milliarden Afs., das sind rund 25 Prozent der Entwicklungsausgaben, investiert werden, wovon allein 16 Milliarden Afs., also weit mehr als die Hälfte, für die Gewinnung von 20000 Hektar bewässertem Neuland vorgesehen sind. Die Mechanisierung und die Verwendung von chemischem Dünger soll wesentlich gesteigert und es sollen weitere Genossenschaften und Staatsfarmen gegründet werden. Die Weltbank plante vor dem Wechsel im April 1978 ein größeres regional integriertes ländliches Entwicklungsprojekt in den Provinzen Ghasni und Wardak. Sie sagte dieses Projekt aber nach dem sowjetischen Einmarsch ab, da dies auf Grund der Unsicherheit in den Provinzen nun nicht mehr durchführbar sei.

Über größere Einzelprojekte im Gesundheits- und Bildungssektor ist nichts bekannt. Auf Grund der Zahlen zum ersten Jahresbudget kann man aber annehmen, daß ganz allgemein die laufenden Ausgaben in diesen Sektoren von einem extrem niedrigen Stand angehoben werden sollen. Ebenso ist nichts bekannt von größeren Investitionen im Bereich der materiellen Infrastruktur (Straßen, Staudämme, Eisenbahnen etc.). Es zeigt sich, daß dieser Entwicklungsplan seiner Struktur nach wenig «Revolutionäres» enthält. Auffallend sind vor allem die detaillierten Planungen zu neuen Vorhaben im Rohstoffbereich. Auch liegt offensichtlich ein Schwerpunkt bei den Industrialisierungsprojekten, wobei hier viele Vorhaben bereits schon in der Zeit vor der Chalq-Regierung geplant und zum Teil begonnen waren und jetzt fortgesetzt werden. Ausgaben für Projekte in den übrigen Sektoren, vielleicht mit Ausnahme der Neulandgewinnungsvorhaben, treten demgegenüber in ihrer Betonung und Gewichtung auffallend zurück. Auch die

Zurückstellung von größeren Infrastrukturvorhaben wird in diesem Plan fortgesetzt. Insoweit kann man daher den neuen Entwicklungsplan weitgehend als eine Fortsetzung der bisherigen Trends ansehen, wobei der noch verstärkte Schwerpunkt bei der Rohstoffgewinnung und -verarbeitung neu hinzukommt.

Die nicht völlig gelösten Finanzierungsprobleme sind jedoch nicht das einzige Hindernis für eine planmäßige Realisierung dieser Vorhaben. Seit Mitte 1979 war eine Oppositionsbewegung virulent geworden, die es fraglich erscheinen ließ, inwieweit die Regierung noch die Kontrolle über das ganze Land innehat und ihre verschiedenen Reformvorhaben und Entwicklungsplanungen überhaupt in allen Teilen des Landes durchsetzen kann. Auch bindet diese Auseinandersetzung mit den Aufständischen viele Kräfte der Regierung, die der Durchführung der Entwicklungsplanung abgehen.

Einig nur im Gegner

Die Taraki-Amin-Regierung behauptete oft und gern, daß sie von 98 Prozent der Bevölkerung unterstützt werde oder wenigstens, daß sie im Interesse von 98 Prozent der Bevölkerung arbeite. Nur 2 Prozent seien gegen sie eingestellt, und das seien die alten Feudalherren, die Chane und ihr gekaufter Anhang. Das umgekehrte Zahlenverhältnis aber dürfte der Wirklichkeit bedeutend näher kommen. Die allgemein vorherrschende Ablehnung wurde vielleicht unmittelbar nach dem revolutionären Umsturz nicht ganz so eindeutig zum Ausdruck gebracht wie im späteren Verlauf. Zu Anfang konnte man bei Gesprächen mit afghanischen Partnern noch auf ein gewisses Verständnis für Argumente zugunsten der Regierung hoffen. Obwohl aber, soweit man sich umhören wollte, kaum jemand den alten Regierungen unter dem König oder Daud allzusehr nachtrauerte, diese neue Regierung wurde von Nicht-Parteimitgliedern von vornherein allgemein grundsätzlich abgelehnt. Die Interpretation, die nachträglich gelegentlich zu hören ist, daß die Revolutionsregierung zu Anfang von der breiten Bevölkerung unterstützt worden sei und daß sie diese Unterstützung erst allmählich wieder verloren habe, trifft nach allen Beobachtungen vor Ort nicht zu.

Freilich ist es äußerst schwierig, ein genaueres Bild über die Opposition und ihre Aktionen zu erhalten. Auch politisch gebildete Afghanen zeigten sich häufig bereit, auch den wildesten Gerüchten über Erfolge der Gegner der Regierung und ihren angeblichen politischen Machenschaften Glauben zu schenken. Nicht umsonst wird Afghanistan gelegentlich «Rumouristan», abgeleitet vom englischen *rumour* (Gerücht), genannt. So war bereits lange vor dem Einmarsch der Sowjettruppen zum Beispiel zu hören, daß Hafisullah Amin ein Agent des amerikanischen Geheimdienstes CIA sei, dessen Aufgabe darin bestehe, die Sowjets in Afghanistan so unbeliebt wie nur irgend möglich zu machen. Oder: Es seien in China eine Millionen Menschen verschwunden. Diese seien nun nach Afghanistan geschickt worden, um hier gegen die afghanische Regierung zu kämpfen.

Manifeste Aktionen der Oppositionen zeigten sich relativ spät und nahmen erst allmählich an Häufigkeit und Bedeutung zu, nachdem der Machtwechsel selbst ohne größere Gegenwehr vonstatten gegangen war. Von gewaltsamen Auseinandersetzungen bei den darauffolgenden Amtsübernahmen in den Provinzen ist nichts bekanntgeworden. Die ersten glaubhaften Berichte über aktiven Widerstand trafen erst nach Wochen aus den an Pakistan unmittelbar angrenzenden Provinzen Paktia und Kunar ein. Da aber diese Gebiete von keiner Regierung in Kabul bisher wirklich und vollständig kontrolliert werden konnten und es dort auch in der Vergangenheit immer wieder zu gewaltsamen Auseinandersetzungen zwischen den Stämmen und gegen Regierungsvertreter gekommen war, konnte man diese Vorkommnisse noch nicht als den Beginn einer allgemeinen Widerstandsbewegung gegen die Taraki-Regierung werten. Immerhin hatten sich aber schon sehr bald Gruppen außerhalb Afghanistans vor allem in der pakistanischen Grenzstadt Peschawar zu Wort gemeldet, die die internationalen Nachrichtenagenturen mit verschiedensten Erfolgsmeldungen über Aktionen gegen die Chalq-Regierung zu beliefern wußten. Auch sprach Taraki bereits im Mai 1978 von der «verbrecherischen Arbeit einer kleinen Anzahl von Reaktionären» und gab damit die Existenz von aktiven Gegenkräften zu.

Aufs Ganze gesehen hatte sich aber die Regierung in den ersten Monaten eher zurückgehalten und offensichtlich versucht, den Widerspruch der Opposition so wenig wie möglich herauszufordern. Auch wurden in dieser Zeit noch sämtliche Revolutionsfeiern «Im Namen Allahs, des Gnädigen und Barmherzigen» und mit der Verlesung einiger Verse aus dem «heiligen Koran», durch einen Mullah in traditioneller Weise eröffnet. Nur Schritt für Schritt wurden erst die Landentschuldung und im Dezember 1978 das Landreformgesetz verkündet. Beides mußte aber nicht nur eine Herausforderung für die grundbesitzenden Chane bedeuten, sondern auch für die Mullahs, die häufig über nicht unbeträchtlichen privaten Grundbesitz verfügen. Religiöse Stiftungen, Waqf, die in vielen islamischen Ländern eine wichtige Rolle für die Machtposition der Religion darstellen, wurden in Afghanistan hingegen bereits Ende des 19. Jahrhunderts von Emir Abdur Rahman nominell abgeschafft und in Staatseigentum überführt. Die Beschleunigung und Stärkung der staatlichen Justiz griff in die traditionelle religiöse Schariat-Rechtsprechung ein und berührte daher sowohl die Interessen der Mullahs wie der Grundbesitzer. Mit diesen Reformen konnte die Regierung aber noch mit gutem Grund hoffen, die Unterstützung der Mehrheit der Bevölkerung allmählich zu erhalten. Aus dieser Zeit wird berichtet, daß rebellierende Gruppen oft weitgehend von der übrigen Bevölkerung isoliert blieben. Es soll auch Fälle gegeben haben, wo Dorfbewohner von Chans und Mullahs und ihren Anhängern mit Drohungen und Gewalt zum Widerstand gegen die Regierung gezwungen worden seien.

Etwa ab Oktober 1978 ging die Regierung direkter gegen die Opposition vor. Provokatorisch wurde die in Afghanistan wie in den meisten islamischen Ländern aktive konservative politische Gruppierung der «Moslem-Bruderschaft» in den offiziellen Reden in eine «Bruderschaft des Teufels» (Ichwan-Usch-Schayatan) umgetauft und der «Heilige Krieg» von seiten der Regierung gegen sie erklärt. Mitte Oktober wurde die bisherige afghanische Nationalfahne mit ihrem islamischen Grün gegen die völlig rote Chalq-Fahne ausgetauscht. Im Laufe der Monate wurde die Eröffnungsformel «Im Namen Allahs ...» bei offiziellen Veranstaltungen fallengelassen.

Im Verlauf des Winters 1978/79 vermehrten sich die Berichte über Aktionen der Gegenkräfte, wobei insbesondere das darisprachige Radioprogramm von BBC London die im einzelnen nur schwer überprüfbaren Erfolgsmeldungen der Opposition ausgiebig wiedergab. Vertreter von BBC erklärten auf zweifelnde Gegenfragen, daß ihren Berichten über die moslemische Opposition im Iran auch lange Zeit zu Unrecht kein Glaube geschenkt worden seien.

Die erste größere Rebellion brach zum afghanischen Jahreswechsel 1357/58 Mitte März 1979 in der zum Iran hin orientierten westafghanischen Stadt Herat aus. Erst nach Tagen gelang es den Regierungskräften, wieder die Kontrolle über die Stadt einigermaßen zu erlangen. Es sollen bei diesen Unruhen unter anderem ca. 45 russische Berater ermordet worden sein und sogar Teile der in der Gegend von Herat stationierten afghanischen Armee hätten zeitweise gemeutert.

Daraufhin begann die Taraki-Regierung, was sie bis dahin vermieden hatte, das Ausland namentlich für die Gegenbewegung verantwortlich zu machen. So seien zum Beispiel die Unruhen in Herat durch viertausend aus dem Iran eingeschleuste Perser verursacht worden. Als Gegenmaßnahme wurde der iranische Generalkonsul in Herat des Landes verwiesen. Immer wieder veröffentlichten jetzt afghanische Zeitungen lange Gegendarstellungen zu den Berichten von BBC. Auch Pakistan, die USA und China wurden auf Grund ihrer Medienberichterstattung angegriffen. Zugleich verkündete die afghanische Regierung eine generelle Amnestie für rückkehrwillige «verführte» politische Flüchtlinge, von denen sich in Pakistan nach Berichten aus Islamabad bis dahin bereits 80000 in Lagern versammelt hatten, deren Existenz aber bisher von der afghanischen Regierung bestritten worden war. Praktisch sämtliche höheren Parteikader, insbesondere in den Provinzen, begannen für jedermann sichtbar, automatische Handfeuerwaffen bei sich zu tragen. Viele sowjetische Familien und zum Teil auch die Berater selbst wurden infolge der Verschärfung der Auseinandersetzungen aus Provinzprojekten abgezogen.

Der organisierte Widerstand verstärkte sich zunehmend bis etwa Mitte August 1979. In Pul-i-Chumri konnte eine Handvoll bewaffneter Rebellen den Basar und die strategisch wichtige Straßengabelung von Kabul nach Kundus und Masar-i-Scharif für Stunden kontrollieren, in Baghlan, in unmittelbarer Nachbarschaft zu Pul-i-Chumri, wurden in einer Nacht allein vierzehn Chalq-Parteifunktionäre in ihren Häusern umgebracht. In Kabul kam es im Juni zu einem stundenlangen offenen Aufruhr im schiitischen Teil des Basars der Altstadt. Es gelang den Aufständischen sogar, ganze Talschaften, wie zum Beispiel das Dschalrestal, ca. vierzig Kilometer südlich von Kabul und das obere Pandschirtal und große Teile der Provinzen in der Zentralregion zumindest jeweils für Wochen oder gar für Monate völlig unter ihre Kontrolle zu bringen. Ebenso gefährlich wurde für die Regierung, daß es den Aufständischen gelang, einen eigenen Radiosender im an Pakistan angrenzenden Kunartal (Nuristan) zu installieren und zwei Brücken der Salang-Paß-Straße, der lebenswichtigen Verbindung nach Norden, zu sprengen. Außerdem kam es Anfang August zu heftigen Meutereien in der Garnison Bala Hissar am Rande der Kabuler Altstadt. Der eben erst installierte Sender der Rebellen war aber nach einigen Wochen kaum mehr zu hören, die Salang-Straße war nach etwa einer Woche wieder passierbar, und die Meuterei in Bala Hissar wurde von loyalen Truppen mit Luftunterstützung blutig niedergeschlagen.

Mitte Oktober 1979 kam es nochmals zu einer für die Regierung gefährlichen Rebellion in der zehn Kilometer südlich von Kabul gelegenen Kaserne Rischkor, bei der Aufständische aus den Bergen heraus möglicherweise eine unterstützende Rolle gespielt haben. Übrigens war es auch die Kaserne Rischkor, die am 27. April 1978 am längsten zur Daud-Regierung gehalten hatte. Aber auch diese Meuterei wurde mit stundenlangem, heftigem Bombardement aus der Luft und mit Panzern von loyalen Truppen niedergeschlagen.

Im beginnenden Winter 1979 spitzte sich die allgemeine Lage weiter zu. Die Preise für die Lebenshaltung stiegen, in vielen Familien fehlten einer oder mehrere Verdiener, ganze Dörfer waren zum Teil nur von Kindern und Frauen bewohnt, weil sich die Männer zu den Aufständischen geschlagen hatten und entweder gefallen oder noch nicht wieder zurückgekehrt waren. Entgegen den Erwartungen vieler flachten die Aktivitäten der Aufständischen im Winter wenn überhaupt, dann nur unwesentlich ab. Die Taktik der Rebellen verlegte sich offensichtlich zunehmend auf kurzes Zuschlagen an verschiedenen Stellen und dann wieder Untertauchen bis zum nächsten Schlag. Auf Grund einigermaßen zuverlässiger Berichte gab es unmittelbar vor dem sowjetischen Einmarsch unter anderem heftige Kämpfe um die Provinzhauptstadt Faisabad in Badachschan im Nordosten des Landes, im Ghorband- und im Pandschirtal, in Tagao, im ganzen Zentralgebiet insbesondere auch um Bamian, in Laghman und in der Gegend von Dschalalabad. Anfang November hatte zwar eine größere Regierungsoffensive in der seit längerem kaum noch kontrollierten Provinz Paktia stattgefunden, von der selbst die Aufständischen und Radio BBC zunächst sagten, daß sie ein Erfolg für die Regierungstruppen gewesen sei. Aber auch die Provinz Paktia fiel zu großen Teilen wieder in die Hände der Aufständischen, soweit sie durch die Offensive der Regierungstruppen zuvor überhaupt zurückerobert worden war. Die Straße von Kabul über Kandahar nach Herat war nur noch in stark bewachten Konvois befahrbar, und auch diese wurden beschossen. Gekämpft wurde auch in der Gegend der SalangStraße, die im Dezember mindestens wieder für einen halben Tag völlig für den Verkehr gesperrt werden mußte. Außerdem hörte man vermehrt von gezielten Erschießungen von Chalq-Funktionären auch in der Hauptstadt Kabul.

Von Mitte August 1979 an hatte die Regierung wieder begonnen, sich taktisch vorsichtiger und zurückhaltender den Aufständischen gegenüber zu verhalten. Während des Fastenmonats Ramasan im August ließ sich die Parteispitze mehrfach im Fernsehen beim öffentlichen Gebet sehen. Die lauten und für Afghanistan völlig ungewohnten «Hurra»-Rufe bei Regierungsdemonstrationen wurden offiziell abgeschafft. Weniger rote Fahnen wurden gezeigt. Reden begannen wieder gelegentlich: «Im Namen Allahs ...» Ende September wurde sogar eine verfassunggebende Versammlung einberufen, in der neben Parteikadern Vertreter verschiedener gesellschaftlicher Gruppen beteiligt wurden und auch solche politischen Persönlichkeiten, die bis dahin eher zur Opposition gerechnet wurden. Nachdem seit dem 27. April 1978 eine freie Ausreise nicht mehr möglich war, gab es ab November 1979 auf Antrag wieder Ausreisepässe, allerdings zum offiziellen Preis von anfänglich 10000, später 20000 bis schließlich 50000 Afghanis (= ca. 500 bis 2500 DM), ohne die inoffiziellen «nützlichen Abgaben» miteingerechnet. Diese Maßnahme verfolgte wohl den doppelten Zweck, Geld in die Staatskassen zu bringen und unliebsame Oppositionelle loszuwerden.

Die Möglichkeiten der afghanischen Opposition lassen sich aber nicht allein aus den inneren Verhältnissen heraus erklären. Immerhin grenzt Afghanistan unmittelbar an zwei Länder, Iran und Pakistan, die sich zur Zeit in einer starken Reislamisierungsbewegung befinden. Der pakistanische Präsident Sia ul-Haq steht zum Beispiel im Ruf, ein heimlicher Anhänger der Moslembruderschaft, der erklärten Feinde der Chalq-Regierung, zu sein. Auch gibt es in Pakistan die meisten afghanischen Flüchtlinge; man schätzt inzwischen ihre Zahl auf 400000 bis 500000. Aufständische können für beide Seiten kaum kontrollierbar vom gemeinsamen paschtunischen Grenzgebiet aus in ganz Afghanistan operieren. Dem Iran, der sich derzeit fest in der Hand des schiitischen Ajatollah befindet, fühlt sich insbesondere die Minderheit von rund 10 bis 20 Prozent Schiiten in Afghanistan, die vor allem in den Zentralprovinzen lebt, religiös verbunden.

Dennoch und trotz der gegenteiligen Behauptungen der afghanischen und nach dem Einmarsch auch der sowjetischen Truppen erschien es aber eher unwahrscheinlich, daß eines dieser beiden Länder ernsthaft Interventionsabsichten verfolgte. Diese beiden Länder haben gegenwärtig genügend interne Probleme, als daß sie den Widerstand in Afghanistan zur Zeit Tarakis und Amins von sich aus direkt und demonstrativ unterstützen könnten und wollten. Zudem hätten sie immer schon im Falle einer allzu deutlichen Einmischung in die afghanischen Auseinandersetzungen mit einem offenen Konflikt mit der Sowjetunion rechnen müssen, an dem beiden Ländern nicht gelegen sein kann. Diese Situation schloß freilich eine gelegentliche und indirekte Unterstützung der afghanischen Aufständischen durch den Iran und Pakistan nicht aus. Es kann daher nicht verwundern, daß eine regierungsoffizielle Ausstellung von erbeuteten Waffen der Aufständischen, die Ende August 1979 im Kabuler Intercontinental-Hotel gezeigt wurde und die die Unterstützung des Auslands beweisen sollte, nur alte oder handwerklich außerordentlich geschickt nachgebaute Waffen vorführen konnte, die gerade gegen die Absichten der Veranstalter belegten, daß es keine nennenswerte Unterstützung durch das Ausland gab und die Aufständischen sich in der Hauptsache auf ihre eigenen Mittel und Möglichkeiten haben stützen müssen. Mit welchem Rückhalt kann der politischorientierte Islam in Afghanistan selbst rechnen?

Sicherlich gehört Afghanistan zu den traditionellsten und orthodoxesten islamischen Ländern, die es heute gibt. Dies wird zum Beispiel augenfällig, wenn Überlandbusse zu einem der fünf täglichen Gebete anhalten und sämtliche Insassen in einer Reihe ausgerichtet, das Gesicht nach Mekka gewandt, sich zu den Gebetsverbeugungen niederknien. Trotz dieser unbestreitbar tiefverwurzelten Religiosität im Volk ist aber zu fragen, welche politische Potenz diese Frömmigkeit darstellt. Nun ist im Islam seit den Zeiten des Propheten Mohammads und auf Grund des Korans Religion und Politik kaum unterscheidbar verbunden. Während aber in der schiitischen Tradition der Islam dem Imam geradezu göttliche Sendungsfunktionen im politisch-gesellschaftlichen Leben zuordnet, ist dies bei der sunnitischen Richtung, die in Afghanistan im Gegensatz zum Iran vorherrscht, nicht im selben Maße gegeben. Im sunnitischen Islam sind die Kalifen und Emire von Menschen eingesetzte Statthalter des Propheten, die zwar über die vom Koran vorgeschriebenen und abgeleiteten gesellschaftlichen Regelungen zu wachen haben, die aber doch als staatliche Institutionen etwas freier den religiösen Autoritäten gegenübertreten können. Dadurch ist es den Mullahs oder einzelnen religiösen Führern in der sunnitischen Tradition im allgemeinen erschwert, unmittelbaren politischen Einfluß zu nehmen. Außerdem macht der Umstand, daß in Afghanistan eine fast ungebrochene traditionelle Frömmigkeit vorherrscht, so paradox es zunächst klingen mag, eine explosive Reislamisierungsbewegung eher unwahrscheinlich. In den Nachbarländern Iran und Pakistan, die weit mehr dem entfremdenden westlichen Modernismus ausgesetzt waren als Afghanistan, konnte erfolgversprechender und begründeter an die schlechten Gewissen appelliert werden, auf den rechten Weg der Religion zurückzukehren. Andererseits kennen die Afghanen ihre Mullahs besser und können daher deren politische Begrenzung kritischer einschätzen. Es ist im Bewußtsein vieler Afghanen präsent, in welchem gesellschaftlich-politischen Chaos die kurze Zwischenperiode nach dem Sturz König Amanullahs Ende der zwanziger Jahre unter dem starken Einfluß der Mullahs endete.

Hinzu kommt, daß die Regierung in Kabul, im Gegensatz etwa zum früheren Schah im Iran, sehr genau weiß, wo ihr Hauptfeind steht. Die Revolutionsregierung versuchte daher, bisher gleichzeitig mit einer eher verdeckt gehaltenen Repression, sich zumindest als eine nicht antiislamische Kraft darzustellen. Die Regierung ließ sich nicht nur immer wieder beim Gang zur Moschee sehen, die Moscheen und Gräber von Heiligen wurden auch weiß getüncht und instand gehalten, eine möglichst strenge Einhaltung des Fastenmonats Ramasan wurde regierungsoffiziell überwacht, und Reisen zur jährlichen Pilgerfahrt nach Mekka wurden organisiert.

Die Regierung benutzte freilich auch skrupellos die Vorurteile der sunnitischen Mehrheit gegen die schiitische Minderheit im Kampf gegen die aufständischen Bewohner der Zentralprovinzen. Im August 1979 gelang es der Regierung sogar, eine Stellungnahme der «Dschamiat-ul Ulama Dschirgah», der höchsten religiösen Lehrversammlung und Lehrautorität in Afghanistan, herbeizuführen, in der es unter anderem heißt, daß der gegenwärtige afghanische Staat der «Diener Gottes und des Gottesvolkes und der Diener der Armen und Notleidenden, der Retter und Beschützer der heiligen Religion des Islam und des muslimischen Rechts» sei. Es könne heute freier in den Moscheen gepredigt werden als in der Vergangenheit. Die verschiedenen Reformen der Regierung werden als sozial gerecht und mit dem Islam übereinstimmend gepriesen. Der Koranvers: «Gehorche Gott, dem Propheten und deinen Beherrschern», wird im Hinblick auf die gegenwärtige Regierung zitiert. Es heißt wörtlich: «Diejenigen, die sich in Rebellion, Widerstand und Subversion gegen den muslimischen Staat, der dem Volke dient, flüchten, sind Rebellen und Aufrührer, und ihre Eliminierung ist legal, und der Kampf gegen sie steht in Übereinstimmung mit dem Vers des Korans, der sagt: ‹Wenn ein Clan oder ein Stamm sich gegen einen anderen erhebt, dann bekämpfe und töte diesen Clan oder Stamm, der rebelliert, bis er zur Ordnung Gottes, das heißt zu Gehorsam und Unterwerfung zurückkehrt›» (vgl. Anhang).

Diese Erklärung kann sicherlich als eine Verkehrung religiöser Argumente in ihr Gegenteil interpretiert werden. Auch ist zu fragen, ob eine solche Stellungnahme eine große Breitenwirkung erlangt. In jedem Fall bedeutete sie eine weitere Waffe in der Hand der Regierung bei der Auseinandersetzung mit den Aufständischen, und die Regierung tat alles dafür, um diese Erklärung öffentlich immer aufs neue von allen möglichen Versammlungen von Mullahs und religiösen Gelehrten in den Provinzen bestätigen zu lassen.

Daß es der Chalq-Regierung in relativ kurzer Zeit gelingen konnte, eine ihr gefügige Unterstützung durch Mullahs zu erlangen, kann unter anderem deutlich machen, daß es nur wenig Tradition für einen politisch organisierten Widerstand in Afghanistan gibt. Ein Kampf gegen eine sich zudem ideologisch begründende Zentralregierung war in der bisherigen Geschichte Afghanistans noch nie wirklich erforderlich gewesen. Weit dominierender und bedrängender waren jeweils die zahllosen Auseinandersetzungen zwischen den Stämmen und Stammesgruppen untereinander oder auch zwischen einzelnen Chans oder Familien im Rahmen von Blutrachefehden. Watan, die Heimat, bedeutet im nomadisch bestimmten Afghanistan nicht das Land, die Nation, der Boden, sondern bezieht sich auf die Großfamilie, die Dorfgemeinschaft, die Sippe, den Stamm. In der Ablehnung fast jeglicher zentraler Gewalt war man sich ohnehin einig, und einer solchen war es bisher auch noch nie gelungen, zur dominierenden Macht zu werden. Auf Grund der vorrangig gesellschaftlichen Gliederung nach Machtbereichen der einzelnen Chans und der Stämme gab es bisher so gut wie keine Erfahrung in der Organisation von Solidarität auf der Basis einer gemeinsamen Schichtzugehörigkeit oder einer Ideologie. Über größere Bauernaufstände oder -bewegungen etwa ist in der afghanischen Geschichte nichts bekannt. Die privaten Gruppenrivalitäten spielen in der Gesellschaft Afghanistans auch angesichts der gegenwärtigen gemeinsamen Bedrohung noch immer die ausschlaggebende Rolle. Sicherlich hat diese «organisierte Anarchie» (Christian Sigrist) mit die Stärke im Abwehrkampf gegen den kolonialen britischen Einfluß ausgemacht. Selbst wenn die Briten Kabul, den Emir und seinen Hofstaat beherrschten, wurden sie, auch wenn eine führende Figur des Widerstands fehlte, immer wieder heftig und erfolgreich vom Land her bedrängt und schließlich besiegt.

Es ist nicht möglich, im einzelnen einen genauen Überblick über die gegenwärtig zahlreichen aufständischen Gruppierungen, die mit ihren Sprechern vor allem in Peschawar anzutreffen sind, zu erhalten. Das Spektrum reicht von der äußersten Rechten bis zur äußersten Linken. Bereits im August 1979 sollen sich wenigstens vier der vorwiegend konservativen islamischen Oppositionsgruppen in Peschawar vereinigt haben, und zwar die «Nationale Befreiungsfront» mit ihrem Führer Professor Sibghatulla Modschadedi (Angehörige dieser Familie haben bereits im vergangenen Jahrhundert und auch zur Zeit König Amanullahs antireformistische Bewegungen angeführt), die «Islamische Gemeinschaft Afghanistan», die «Islamische Revolutionsbewegung» und die «Hesbi-Islami» (Islamische Partei) mit ihrem Führer Gulbedin Hikmatyar (ist «der Moslembruderschaft» zuzurechnen; er soll auch an einem religiösen Aufstand im Pandschirtal während der Regierungszeit Dauds führend beteiligt gewesen sein). Die vier nennen sich gemeinsam «Teiman Etehad Islami» (die Verschworene Islamische Kampfgemeinschaft). Noch im März zuvor hatte Modschadedi geäußert, daß die Hesbi-Islami-Gruppe acht seiner eigenen Leute umgebracht habe, und seither wollte er nichts mehr mit ihnen zu tun haben. Außer diesen vier Gruppen gibt es aber noch die «Nationale Union» (Etehade Milli) mit dem von der Kabuler Universität geflüchteten Nationalökonomen Amanullah Rasul, die Sozialdemokratische Partei (gelegentlich auch als «Front der Nationalen Rettung» bezeichnet) mit ihrem Führer Major «Tariq» (Deckname: bedeutet «Dunkel»), die Dschamiat-e-Islami (Islamischer Bund) und verschiedene andere Gruppen. In der Zentralregion Hasaradschat bildete sich im Herbst 1979 eine «Itehadia Mudschahedin Islami Afghanistan», die den dortigen Widerstand politisch repräsentieren will.

Daneben spielen verschiedene traditionelle Führer eine wichtige Rolle, wie zum Beispiel der Pir von Gailani (oder: Dschilani), Ahmad Hussein, der aus einer alten angesehenen führenden paschtunischen Familie stammt und die «Vereinte Islamische Front Afghanistans» anführt, Wali Baig, ein Führer des schiitischen Hasaradschats und Theologie-Professor Burhanuddin Rabbani, ein nichtpaschtunischer Führer, der seinen Rückhalt vor allem in den östlichen und südlichen Provinzen (Zusammenschluß: «Nationale Front», «Dschamiat-e-Islami») hat. Zudem ist immer wieder davon die Rede, daß der frühere König Sahir Schah sich gelegentlich in Pakistan aufhalte und zu einer neuen Zentralfigur der Oppositionsgruppen werden könne.

Neben diesen überwiegend religiös-islamisch orientierten Bewegungen und Zusammenschlüssen gibt es noch maoistische Gruppen und Splittergruppen. Die bekannteste unter ihnen ist die «Schola-e-Dschawid» (Ewige Flamme). Diese Gruppen gelten als besonders gut ausgebildet für gezielte militärische Aktionen. Es kann gut sein, daß die relativ wenigen terroristischen, aber beeindruckend perfekten Anschläge von ihnen durchgeführt wurden (Brückensprengungen etc.). Über ihre gesamte Kampfkraft, ihren Rückhalt bei den islamischen Gruppen und bei der afghanischen Bevölkerung ist aber wenig bekannt. Man schätzt die Gesamtzahl der Gruppen und Grüppchen inzwischen auf über sechzig. Auch wird immer wieder von neuen Zusammenschlüssen berichtet, oder es werden solche angekündigt (vgl. die Zusammenstellung politischer Erklärungen von Oppositionsgruppen im Anhang).

Diese Zersplitterung der Gruppen, Grüppchen und Führer mag in gewisser Weise auch heute noch eine Stärke der Opposition sein, da die Regierung und die sowjetischen Truppen deshalb keine Chance haben, den Widerstand mit einem Schlag zentral zu treffen. Andererseits lassen sich auf diese Weise vielleicht einzelne Talschaften oder Stammesgebiete erobern und kontrollieren, aber ein zentraler Angriff auf die Stadt Kabul und die sowjetischen Stellungen ist ohne einheitliche oder gemeinschaftliche Organisation in jedem Fall zum Scheitern verurteilt. Bisher lag das Schwergewicht der Taktik der verschiedenen Widerstandsgruppen auf der Kontrolle einzelner Gebiete und der Ermordung von Chalq-Parteikadern und sowjetischen Beratern in der Provinz. Gelegentlich gab es auch Überfälle auf einzelne Schulen in der Provinz und Unterbrechungen der größeren Überlandstraßen, besonders auf der Strecke zwischen Kandahar und Herat, mit Überfällen auf Autos, Busse und Lastwagen. Aber die wichtige Straße nach

Norden und besonders die Straße nach Peschawar blieb erstaunlicherweise lange Zeit von größeren Störungen frei. Auch hatte es bis Dezember 1979 in der Hauptstadt Kabul so gut wie keine Anschläge terroristischer Art wie Sprengung zentraler Versorgungsanlagen, Kidnapping oder politische Morde an führenden Mitgliedern der Parteispitze gegeben. Mit entscheidend dafür, daß zwischen Regierungstruppen und Aufständischen relativ lange ein Pattzustand anhalten konnte, dürfte das Verhalten des afghanischen Militärs gewesen sein. Es kam zwar zu verschiedenen Meutereien, aber es gelang jeweils, diese mit anderen Truppenteilen niederzuschlagen. Daß dies lange Zeit möglich war, kann sicherlich auf die starke Chalq-Anhängerschaft bei dem seit den fünfziger Jahren in der UdSSR ausgebildeten Offizierskorps zurückgeführt werden. Einzelne zu den Aufständischen übergelaufene Militärs oder, wovon gelegentlich die Rede war, ganze Truppenteile, können aber ohne den notwendigen Nachschub militärisch nur wenig Entscheidendes beitragen.

Eine der wichtigsten «Säulen» der Macht der Revolutionsregierung wurde aber insbesondere von Hafisullah Amin in mittelalterlich brutalen und menschenverachtenden Repressionsmethoden gesehen.

Amnestie für Kriminelle – Massenverhaftungen für politische Gegner

Ein Fahrer einer afghanischen Regierungsorganisation wurde von der Straße weg verhaftet, als er gerade versuchte, ein zu seinem Dienstauto gehörendes Werkzeug im Basar zu verkaufen. Drei Tage lang erfuhren seine unmittelbaren Vorgesetzten überhaupt nichts. Erst durch mühseliges Nachfragen konnte herausgefunden werden, daß er sich im Polizeigefängnis befindet. Der Verhaftete erzählte nach seiner Freilassung, daß er bei Verhören unter Strom gesetzt worden sei, bis er nicht mehr habe Luft holen können und Angst hatte zu ersticken. Er gestand seine unrechtmäßige Verkaufsabsicht und wurde daraufhin zu einem halben Jahr Gefängnis auf Bewährung verurteilt.

Ein alter Mullah, um 75 Jahre herum, der nur noch mit Mühe zu den täglichen Gebeten in die Moschee gehen konnnte und außer diesen Gebeten keine weiteren Interessen mehr hatte, wurde im Frühjahr 1979 im Basar in Kandahar verhaftet. Seine Verwandten schrieben fast wöchentlich an die zuständigen Stellen, um sich zu erkundigen, wo er sich befindet, was ihm vorgeworfen wird und wie es ihm geht. Vier Monate nach der Verhaftung erhielten sie die Antwort, daß der Mullah aus dem Kabuler Gefängnis Pul-i-Tscharchi geflüchtet und nach Pakistan entkommen sei.

Ein Generaldirektor einer Regierungsorganisation erkundigte sich seit

Monaten nach seinem verhafteten Schwiegersohn. Ohne Ergebnis. Da er ein relativ hohes offizielles Amt innehatte und dennoch nichts erfahren konnte, wurde seine Stellung innerhalb seiner Familie und Verwandtschaft immer unglaubhafter. Er ging zu einem der regierenden Minister, der weit oben in der Parteirangliste stand und den er persönlich gut zu kennen glaubte. Dieser gab ihm nach mehrfachen Nachfragen die Auskunft, man wisse nicht, wo sein Schwiegersohn geblieben sei; seine Tochter könne ja einen der jungen Chalqi-Parteimänner heiraten.

Dies sind drei gut belegte, authentische Fälle von unzähligen Menschenrechtsverletzungen, die sich seit der Machtergreifung durch die Chalq-Regierung in Afghanistan ereignet haben. Weitere Fälle und Einzelheiten wurden in einem detaillierten Bericht der Gefangenenhilfsorganisation «Amnesty International» vom September 1979 vorgelegt. (International Secretariat, 10 Southampton Street, London WC2E 7AF, England.)

In Paragraph 30 der Regierungserklärung vom 9. Mai 1978 war «Respekt und Beachtung der allgemeinen Menschenrechtserklärung und der Charta der Vereinten Nationen» als eines der Ziele der Regierung bezeichnet worden. In einer Radiobotschaft am 10. Dezember 1978 zum dreißigsten Jahrestag der Erklärung der Allgemeinen Menschenrechte bekräftigte Taraki nochmals die «vollkommene Unterstützung und den entschlossenen Glauben» der Regierung an die Prinzipien und Regelungen dieser allgemeinen Rechte. Das Volk könne jetzt seit der 7.-Saur-Revolution nach einem halben Jahrhundert «mittelalterlich gemarterten Lebens» zu einem «glücklichen und gesicherten Leben» vorwärtsschreiten. Dann folgt in der Erklärung eine kurze Rekapitulation der verschiedenen Reformvorhaben, durch die die «politischen, wirtschaftlichen, sozialen und kulturellen Menschenrechte verbessert worden seien», daneben werden ausdrücklich die «individuellen demokratischen Rechte» mit aufgezählt.

Diese Widersprüchlichkeit in Aussage und Verhalten ist bezeichnend für die Einstellung der Regierungen nach der Saur-Revolution zur Beachtung der Menschenrechte. Auf der einen Seite wird mit Stolz darauf verwiesen, wie viele soziale Fortschritte die neue Regierung für die Bevölkerung Afghanistans bereits errungen habe. Auf der anderen Seite stehen die zahllosen Verletzungen der individuellen Menschenrechte, die noch weit höher als bei vielen anderen Revolutionen liegen. Allerdings war es auf Grund des restriktiven Informationsverhaltens der Regierungen Taraki und Amin äußerst schwierig, einen exakten Überblick über das ganze Ausmaß der Willkürakte von Partei- und Staatsorganen gegen Einzelpersonen zu erhalten. Auch mußte jedesmal geprüft werden, ob Geschichten, die mit vielen Details und großer innerer Anteilnahme weitererzählt wurden, tatsächlich der Wahrheit entsprechen. Es gibt zugleich zahlreiche Belege dafür, daß die Regierungsstellen selbst einen nur lückenhaften Überblick hatten, wer verhaftet und in welches Gefängnis gebracht worden war, wer an einer Krankheit umgekommen war oder erschossen oder wieder freigelassen wurde.

Kurz nach der Revolution wurden im Juli 1978 in einer breitangekündigten Aktion über tausend straffällig gewordene Kriminelle, die bereits einen größeren Teil ihrer Zeit abgesessen hatten, amnestiert und aus den Gefängnissen entlassen. Bis Dezember 1978 soll nach Angaben der Regierung die Zahl der vorzeitig Entlassenen sogar insgesamt über 12000 betragen haben. Im Juli 1978 hatte die Regierung die Gesamtzahl der in afghanischen Gefängnissen Inhaftierten mit über 32000 angegeben.

Im Chalq-Parteiprogramm von 1966 war als ein Punkt die «Reform der Gefängnisse» genannt worden. Die Amnestien sind daher im Zusammenhang mit der oben erwähnten Reform des gesamten afghanischen Rechtsprechungsverfahrens zu sehen. Bereits im Mai 1978 war eine spezielle Regierungskommission zu Untersuchungen der Haftbedingungen eingesetzt worden, und ihre Aufgabe sollte sein, die Verhältnisse in den Gefängnissen zu überprüfen und zu verbessern. Zu welchem Ergebnis diese Kommission kam und welche Verbesserungen sie bewirkte, ist nicht bekannt.

Das Interesse an dem Strafvollzug mag von der gemeinsamen Erfahrung in den Gefängnissen herrühren, obwohl die Chalq-Parteiführer selbst im allgemeinen nicht allzu lange inhaftiert waren. Erstaunlich ist demgegenüber, daß die neue Regierung nach ihrer Machtergreifung relativ wenig Enthüllungen über Haftbedingungen, Hinrichtungen oder Folterungen aus der Zeit von Mohammad Daud und König Sahir Schah veröffentlichte, obwohl es Menschenrechtsverletzungen ohne Zweifel auch in dieser Zeit gab. Nur einmal, im Januar 1979, waren in der *Kabul Times* Bilder von exhumierten und verstümmelten Leichen gezeigt worden, die angeblich Opfer von Folterungen des früheren Regimes gewesen sein sollen. Im Herbst 1979 wurde das Kabuler Stadtgefängnis Dehmasang der Öffentlichkeit zur Besichtigung zugänglich gemacht, in dem die früheren Regime ihre Gefangenen unmenschlich untergebracht und gefoltert haben sollen.

Amnesty International berichtete von Versuchen der Intervention in Sachen Menschenrechte bei früheren Regierungen. So hätten sie sich bereits mehrfach für den früheren Finanzminister Abdul Malek Abdur Rahimsai eingesetzt, der ohne Gerichtsverfahren seit 1957 in afghanischen Gefängnissen inhaftiert gehalten wurde. Hafisullah Amin sagte einem Delegierten von Amnesty International im Oktober 1978, daß auch die neue Regierung Rahimsai nicht entlassen und auch kein Verfahren gegen ihn anstrengen wolle. «Wenn wir ein Verfahren gegen diesen Häftling eröffnen würden», soll Amin wörtlich gesagt haben, «dann müßten wir ihn töten.» Dennoch wurde Rahimsai noch im Herbst 1978, ohne großes Aufsehen zu erregen, nach Hause entlassen.

Unmittelbar während und in den Tagen nach der Revolution wurden zahlreiche prominente Politiker des alten Regimes verhaftet. Gleichzeitig wurden der größte Teil der Angehörigen der Königsfamilie samt Frauen und Kinder in die Gefängnisse gebracht. In den folgenden Monaten hörte man gelegentlich von weiteren Verhaftungen mit politischem Hintergrund, aber es wurde kaum etwas bekannt über die Anzahl der Festgenommenen, deren Aufenthaltsort und die Haftbedingungen. Gelegentlich war zu hören, daß die Verhafteten zunächst in abgeschlossen gelegene enteignete Häuser zum Teil aus dem Besitz der früheren Königsfamilie mitten im Stadtgebiet von Kabul zu Verhören gebracht würden. Auch ist von Folterungen in diesen Häusern die Rede. Wie viele solche Häuser es waren, die unter Kontrolle der Geheimpolizei standen, ist nicht bekannt. Im Herbst 1978/Frühjahr 1979 gab es nach relativ seriösen Schätzungen rund 3500 bis 4000 politische Häftlinge. Die Regierungsvertreter sprachen, wenn sie gefragt wurden, von rund 1000 bis 1500 politischen Gefangenen.

Ab März 1979, mit der Verschärfung der Auseinandersetzung mit Rebellengruppen, nahmen die Verhaftungen sprunghaft zu und hielten die ganzen folgenden Monate an. Oft konnte niemand auch nur mutmaßlich einen wirklich plausiblen Grund für die Verhaftungen angeben. Anfänglich waren die Festnahmen noch zum Teil am hellichten Tag erfolgt, allmählich fanden sie aber vermehrt während der allnächtlichen Ausgangssperre nach dreiundzwanzig Uhr statt. Zahlreiche Beamte und Angestellte in den Ministerien wurden verhaftet. Es gab viele Festnahmen in Dörfern, in Fabriken. Auch Lehrer und Polizisten, Dozenten und Studenten an der Universität und sehr viele Mullahs und Sufis (von der Bevölkerung verehrte islamische Mystiker) wurden verhaftet. Unter anderem hieß es, daß viele Anhänger des schiitischen Islam und viele Nuristani inhaftiert worden seien, da die Regierung bei diesen Gruppen besonders starken Widerstand vermutete. Die Schiiten wurden verdächtigt, sich als konfessionelle Minderheit an ihren Glaubensbrüdern im Iran zu orientieren, und die Nuristani stehen im Ruf, als erst vor neunzig Jahren zum Islam Bekehrte besonders kämpferische Verteidiger der Religion zu sein. Von einem Semester an der Kabuler Universität mit 310 Studenten «verschwanden» im Laufe der Monate allein neunzig. Auch bekannte Schriftsteller, die über Afghanistan hinaus sich einen Namen gemacht hatten, wurden ohne ersichtlichen Grund festgenommen. Oft genügten offensichtlich für die Verhaftung bloße Anschuldigungen oder Verdächtigungen durch Kollegen. Auch hörte man, daß auf diese Weise zum Teil schon jahrealte private oder Familienfehden beglichen wurden.

In der Regel erfuhren die Angehörigen keine Gründe für die Festnahme. Zumeist konnten sie auch nicht herausfinden, in welches Gefängnis ihr Angehöriger verschleppt wurde. Da die Versorgung in den afghanischen Gefängnissen schon immer sehr schlecht war, gab es zur Zeit des Königs und Dauds wenigstens die Möglichkeit, regelmäßig den Gefangenen Essen und frische Wäsche zu bringen oder sie gar zu besuchen. Auch dies entfiel jetzt in den meisten Fällen. Aber auch wenn gebrauchte Wäsche zurückkam, konnte die Familie nicht sicher sein, ob sie tatsächlich von dem Angehörigen stammte.

Die Familien der Verhafteten gerieten vielfach in wirtschaftliche Not, denn für den Inhaftierten wurde selbstverständlich kein Lohn oder Gehalt fortbezahlt. Solange nur ein Mitglied einer Familie verschwunden war, konnte afghanischer Tradition entsprechend gegenseitig ausgeholfen werden. Es gab aber Großfamilien, bei denen drei, fünf, acht oder sogar mehr verdienende Mitglieder verschwanden. Die wirtschaftliche Lage wurde für viele Familien mit der heraufziehenden Kälte im Herbst und im Winter 1979/80, als auch noch die Preise zum Beispiel für Brennholz sehr stark stiegen, nahezu hoffnungslos. Auch sind Fälle bekannt, daß Lehrerinnen vom Arbeitsplatz weg verhaftet wurden, die zum Teil mehrere kleine oder kleinste Kinder zu Hause zurücklassen mußten.

Über die Behandlung in den Gefängnissen in Kabul und den Provinzen hört man nur gelegentlich Einzelheiten, aus denen man versuchen kann, sich ein Gesamtbild zu machen. Unter anderem ist zu erfahren, daß es in dem größten dieser Gefängnisse, in Puli-Tscharchi, ca. zehn Kilometer östlich vom Stadtrand Kabuls gelegen, einen sogenannten Prominentenblock gibt, wo bekanntere politische Häftlinge wie ehemalige Minister oder Offiziere untergebracht sind. Sie sollen unter einigermaßen erträglichen Umständen leben. Ähnliches hört man auch von prominenten politischen Häftlingen in den Provinzgefängnissen. Von allen anderen Gefangenen wird gesagt, daß eine unerträgliche Enge in den Gefängnissen herrscht. Das Gefängnis Puli-Tscharchi wurde für 5000 Gefangene angelegt, und es sollen sich dort zeitweise 12000 bis 18000 befunden haben. In Provinzgefängnissen seien aus Platzmangel öfters so kleine Zellen angelegt worden, daß der Gefangene nicht liegen, sondern nur mit angezogenen Knien hocken konnte. Unter solchen Verhältnissen waren auch die hygienischen Bedingungen nur sehr unzureichend. Es ist daher verständlich, wenn öfters von Typhus, Hepatitis und anderen Epidemien in Gefängnissen berichtet wurde. Bei entlassenen Häftlingen konnte man deutliche Zeichen von Unterernährung erkennen. Es waren häufig auch Spuren von Folterungen zu sehen, wie angeschwollene Unterarme und Beine mit kleinen schwarzen Brandflecken. Es war zu hören, daß häufig mit Elektroschock-Maschinen gearbeitet wurde, die zum Teil aus der Sowjetunion, aber zum Beispiel auch aus der Bundesrepublik stammen sollten, wo sie zur Behandlung von Geisteskranken verwendet würden. Aber auch von Schlagen, Fingernägelausreißen, Haareverbrennen und Schlafrauben war die Rede. Die entlassenen Gefangenen sprechen aber nur sehr ungern über ihre Behandlung.

Wie viele Gefangene insgesamt sich in den Gefängnissen befanden, kann nur geschätzt werden. Da aber fast jede Familie in Kabul wenigstens von einem oder mehreren verhafteten Angehörigen zu berichten wußte, muß die Zahl sehr hoch und wohl sicherlich über 20000 gelegen haben. Ob es wirklich 70000 waren, wie Oppositionsgruppen behaupteten, kann nicht gesagt werden.

Ebenso ist nicht klar, wie viele der Verhafteten durch Erschießen oder Krankheit umgekommen sind. Im Juli 1979 ließ das State Department in Washington mitteilen, daß Berichte vorliegen, wonach bis dahin mehr als

3000 politische Häftlinge in afghanischen Gefängnissen hingerichtet worden seien. In nächtlichen Exekutionen seien Gruppen zwischen zwanzig und fünfzig Menschen im Gefängnis Puli-Tscharchi von Erschießungskommandos liquidiert worden. Mitte November 1979 ließ die Chalq-Regierung im Kabuler Innenministerium Listen mit Namen derer verlesen, die sich nicht in Haft befanden und die inzwischen «verschwunden» seien. Wahrscheinlich waren der Regierung die vielen immer wiederholten Nachfragen von Angehörigen lästig geworden. Es wurde freilich nicht mitgeteilt, wie oder warum der Verhaftete jeweils verschwunden sei. Es ist anzunehmen, daß die meisten von ihnen mehr oder weniger beliebig hingerichtet wurden oder auf Grund der ungenügenden hygienischen Verhältnisse an Krankheiten oder Seuchen gestorben sind. Die Gesamtzahl der Namen auf den Listen ist nicht bekannt. Die Schätzungen, die man hören kann, bewegen sich um 5000, 11500, 14000 bis 25000. Da sehr viele Familien, die man anspricht, konkret berichten konnten, daß ein oder mehrere Angehörige auf diesen Listen gestanden haben, so muß man annehmen, daß die Zahl in jedem Fall bei mehreren Tausend liegt. Allerdings scheinen auch Personen auf den Listen vermerkt gewesen sein, die bereits vor Monaten wieder freigelassen waren oder die wenig später nach der Verlesung der Liste zu ihren Angehörigen zurückgekehrt sind. Auch sollen Familien einzelne Angehörige bewußt als «vermißt» gemeldet haben, um deren Flucht ins Ausland zu dekken und sich selbst vor Repressalien zu schützen.

Die Regierungen verkündeten in gewissen Zeitabständen Amnestien für, wie sie unumwunden zugaben, «politische Gefangene». Eine erste Amnestie gab es im Oktober 1978 für 72 oder 74 Frauen und Kinder der königlichen Familie und drei frühere Minister. Im April 1979, zum ersten Jahrestag der Revolution, wurden nach Angaben der Regierung weitere 1300 Gefangene freigesetzt. Zum Abschluß des Fastenmonats Ende August 1979 sollen etwas über vierhundert und einige Tage später etwa 300 Verhaftete freigekommen sein. In einer folgenden Serie von Amnestien sollen nach Angaben der Regierung aus Kabuler und den Provinzgefängnissen nochmals weit über tausend Gefangene entlassen worden sein. Anläßlich des islamischen Festes Id-e-Korban Ende Oktober 1979 wurde erneut eine Amnestie für rund vierhundert politische Häftlinge bekanntgegeben. Es ist schwer zu beurteilen, ob die in den afghanischen Zeitungen veröffentlichten Zahlen zutreffend waren und um welche Art von Gefangenen es sich jeweils handelte. Mindestens ein Teil dieser Leute hatte nachweislich nur wegen Bagatellkriminalität eingesessen. Andererseits war aber von manchen Familien zu hören, daß tatsächlich der eine oder andere Angehörige, der offensichtlich aus politischen Gründen verhaftet worden war, wieder nach Hause zurückgekehrt sei. Über das Schicksal vieler Verhafteter und Verschwundener herrschte aber nach wie vor völlige Unklarheit. Viele standen weder auf der Liste des Innenministeriums, noch waren sie durch eine der Amnestien frei geworden. Auch gab es nach wie vor laufend weitere Verhaftungen.

Über ordentliche Gerichtsverfahren wurde in der ganzen Zeit seit der Revolution nicht berichtet. Zwar war im Zusammenhang mit der Rechtsprechungsreform im Mai 1978 ein neuer «Oberster Gerichtshof» eingerichtet worden. Anfang August 1979 wurde dann ein Gesetz für einen speziellen «Revolutionären Gerichtshof» vom Kabinett verabschiedet. Aber über eventuelle Verhandlungen dieser Gerichte ist nichts bekanntgeworden. Es ist aber gut möglich, daß diesem Revolutionären Gerichtshof noch eine Rolle in der öffentlichen Argumentation der afghanischen Regierung zugedacht war. Schauprozesse oder ähnliches sind aber weder unter Taraki noch unter Amin abgehalten worden.

Nur in einigen wenigen Fällen waren einzelne Personen in der afghanischen Presse im Zusammenhang von Anklagen erwähnt worden. So hatte zum Beispiel Ghulam Mohammad Farhad, früherer Bürgermeister von Kabul, im März 1979 Gelegenheit, sich öffentlich von der von BBC verbreiteten Behauptung zu distanzieren, daß er ein Mitglied der sogenannten «Sozial-Demokratischen Partei Afghanistans» sei. Im Herbst 1979, im Anschluß an die Meuterei in der Kaserne Rischkor, wurde er aber mit einigen anderen namentlich beschuldigt, eine Verschwörung gegen die Regierung geplant zu haben. Allerdings, so heißt es, sei er bereits einige Zeit vor dieser Beschuldigung und vor der Meuterei in Rischkor verhaftet worden. Gerüchte hatten wissen wollen, daß Ghulam Farhad kurz nach seiner Verhaftung hingerichtet wurde, angeblich soll er aber im Januar 1980 freigekommen sein. Der erwähnte Bericht von Amnesty International führt eine Liste mit weiteren Namen prominenter Häftlinge auf.

Es ist erstaunlich, wie wenig aufs Ganze gesehen im westlichen Ausland über all diese Vorgänge zur Zeit Tarakis und Amins berichtet wurde. Offensichtlich hatten aus politischen Gründen damals andere Länder, wie Vietnam, Kambodscha, Iran und Nicaragua, den Vorrang. Andererseits muß wohl vor der Illusion gewarnt werden, daß durch eine intensivere Berichterstattung bei der afghanischen Regierung sehr schnell mehr als nur kosmetische Änderungen erfolgt wären. Jedenfalls scheint die Mitteilung des State Department im Juli 1979 keine erkennbaren konkreten Veränderungen bei den Verhaftungsorgien, Folterungen und Hinrichtungen bewirkt zu haben. Zwar wurde der Delegierte von Amnesty International, der türkische Professor für Verfassungsrecht Mümtaz Soysal, im Oktober 1978 von Hafisullah Amin zu einem ausführlichen Gespräch empfangen. Danach durfte er aber keine weiteren Minister mehr besuchen und konnte auch mit keinem der Inhaftierten sprechen, um den Verdacht auf Folterungen widerlegen oder verifizieren zu können. Alle weiteren Anfragen und Memoranden von Amnesty International blieben in der folgenden Zeit unbeantwortet. Ohnehin sind in einem Land wie Afghanistan Amnesty International oder andere ähnliche Organisationen den Verfolgten wie Verfolgern kaum bekannt.

Dennoch hätten diese Menschenrechtsverletzungen unabhängig vom eigenen politischen Standort so häufig wie möglich öffentlich angeprangert werden müssen, da dies trotz der geringen Erfolgsaussichten wenigstens eine gewisse Möglichkeit dargestellt hätte, auf die Vorgänge Einfluß zu nehmen. Auch hätten Verhandlungen über Entwicklungshilfeprojekte genutzt werden können, Druck auf die afghanische Regierung auszuüben. Natürlich wären die Erfolgsaussichten beschränkt gewesen, da das traditionell starke afghanische Selbstbewußtsein es nicht zuläßt, auf Pressionen zu reagieren.

Die Revolution frißt ihre Väter und Kinder

In den Gefängnissen Afghanistans verschwanden nicht nur Gegner der Regierung, sondern auch zu einem guten Teil Anhänger aus den eigenen Reihen, die erst im Verlauf der Entwicklung nach der Revolution der Abweichung oder der Verschwörung verdächtigt wurden. Der alte Gegensatz innerhalb der Führungsgruppe zwischen «Partschamis» und «Chalqis» brach schon sehr bald nach der Regierungsübernahme wieder auf. Zwar wurde nach der Saur-Revolution offiziell bestritten, daß es diese beiden Gruppen überhaupt gäbe. In der Tat hatten ja Babrak Karmal und Mohammad Taraki gemeinsam 1964/65 die «Volksdemokratische Partei Afghanistans», genannt «Chalq», gegründet und ebenso gemeinsam das kurze Zeit erschienene Parteiorgan *Chalq* im Jahre 1966 herausgegeben. Nachdem dieses aber verboten worden war, gab Babrak Karmal Ende der sechziger Jahre mit einigen seiner Anhänger die eigene Publikation, *Partscham* (= Fahne, Banner), heraus. Anfänglich hatte diese Gruppe Daud 1973 unterstützt, während die Anhänger der Chalq-Fraktion sich abseits hielten. Erst 1977 kam es zu einer Wiedervereinigung beider Gruppen, die daraufhin gemeinsam am 27. April 1978 durch den Militärputsch an die Macht gehoben wurden.

Bereits in der Nacht der Revolution scheint es aber wieder zu Kontroversen gekommen zu sein. Wie es in einer regierungsoffiziellen Darstellung ein Jahr danach geschildert wird, sei Karmal nach der gemeinsamen Befreiung aus dem Gefängnis der Ansicht gewesen, daß der Putsch zum Scheitern verurteilt sei, und deshalb sollten die Mitglieder des Zentralkomitees sofort in den umliegenden Dörfern versteckt werden (‹*DRA-Annual*›, April 1979, S. 28 ff). Taraki habe dem entschieden widersprochen. Weil aber Karmal so sehr darauf bestanden habe, hätten sich die Mitglieder des Zentralkomitees zum Luftwaffenstützpunkt Chwadscha Rawasch begeben. Nur Hafisullah Amin sei im Gebäude von Radio Afghanistan, dem vorläufigen Hauptquartier der Revolution geblieben, weil er «praktisch engagiert gewesen sei in der Leitung der revolutionären Aktionen».

Auch über die Frage, wer am 27. April 1978 um neunzehn Uhr die formelle und offizielle Ansage der Revolution über Radio verlesen solle, war es zu einem Streit gekommen. Amin schlug Taraki dafür vor, das wollte aber Karmal nicht zulassen. Man einigte sich schließlich darauf, daß ein Offizier das Kommuniqué verlesen solle. Außerdem habe sich in dieser Nacht Karmal für das Leben von Mohammad Daud eingesetzt. Offenkundig vergeblich.

Aus diesen Zwischenfällen kann geschlossen werden, daß der Rückhalt der Chalq-Fraktion bei der Armee von vornherein stärker gewesen sein muß als der der Partscham-Leute. War es ein Zufall, daß der Beauftragte von Partscham in der Armee, Mir Akbar Chaibar, zehn Tage vor Ausbruch der Revolution unter bis heute ungeklärten Umständen auf offener Straße ermordet worden war? Auf jeden Fall verhalf dieser Umstand Hafisullah Amin, dem damaligen Beauftragten der Chalq-Gruppe in der Armee schon zu diesem Zeitpunkt zu einer Schlüsselstellung. Bereits Mitte Juni 1978, also kaum sechs Wochen nach geglückter Revolution, gibt es Berichte über Verhaftungen von Partscham-Leuten innerhalb der Polizei und vermutlich auch in der Armee. Am 5. Juli 1978 wurde in der *Kabul Times* bekanntgegeben, daß Babrak Karmal als stellvertretender Ministerpräsident ausgeschieden sei und als Botschafter nach Prag gehe. Der ebenso zur Partscham-Gruppe zählende Innenminister Nur Ahmad Nur wurde als Botschafter nach Washington und die Sozialministerin Anahita Ratebsad als Botschafterin nach Belgrad versetzt. Neuer Innenminister wurde Major Mohammad Watandschar, der die Panzertruppe bei der Revolution angeführt hatte.

Mitte August 1978 wurde in einer Überraschungsaktion der populäre Verteidigungsminister Abdul Qadr verhaftet, der bei zwei Staatsumstürzen der jüngsten Geschichte Afghanistans 1973 und 1978 führend beteiligt war und der am 27. April 1978 eine erste offensichtlich spontane Revolutions-Durchsage über Radio abgegeben hatte. Mit ihm wurde auch der Generalstabschef Schah Pur und der Präsident des Dschamhuriat-Krankenhauses in Kabul, Ali Akbar, festgenommen. Einige Tage später wurden außerdem der Planungsminister Kischtmand und der Minister für Öffentliche Arbeiten, Mohammad Rafi, inhaftiert. Das freigewordene Verteidigungsministerium nahm Taraki in seine unmittelbare Verantwortung, worin er, wie es hieß, vom Vizepräsidenten und Außenminister Hafisullah Amin «unterstützt» werde. Die Partscham-Botschafter Afghanistans in Prag, Belgrad und Washington setzten sich ab. Unklar blieb, wo sie sich danach aufhielten. Als mögliche Orte werden unter anderem Prag, DDR, Bundesrepublik, vor allem Moskau und die sowjetische Botschaft in Kabul genannt. Viele hatten seit längerem vermutet, daß Moskau mit Babrak Karmal und seinen Anhängern eine Reservemannschaft für Kabul bereithalten wolle.

Von September 1978 an bis ins Frühjahr 1979 hinein wurden daraufhin in der Kabul Times immer wieder die «Aristokraten» Babrak Karmal und seine Anhänger «der aktiven Teilnahme an verräterischer Verschwörung» gegen Partei und Regierung beschuldigt. Bereits Mitte September 1978, also kaum einen Monat nach ihrer Verhaftung, wurden sogenannte «Bekenntnisse» in handschriftlichen Faksimiles von Abdul Qadr, Mir Ali Akbar, Sultan Ali Kischtmand und Mohammad Rafi in den Kabuler Zeitungen veröffentlicht. Amnesty International und andere glauben, daß diese Bekenntnisse nur unter Druck und Folter zustande kommen konnten. Im November 1978 wurden beide angeblichen Verschwörer-Gruppen um Karmal und Abdul Qadr bei einer Plenumssitzung des Zentralkomitees aus der Chalq-Partei ausgeschlossen. Erst ein Jahr später, im Oktober 1979, teilte die Regierung mit, daß Qadr, Kischtmand und Rafi am 3. September 1979 von einem «speziellen endgültigen Chalqi-(Volks-)Gerichtshof» zum Tode verurteilt worden seien. Gleichzeitig wurde mitgeteilt, daß die Todesurteile für Qadr und Kischtmand zu je fünfzehn Jahren und für Rafi in zwölf Jahre Gefängnis umgewandelt wurden.

Seit Juni 1978 gab es weitere Verhaftungen vor allem von Personen, die der Partscham-Anhängerschaft verdächtigt wurden, besonders an der Universität, bei Radio Kabul und in den Ministerien. Weder die Namen all dieser Verhafteten noch ihre Zahl sind bekannt; es dürften auch bei vorsichtigen Schätzungen über tausend gewesen sein.

Um welche taktischen, strategischen oder ideologischen Fragen es bei diesen innerparteilichen Auseinandersetzungen im einzelnen ging, wurde nicht mitgeteilt und läßt sich daher nur rückschließen. Von der Taraki-Amin-Regierung wurde offensichtlich ein Zusammenhang zwischen der Partscham-Gruppe und Anhängern um Abdul Qadr gesehen. Dies kann aber wegen des Zeitunterschieds beim Vorgehen gegen beide Gruppen bezweifelt werden. Manche vermuteten, daß es zu dem Bruch mit Babrak Karmal vor allem auf Grund der persönlichen Konkurrenz zwischen ihm und Taraki gekommen sei. Ein eher noch tieferer persönlicher Konflikt dürfte zwischen Karmal und Amin bestanden haben, der erst relativ spät nach seiner Rückkehr aus Amerika 1965 allmählich zum «ersten und treuesten Schüler Tarakis» wurde. Andererseits weist der Vorwurf, Karmal, der Sohn eines hohen Generals und erzogen in der deutschsprachigen Amani-Oberrealschule (früher Nedschat-Schule), und seine Anhänger seien «Aristokraten», auf einen spürbaren sozialen Unterschied hin. Während die Chalq-Gruppe ihre Anhänger vor allem bei kleineren und mittleren paschtunischen Beamten und Lehrern hat, repräsentiert Partscham eher eine Gruppe von städtischen und persisch(tadschikisch-)sprachigen Intellektuellen. Die Bereitschaft Karmals, auch in einer Regierung Daud mitzuarbeiten, und sein Einsatz für das Leben Dauds während der Revolution zeigen, daß Partscham wohl eher zu einem gemäßigten Tempo bei der Einführung von Veränderungen neigt. Es gibt Gerüchte, wonach einer der Streitpunkte die Ersetzung der schwarz-grün-roten afghanischen Nationalflagge durch die rote Chalq-Flagge gewesen sei. Auch hätten die Partscham-Provinzgouverneure sich im allgemeinen sehr viel mehr um Verständnis bei der Bevölkerung bemüht als die Chalq-Anhänger. Die einschneidenderen Reformen und Neuerungen erfolgten in der Tat erst nach dem Ausscheiden von Partscham ab Herbst 1978.

Welche Position Abdul Qadr und seine Anhänger vertraten, ist bisher nicht bekannt. Manche meinen, er habe einer allzu starken Sowjetisierung Afghanistans zuvorkommen wollen. Dagegen spricht freilich, daß er infolge der sowjetischen Invasion im Dezember 1979 in das Präsidium des Revolutionsrats berufen wurde. Auf jeden Fall mußte er Taraki und Amin sehr gefährlich erscheinen, da er inzwischen viel, wahrscheinlich zu viel (und doch wieder nicht genug!) vom Geschäft von Staatsumstürzen verstand. Vorläufige Folgen der Säuberungen waren unter anderen ein noch dominierenderes paschtunisches Element in der Regierung, als es bereits zuvor der Fall war, und ein noch hektischeres Vorgehen bei politischen Aktionen.

Im März 1979, wenige Tage nach den Unruhen in Herat, wurde das Kabinett wieder umgebildet. Taraki blieb Generalsekretär der Partei, aber Hafisullah Amin löste ihn als Premierminister ab. Dies mußte nicht unbedingt eine Verschiebung im Machtverhältnis Taraki–Amin bedeuten, wie ein Vergleich mit den dominierenden Positionen von Parteigeneralsekretären in sozialistischen Ländern zeigen kann. Watandschar wurde neuer Verteidigungsminister. Er genoß zu dieser Zeit offensichtlich das ganze Vertrauen der Parteiführung, denn als im Dezember 1978 fast das ganze Kabinett anläßlich der Unterzeichnung des Freundschaftsvertrags mit der Sowjetunion in Moskau weilte, war er der ranghöchste Statthalter der Regierung in Kabul. Bereits Wochen vor der Umbildung des Ministerrats wurden die früheren und noch verbliebenen Partscham-Mitglieder Suleiman Laeq und Nesamuddin Tahsib aus dem Kabinett ausgeschlossen und im März 1979 verhaftet. Über Suleiman Laeq, einen bekannten Schriftsteller, der auch schon ins Deutsche übersetzt wurde (in: ‹*Moderne Erzähler der Welt, Afghanistan*›, Tübingen 1977), sagten im Mai 1979 informierte deutsche Schriftsteller aus, daß er nach Auskunft von zuverlässigen Kontaktpersonen in den afghanischen Gefängnissen gefoltert worden sei.

Eine erneute überraschende Kabinettsumbildung gab es im Juli 1979. Wesentlich bei diesem Revirement, bei dem mehrere Minister ihre Ressorts wechselten, war, daß Amin wiederum persönlich das wichtige Verteidigungsministerium übernahm und Watandschar zum Innenministerium zurückkehrte. In der *Kabul Times* wird ohne Umschweife gesagt, daß in dieser kritischen Zeit Hafisullah Amin das Verteidigungsressort unter seine direkte Leitung habe übernehmen wollen. Nach westlichen Presseberichten habe Amin im März 1979 das Verteidigungsressort nur auf sowjetischen Druck hin abgegeben. Dies habe er nun im Juli in einem Handstreich – ohne russischen Beifall – wieder rückgängig gemacht. Eine wichtige Rolle dabei habe der seit Mai in Kabul eingesetzte sowjetische Gesandtschaftsrat Wassili Safrantschuk gespielt, dessen Aufgabe es gewesen sei, Taraki und besonders Amin durch bei der Bevölkerung akzeptablere Politiker – und seien es Politiker aus der Königszeit – zu ersetzen. Diesen Bemühungen sei aber Amin mit seinem Kabinettsrevirement im Juli 1979 zuvorgekommen (vgl. *Die*

Zeit, 24. August 1979). Aber dies mußte sowohl die sowjetische wie die innerparteiliche Kritik gegen Amin nur noch verstärken.

Während die Auseinandersetzungen mit den Rebellen in der Provinz immer heftiger wurden, tauchten gleichzeitig in Kabul nachts handgeschriebene Flugblätter von «wirklichen Chalqis» auf. In ihnen wurde offene Kritik geübt am Personenkult um Taraki und insbesondere an dem autoritären Führungsstil von Hafisullah Amin. Offensichtlich waren diese Flugblätter während der Ausgangssperre von patrouillierenden Parteikadern über die Gartenmauern geworfen worden. Anfang September verschwand der bisher immer wieder vehement in der Partei hervorgetretene Dastagir Pandschiri von der Bildfläche, zuletzt Minister für Öffentliche Arbeiten, einer der damals noch wenigen im Kabinett verbliebenen Nicht-Paschtunen. Beobachter wollen gesehen haben, wie ein sowjetischer Zivilist mit dem Paß von Pandschiri ein Flugticket im Büro der afghanischen Staatsfluggesellschaft Ariana nach Moskau gelöst habe. Halboffiziell hieß es, er sei zur «Heilbehandlung» nach Moskau gegangen. Es gibt Berichte, wonach er am 26. Dezember 1979 mit einer Linienmaschine nach Kabul zurückgekehrt sei.

Dramatisch spitzten sich die Ereignisse Mitte September 1979 weiter zu. Schon die offizielle Version läßt nichts an Spannung zu wünschen übrig. Zunächst wurden Neubesetzungen für das Innen-, Grenz- und Kommunikationsministerium bekanntgegeben und damit die Entlassung der Minister Watandschar, Masduryar und Gulabsoi, die alle drei beim militärischen Teil der Revolution am 27. April 1978 Schlüsselrollen gespielt hatten. Damit war kein einziger Minister mit unmittelbarem Militärhintergrund mehr im Kabinett verblieben. Zugleich wurde auch der Chef der AGSA, der Geheimpolizei, Asadullah Sarwari, ersetzt. Am Tag nach der Ablösung dieser Minister wurde bekanntgegeben, daß Taraki aus Gesundheitsgründen zurückgetreten und Amin jetzt neuer Generalsekretär der Partei und Ministerpräsident sei. Amin, von Journalisten befragt, an welcher Krankheit Taraki denn leide, gab zur Antwort, er wisse es nicht, er sei ja kein Arzt. Etwa drei Wochen später wurde kommentarlos und kurz in der *Kabul Times* in einer Elf-Zeilen-Meldung auf der vierten Seite mitgeteilt, daß Taraki an einer Krankheit gestorben und am selben Tag bereits beerdigt worden sei. Während des Coups Mitte September 1979 waren der Major Sayed Tarun, «Aid de camp» (Adjutant) beim Präsidenten Taraki, Nawab, der stellvertretende Leiter von AGSA, und vier weitere Männer ums Leben gekommen, die sämtlich Staatsbegräbnisse mit allen Ehren und Fernsehübertragung erhielten. Unter anderem wurden daraufhin die beiden bekannten Städte Dschalalabad und Laschkargar nach diesen jetzt als «Märtyrer» bezeichneten in «Tarunschahar» bzw. «Nawabschahar» umbenannt.

Offiziell wurde nichts weiter über die Hintergründe dieser Vorgänge mitgeteilt. Amin sprach dunkel von «generellen Gesetzen der gesellschaftlichen Entwicklung, die objektiv und auf den Fortschritt der Geschichte» gerichtet seien und «nicht durch den Willen von Individuen verändert werden können». Nach halboffizieller Darstellung von Chalq-Parteimitgliedern habe Amin einige Tage vor dem Coup bei der Rückkehr Tarakis vom Gipfeltreffen der bündnisfreien Länder in Kuba und einem kurzen Aufenthalt in Moskau, wo er Gespräche mit Breschnew und Kossygin geführt hatte, auf dem Flughafen von Kabul erschossen werden sollen. Dies sei mißlungen. Später sei geplant gewesen, Amin bei einer Essenseinladung Tarakis im «Volkshaus» zu erschießen. Tarun habe ihn rechtzeitig gewarnt, aber Amin sei dennoch zur Einladung gegangen. Als nun die Leibwache Tarakis auf Amin geschossen habe, habe sich Tarun schützend vor Amin gestellt und sei dabei umgekommen.

Vieles bleibt dennoch unklar. Zum Beispiel war der Verbleib der drei abgesetzten Minister unbekannt. Amin gab offen zu, daß er nicht wisse, wo sie sich aufhalten. Wurden sie beim Schußwechsel getötet? Konnten sie zu den Aufständischen fliehen? Oder haben sie sich in den Gewahrsam der Sowjets geflüchtet? Es heißt, daß die Sowjetunion unter anderem mit ihrem Botschafter in Kabul, Pussanow, eine wichtige Rolle bei dem Showdown zwischen Taraki und Amin gespielt habe. Pussanow soll sogar Augenzeuge der Schießerei im «Volkshaus» gewesen sein. Aber es ist kaum vorstellbar, daß die auch der äußeren Form nach ehrlose Abdankung Tarakis im Sinne der Sowjets war, war doch Taraki wenige Tage zuvor in allen Ehren im Kreml empfangen worden. Sosehr es die Amin-Regierung bestritt, dürfte es wohl kaum ein Zufall gewesen sein, wenn wenige Wochen nach diesen Ereignissen Pussanow durch einen neuen sowjetischen Botschafter in Kabul ersetzt wurde. Allerdings bemühen sich die Sowjets sehr rasch nach dem Machtwechsel, Amin zu seinen von Taraki übernommenen neuen Ämtern als Generalsekretär der Partei und Präsident des Revolutionsrats zu gratulieren, und Amin betonte seinerseits immer wieder, daß die Sowjets die besten und brüderlichsten Freunde Afghanistans seien.

Erstaunlich war auch das Verhalten der Armee. Obwohl drei ihrer wichtigsten Vertrauensleute im Kabinett ausgeschaltet worden waren, stellte sich das Militär wenigstens nicht offen gegen Amin. Zwar kam es Mitte Oktober 1979 zur Meuterei in der Kaserne Rischkor, aber sie konnte von anderen Truppenteilen niedergeschlagen werden. Auch waren in den Tagen des Zweikampfs Taraki–Amin auffallend wenig Hubschrauber- und Kampfflugzeugbewegungen über Kabul zu beobachten. Das «Volkshaus» und der Sender und andere wichtige Gebäude waren in der Nacht nach dem Wechsel an der Spitze mit schweren Panzern abgesichert worden, und die Straßen um den Regierungssitz wurden für den öffentlichen Durchgangsverkehr gesperrt. Aber die Panzerverbände zogen nach wenigen Tagen ab, die üblichen Flüge von Kampfhubschraubern und Düsenjägern setzten wieder ein, und das Militär wurde erneut und vermehrt im Kampf gegen die Aufständischen in den Provinzen eingesetzt. Offensichtlich war es Amin gelungen, sicherlich nicht ohne die zumindest stillschweigende, wenn vielleicht auch zähneknirschende vorläufige Duldung durch die Sowjets, die Armee noch einmal für sich zu gewinnen.

Amin setzte seine programmatische Rede nach dem Coup im September 1979 unter die Überschrift: «Ein-Mann-Herrschaft wird es in Afghanistan nie mehr geben.» Menschenverachtender und ironischer hätte man die Situation wohl kaum umschreiben können, denn nun erst begann eine totale Ein-Mann-Herrschaft. Seine Rede eröffnete er mit der traditionellen Formel: «Im Namen Allahs, des Gnädigen und Barmherzigen.» Er versprach dem «tapferen und großmütigen Volk», daß es von nun an «in voller Sicherheit leben und sich demokratischer Freiheiten und unverletzlicher Rechte erfreuen» könne. Er versprach eine Kommission einzusetzen, die jeden, der unrechtmäßig im Gefängnis sitzt, freilassen werde. Um die «tragischen Schmerzen, die durch individuelle Wünsche» in der (Geheimpolizei) AGSA entstanden seien, wegzufegen, wolle er diese Bezeichnung abschaffen und dieser Stelle einen neuen Namen geben: KAM (Nachrichtendienst der Werktätigen). Weiterhin rief Amin alle zur Kritik und Selbstkritik auf.

In den folgenden Wochen hieß die Hauptparole der Regierung: «Sicherheit – Legalität – Gerechtigkeit». In diesem Sinne wurde ein «Außerordentlicher Revolutionärer Gerichtshof» eingesetzt, der sämtliche Fälle Inhaftierter untersuchen sollte. Außerdem erhielten erstmals wieder seit der Saur-Revolution Afghanen Ausreisepässe, allerdings nur zu ständig wachsenden Preisen bis zuletzt von 50000 Afghanis. In den Kinos und im Fernsehen waren seit langem wieder einmal amerikanische und andere westliche Filme (auch der bundesdeutsche «Kommissar»!) zu sehen. Gerüchten zufolge soll sich Amin sogar mit Rebellenführern zwecks Friedensgesprächen getroffen haben. Auch wurde gesagt, daß die rote Flagge abgeschafft und wieder die alten Farben eingeführt werden sollten. Die nervösen Wunscherwartungen in der Bevölkerung schienen sich beinahe zu überschlagen, als tatsächlich für einige Minuten die alte Nationalflagge über dem «Volkshaus» zu sehen war, die allerdings, wie sich später herausstellte, nur zwecks Aufnahmen für einen Revolutionsfilm kurz gehißt und dann wieder herunter geholt wurde.

Bei der innenpolitischen Zielsetzung seiner Regierung ging Amin über die bisher eher verschlüsselte Formel «Aufbau einer Gesellschaft ohne Ausbeutung des Menschen durch den Menschen» hinaus. Er sprach nun offener von der Errichtung des Sozialismus bzw. einer «sozialistischen Gesellschaft» und von der «Diktatur des Proletariats». Diese Diktatur solle durch die Volksdemokratische Partei Afghanistans, der «Vorhut der Arbeiterklasse» verwirklicht werden, das heißt in Wirklichkeit durch den jetzt unumschränkt an der Spitze dieser Partei stehenden Hafisullah Amin.

Mit viel publizistischer Begleitung wurde in den folgenden Wochen eine 58 Mitglieder zählende Verfassunggebende Versammlung einberufen. Neben führenden Parteikadern umfaßte dieses Gremium auch Militärs, Mullahs, Händler und Personen, die zum Teil als Oppositionspolitiker galten wie zum Beispiel Abdul Wahid Sarabi, der in der Königszeit Planungsminister war und Ende August 1979 von Radio Pakistan als einer der Führer der

Opposition bezeichnet wurde. Hiergegen verwahrte er sich freilich in einer Stellungnahme in der *Kabul Times*. Die programmatische Rede vor dieser Versammlung wurde von Hafisullah Amin gehalten. Kurze Zeit danach wurde außerdem eine große «Nationale Versammlung zur Verteidigung der Revolution» mit rund sechshundert Teilnehmern aus dem ganzen Land Anfang Dezember 1979 zusammengerufen. Auch hier wurden wieder Vertreter möglichst aller gesellschaftlichen Gruppen wie Bauern, Kaufleute, Mullahs etc. offiziell beteiligt. Die Versammlung, die dem Aufbau einer «Nationalen Organisation zur Verteidigung der Revolution» dienen sollte, wählte wie selbstverständlich Hafisullah Amin zu ihrem Präsidenten, der denn auch hierbei die entscheidende Grundsatzrede hielt.

Mit diesen Aktionen versuchte Amin offensichtlich, die zuvor gegen ihn innerparteilich vorgebrachte Kritik scheinbar aufzunehmen. In der Tat mußte der plötzliche Sturz Tarakis, nachdem er die Partei über vierzehn Jahre lang geführt hatte, zu einer zusätzlichen Belastung für den Parteizusammenhalt führen. Amin selbst hatte ihn häufig und gern als «großen Lehrer der Nation» bezeichnet. Die schweren Beschuldigungen, die nun Amin, wie man erfuhr, innerparteilich gegen Taraki aussprach, haben wohl seinen tatsächlichen Rückhalt in der Partei eher noch verkleinert. Auch verfügte Amin, wie Sachkenner meinen, über keinen starken Stammeshintergrund, der in Afghanistan immer noch eine wichtige Machtbasis darstellt. Auch in der breiten Bevölkerung war Amin alles andere als beliebt. Hafisullah Amin stützte seine Herrschaft hauptsächlich ab durch die konsequente Besetzung von wichtigen Schlüsselpositionen mit eigenen Vertrauensleuten, wenn möglich aus der Familie oder Verwandtschaft, und durch ein zynisches, kaltblütiges, menschenverachtendes Vorgehen. Hinter dem Pseudonym «Asis», dem neuen Leiter des Geheimdienstes KAM, verbarg sich der Neffe Amins, Asidullah Amin. Bei den groß angekündigten amnestierten angeblichen «politischen Häftlingen» handelte es sich ganz offensichtlich zum größeren Teil um kleine Kriminelle. Dagegen hörte man laufend von neuen Verhaftungen aus politischen Gründen. Von einer eventuellen Tätigkeit des Revolutionären Gerichtshofs verlautete nichts, und es fanden schon gar keine öffentlichen Verhandlungen statt. Über den Verbleib der Tausenden, deren Namen auf den Listen des Innenministeriums standen, ließ Amin Unterschiedliches mitteilen. Sie seien im Gefängnis gestorben, und daran sei das Taraki-Regime schuld, oder sie seien nach Pakistan oder zu den Aufständischen geflohen, oder sie seien an einer Krankheit gestorben. Die Unterdrückungsmaschinerie war, nachdem derjenige, der bisher schon die meisten Fäden in der Hand hatte und nunmehr unumschränkt an der ersten Stelle stand, dieselbe geblieben, nur war sie jetzt etwas verdeckter und zugleich noch zynischer geworden.

Gegen Ende der Regierungszeit Amins häuften sich Gerüchte um afghanische Truppenkonzentrationen an der Grenze zu Pakistan. Die Regierung in Islamabad behauptete, afghanische Kampfflugzeuge hätten Flüchtlingslager in Pakistan angegriffen. Es sei auch vereinzelt zu Gefechten mit pakistanischen Truppen gekommen. Im November 1979 heulten Luftschutzsirenen Übungsalarme in Kabul. Es gab einen scharfen pakistanischen Protest wegen der afghanischen Grenzübergriffe. War es die Absicht Hafisullah Amins, die Sowjets in einen Konflikt mit Pakistan hineinzuzwingen? Das hätte für ihn zumindest den Vorteil gehabt, daß er damit von den inneren Schwierigkeiten abgelenkt hätte und sich als den Wiedervereiniger der paschtunischen Stämme feiern lassen können. Wenn diese Vermutung zutreffen sollte, so wäre dies allerdings nur eine seiner zahlreichen Fehleinschätzungen gewesen, allerdings eine seiner letzten.

Rettung der Revolution durch Truppeneinmarsch?

Am Abend des 27. Dezember 1979 wurde ganz Kabul um 19 Uhr 10 von zwei dumpfen Explosionen erschüttert. Sie sind offensichtlich im Süden der Stadt gezündet worden. Dort mußten die Einwohner befürchten, daß die Fensterscheiben ihrer Häuser von der Explosionswelle eingedrückt würden. Im Anschluß an diese Detonationen waren an verschiedenen Stellen der Stadt Schußsalven und weitere Explosionen zu hören. Bald dröhnte auch durch die Stadt das Geratter von Panzerketten. Gleichzeitig waren zahlreiche bunte Leuchtraketen am dunklen Himmel zu beobachten, die offensichtlich Signalfunktionen hatten. Gegen 20 Uhr 30 flaute der Gefechtslärm in der Stadt bereits wieder ab, nur vom Süden Kabuls waren noch bis etwa 24 Uhr Geschützdonner und Maschinengewehrsalven zu vernehmen.

Über Radio war gegen 21 Uhr in getragenem Ton zu hören, daß Babrak Karmal (Vizepräsident von April bis Juli 1978 und Führer der Partscham-Fraktion) mit sowjetischer Unterstützung nach Kabul zurückgekehrt sei. Gleichzeitig wurde mitgeteilt, daß Hafisullah Amin von einem Revolutionären Gerichtshof verurteilt und mit einigen seiner Anhänger und Verwandten, den «Aminis», hingerichtet worden sei. Amin wird im folgenden als «Vertreter des amerikanischen Imperialismus», als «CIA-Agent», als «amerikanischer Spion», als «Faschist», als «Hundesohn», als «Hitlerist» usw. bezeichnet, der Zehntausende ins Gefängnis gebracht, Zehntausende hingerichtet und Afghanistan in ein «Schlachthaus für Millionen seiner Söhne» verwandelt habe.

Bereits in den Tagen und besonders Nächten zuvor waren schwere Propellermaschinen über Kabul zu hören gewesen. Als Grund hierfür wurde von Regierungsangestellten angegeben, daß russische Ausbilder ein Intensivprogramm für afghanische Piloten veranstalteten oder daß sowjetische Truppen eingeflogen würden, um die afghanische Armee beim Kampf gegen die Rebellen in der Nordostprovinz Badachschan zu unterstützen. Es konnte auch schon Tage vor den ersten Schüssen beobachtet werden, daß im Kabuler Zivilflughafen sich viele sowjetische Soldaten aufhielten.

Offensichtlich hat es im Zusammenhang mit dem Einmarsch der Truppen eine ganze Reihe von sowjetischen Täuschungsmanövern gegeben. Zunächst muß erstaunen, daß Hafisullah Amin nicht den allseitig hör- und sichtbaren Einflug der sowjetischen Truppen frühzeitig zu verhindern versucht hat. Da aber Amin in politischen Täuschungsmanövern selbst gewiß kein Anfänger war, ist es gut möglich, daß er bereits Tage vor den ersten Schüssen entweder in seinem Bewegungsraum eingeengt oder bereits hingerichtet worden war. Allerdings wäre im letzteren Fall wiederum schwer erklärbar, warum es gerade um seinen neuen Präsidentenpalast im Süden Kabuls hinter dem noch von König Amanullah erbauten Darulaman-Komplex den heftigsten und am längsten andauernden Widerstand gegeben hat. Der Umzug Amins vom Volkshaus in der Mitte der Stadt in das neue Gebäude im Süden wenige Tage vor dem Einmarsch konnte freilich keine von den Sowjets unmittelbar vorbereitete Falle gewesen sein, da diese Verlegung schon zur Zeit Tarakis geplant war. In den Monaten zuvor war das Gebäude mit Einrichtungsgegenständen, unter anderem gekauft in der Bundesrepublik, im Werte von 17 Millionen DM ausgestattet worden.

Die Radiodurchsage über die Rückkehr Karmals und die Hinrichtung Amins erfolgte auf der Mittelwelle nicht über den normalen Sender von Radio Afghanistan. Während an der üblichen Stelle das Programm von Radio Kabul ungerührt ein Hörspiel und Musik brachte, war dicht daneben die Durchsage Karmals zu hören. Diese Ansage konnte ebenfalls über Kurzwelle empfangen werden, und zwar in Frequenzbereichen, die üblicherweise sowjetischen Sendestationen zur Verfügung stehen (vgl. hierzu im einzelnen die Feststellungen des «Monitor»-Dienstes, Rundfunk, vom 22. Januar 1980 der Deutschen Welle, Köln). Es ist daher anzunehmen, daß die Durchsage vorher auf Tonband aufgenommen worden war und von in der Sowjetunion stehenden Sendern ausgestrahlt wurde.

Erstaunlich ist auch, wie wenig effektiven Widerstand die reguläre afghanische Armee leistete. Es heißt, sie sei durch verschiedene Maßnahmen regelrecht ausgetrickst worden. Zum Beispiel hätten es sowjetische Berater in vielen Fällen rechtzeitig geschafft, sich in den Besitz der Schlüssel von Waffen- und Munitionskammern zu setzen. Panzereinheiten seien dadurch lahmgelegt worden, daß sowjetische Berater die Batterien angeblich gerade auf «Winterbetrieb» umstellen wollten. Außerdem seien die Kommandeure der Garnison um Kabul zu einem Empfang eingeladen worden und hätten danach den Festsaal nicht mehr verlassen dürfen.

Die zivile Bevölkerung nahm den Einmarsch äußerlich erstaunlich gelassen hin. Es wurde nichts bekannt über größere spontane Widerstandsaktionen. Teilweise wurde sogar eine gewisse Erleichterung darüber zum Ausdruck gebracht, daß man nun endlich den Tyrannen Amin losgeworden sei.

Freilich machte kaum jemand Hehl aus seiner gleichzeitigen tiefen Ablehnung Babrak Karmals und vor allem der sowjetischen Truppen.

Die Invasions-Panzer verschwanden einen Tag nach dem Einmarsch wieder weitgehend aus dem Kabuler Stadtbild. Man sah noch sowjetische Soldaten an der Wiederherstellung der Telefonzentrale am Paschtunistanplatz arbeiten, die offensichtlich einen Treffer abbekommen hatte. Insgesamt waren die sichtbaren Schäden im Stadtgebiet jedoch noch geringer als am 27. April 1978. Afghanische Parteimilizen mit Schnellfeuerwaffen und weißen Armbinden regelten in den ersten Tagen nach dem Einmarsch den Verkehr in Kabul. Nachts fuhren freilich sowjetische Panzer auch im Stadtgebiet Patrouille. Sie hielten sich tagsüber in Stellungen um Kabul herum auf. Es wird davon gesprochen, daß der eigentliche Putsch in Kabul nur von rund fünftausend Mann sowjetischer Kampftruppen mit leichten Panzern und Geschützen durchgeführt worden sei. Weitere Truppen rollten über Land von Norden her in Afghanistan ein und besetzten auch die wichtigsten Städte in den Provinzen wie Dschalalabad, Kandahar und die Städte im Norden. Anfänglich war die Rede von Widerstandskämpfen in Herat, aber auch amerikanische Quellen berichteten bald, daß nach ihren Erkenntnissen die sowjetischen Truppen nirgendwo in größere Auseinandersetzungen verwikkelt worden seien und dies auch nicht mit Rebellengruppen. Es heißt, daß nach dem Einmarsch die afghanische Armee weiterhin die Hauptlast im Abwehrkampf gegen die Rebellen zu tragen gehabt hätte. Die Schätzungen über die Gesamtstärke der sowjetischen Mannschaften in Afghanistan bewegten sich zwischen 80000 bis 100000 Mann (Februar 1980).

In den Tagen des Einmarsches war Kabul wieder einmal voll von Umsturzgerüchten. Nach einer Version war gerade ein innerparteilicher Putsch gegen Amin in Vorbereitung, und der Einmarsch sei dem zuvorgekommen. Die Regierung Karmal ließ ihrerseits nach der Machtergreifung verbreiten, daß Amin gemeinsam mit dem Führer der islamischen Oppositionspartei «Hesbi Islami», Gulbedin Hikmatyar, für den 29. Dezember 1979 einen Putsch gegen seine eigene Partei geplant habe. Auch war wieder vermehrt von Aktivitäten der Aufständischen in den Provinzen zu hören, so daß auch ein Sturm auf Kabul nicht mehr völlig auszuschließen war.

In Kreisen von Beobachtern in Kabul war seit langem immer wieder diskutiert worden, daß die Sowjetunion mit Babrak Karmal und einigen seiner Anhänger eine Reservemannschaft im Hintergrund habe, die sie bei geeigneter Gelegenheit einsetzen werde. Es war dabei nicht völlig ausgeschlossen worden, daß sowjetische Truppen nach Afghanistan einmarschieren könnten. Aber diese Möglichkeit war zumeist nicht für sehr wahrscheinlich gehalten worden. Das politische und militärische Risiko würde bei einer solchen Lösung viel zu hoch sein, wurde gesagt. Immerhin hatte die Sowjetunion nie zuvor militärisch in einem Land außerhalb ihres unmittelbaren Machtbereiches interveniert. Sie hatte sich auch wenige Monate zuvor beim Einmarsch Chinas nach Vietnam sehr zurückhaltend und vorsichtig gezeigt.

Es müssen daher ungewöhnlich starke Gründe gewesen sein, die die Sowjetunion zu dem Einmarsch nach Afghanistan bewogen haben.

Im folgenden sollen acht der möglichen Motive aufgezählt und diskutiert werden*:

1. Daß es einen Ruf Amins um sowjetische Hilfe gegeben haben soll, wie manche Berichterstatter glaubten, verstanden zu haben, ist ganz unwahrscheinlich, und dies behaupten auch weder Karmal noch die Sowjets. Der Hilferuf auf Grund des afghanisch-sowjetischen Freundschaftsvertrags vom Dezember 1978 kam eindeutig von Karmal und seinen Anhängern, die sich in der Sowjetunion aufhielten und sich als [die] rechtmäßige afghanische Regierung verstanden haben mochten. Es ist auch durchaus glaubhaft, daß Karmal schon seit längerem zum Einmarsch drängte, aber die sowjetische Regierung zögerte diesen Schritt immer wieder hinaus.

Nach Aussagen der Regierung Karmal kam der afghanische Hilferuf von der «überwältigenden Mehrheit» des Revolutionsrats und dem Zentralkomitee der Partei und erfolgte erstmals im Dezember 1978, also dem Zeitpunkt des Abschlusses des Freundschaftsvertrags (*Kabul New Times*, 8. Januar 1980). Auch will Karmal schon etwa zwei Monate vor dem Einmarsch der sowjetischen Truppen in Kabul gewesen sein und mit vielen Parteimitgliedern Kontakt gehabt haben. Nach seiner Version war er damals bereits zum Generalsekretär der Partei und zum Ministerpräsidenten gewählt worden. Hafisullah Amin, ein CIA-Agent, habe die ausländische amerikanische Einmischung verkörpert, die ja zur offiziellen Rechtfertigung der Invasion diente (*Kabul New Times*, 14. Januar 1980).

Sicherlich bestanden schon seit geraumer Zeit schwere Spannungen zwischen Amin und den jeweiligen sowjetischen Absichten. Es ist auch nicht auszuschließen, daß Amin in der Tat versucht hatte, Kontakte zu der kämpfenden islamischen Opposition anzuknüpfen. Es ist aber ganz unwahrscheinlich, daß diese mit ihm gemeinsame Sache gemacht hätten, da sie sich niemals mit einem Mann wie Amin hätten einlassen können, ohne bei ihren Anhängern sofort jeglichen Rückhalt zu verlieren. Amin war auf Grund seiner Taten kein Nationalist, auch kein nationaler Kommunist, der eine eigenständige Revolution verteidigen wollte, er war ein Hasardeur, der ausschließlich seine eigene Macht und die seiner Familie erhalten wollte, und dazu war ihm jedes Mittel recht. Von seinem Bruder Abdul Amin soll der öffentliche Ausspruch vor einer Versammlung in Samangan stammen, daß notfalls auch zwei Millionen Afghanen ausreichen würden, falls die übrigen dreizehn Millionen sich der Regierung widersetzten. In sowjetischen Kommentaren nach dem Einmarsch wird dann auch gesagt, daß die UdSSR in Amin einen möglichen Pol-Pot Afghanistans rechtzeitig ausschalten wollte.

* Zu den allgemeinen Motiven und militärstrategischen Überlegungen im Zusammenhang mit dem sowjetischen Einmarsch nach Afghanistan vgl. auch den Beitrag von Ulrich Albrecht in diesem Band.

Ausschlaggebender dürfte aber gewesen sein, daß Amin auch für die sowjetische Regierung gänzlich unberechenbar geworden war.

Als die wahrscheinlichste und am leichtesten realisierbare Methode, Amin auszuschalten, war aber von den meisten Beobachtern ein Putsch innerhalb der Chalq-Partei oder von seiten der afghanischen Armee erwartet worden. Sicherlich wären auch in einem solchen Falle verschiedene Formen sowjetischer Unterstützung bzw. Mitwissens denkbar gewesen. Aber offensichtlich waren die Gegenkräfte gegen Amin in Partei und Armee zu schwach, und anscheinend hielt auch die Sowjetunion ihren Einfluß in Afghanistan für zu gering, um eine solche interne Lösung in Gang zu bringen. Hierbei kommt wiederum zum Ausdruck, daß der Einfluß von Partscham in der afghanischen Armee auf schwachen Beinen steht, und dies hat eventuell auch in Zukunft noch Bedeutung.

2. Es ist weiterhin vermutet worden, daß die Sowjetunion die Gefahr eines Sieges der islamischen Aufständischen in Afghanistan befürchtete. Im Frühjahr 1979 gab es Versuche der Chalq-Regierung, Bauern, die neues Land erhalten hatten, und Arbeiter für den Kampf gegen die Rebellen zu mobilisieren, um die entstandenen Unruhen in verschiedenen Gebieten sofort und radikal zu bekämpfen. Als Belohnung wurde diesen sehr einfach bewaffneten Bauern und Arbeitern die Plünderung von aufständischen Dörfern versprochen. Aber offensichtlich waren diese Aktionen im Sinne der Regierung nicht erfolgreich. Vermutlich waren nicht wenige der Mobilgemachten zu den Aufständischen übergelaufen, oder sie hatten sich einfach abgesetzt; jedenfalls gab es später keine weiteren generellen Mobilmachungen oder Versuche, die afghanische Armee wesentlich zu vergrößern. Der afghanischen Regierung stand daher im Kampf gegen die Aufständischen nur die bisherige reguläre Armee zur Verfügung, deren Mannschaftsstärke von 35000 bis 150000 geschätzt wird und über deren Kampfmoral die widersprüchlichsten Annahmen kursieren. Dieser afghanischen Armee war es zwar trotz verschiedener Offensiven nicht gelungen, die Aufständischen entscheidend zurückzuschlagen, aber die größeren städtischen Zentren und zumeist auch die wichtigeren Durchgangsstraßen waren bisher dennoch fest unter Regierungskontrolle geblieben.

Abgesehen von der aktuellen Gefährdung des Regimes in Kabul durch die Aufständischen würde ein absehbarer Dauerkonflikt in Afghanistan die politischen Interessen der Sowjetunion in den islamischen Ländern langfristig schwer belastet haben. Ebenso hätte dies möglicherweise eine gewisse Gefährdung für die innere Ordnung in den überwiegend islamischen Südrepubliken der Sowjetunion bedeutet. Im September 1979 zum Beispiel war es bei einem dreitägigen moslemischen Symposium in Duschanbe, der Hauptstadt der an Afghanistan angrenzenden Tadschikischen S.S.R., bereits zu einem Eklat gekommen. Die Gastgeber hatten es offensichtlich nicht verhindern können, daß ein Sprecher aus Saudi-Arabien die afghanische Regierung öffentlich eines völkermordähnlichen Vorgehens gegen die in Afghanistan lebenden Moslems anklagte, und Inamullah Chan, Generalsekretär des in Karatchi/Pakistan stationierten «Welt-Moslem-Kongreß», erklärte: «Laßt uns nicht die mehr als tausend (moslemischen) Märtyrer vergessen, die im Kampf in Afghanistan gestorben sind.»

Allerdings dürfte die Gefahr von Unruhen in den islamischen Sowjetrepubliken häufig überschätzt werden, denn anders als im Iran hat hier eine Modernisierung stattgefunden, von der breite Bevölkerungsschichten einen unmittelbaren Nutzen haben. Hinzu kommt, daß den sowjetischen Usbeken und Tadschiken nicht nur ein Dauerkonflikt mit islamischen Kräften in Afghanistan schwer erklärbar ist, sondern mindestens ebensosehr der Einmarsch in dieses Nachbarland. Die Reservisten aus diesen sowjetischen Südrepubliken, die auch im Januar 1980 noch zum Militärdienst einberufen wurden, konnten sich auf Grund der innersowjetischen Propaganda sehr wohl ausrechnen, wo sie eingesetzt werden sollten. Ähnlich hat auch gerade der Einmarsch die sowjetischen Interessen bei der Mehrheit der islamischen Länder zumindest kurzfristig schwer beeinträchtigt, wie das Ergebnis der islamischen Konferenz am 26. Januar 1980 in Islamabad/Pakistan zeigen konnte, bei der das sowjetische Vorgehen in Afghanistan einhellig verurteilt wurde. (Allerdings wurde bei dieser Konferenz fast gleichermaßen auch die Politik der USA, Großbritanniens und Ägyptens kritisiert.)

3. Vielleicht hatte die Sowjetunion auch konkrete Anhaltspunkte, daß sie von Amin gegen ihren Willen in einen Krieg mit Pakistan hineingezogen werden sollte. Die afghanischen Flüchtlinge, die im Januar 1980 bereits auf 450000 geschätzt wurden, mußten ja schon allein wegen ihrer Zahl ein ernstes Problem für die afghanisch-pakistanischen Beziehungen darstellen, zumal die Flüchtlingslager ein ergiebiges Rekrutierungsfeld für die kämpfenden Widerstandsgruppen abgeben. Die praktisch offene und bisher unkontrollierbare Grenze mußte ein weiteres Problem für die bilateralen Beziehungen Afghanistans und Pakistans bedeuten. Diese Grenze ist traditionellerweise offen für die geschätzten 2,5 Millionen afghanisch-paschtunischen Nomaden. Diese Nomaden, von denen jedes Jahr ein großer Teil sich im Winter auf pakistanischem Gebiet aufzuhalten pflegt, macht es für den Außenstehenden schwierig zu unterscheiden, wer sich auf einer der üblichen Wanderbewegungen befindet und wer ein Flüchtling ist. Pakistan dürfte aber auf Grund seiner eigenen unsicheren innenpolitischen Situation eher ein Interesse haben, diese Konfliktstoffe einzudämmen und nicht zum Anlaß für einen Krieg werden zu lassen, der jetzt zwangsläufig zu einer unmittelbaren Konfrontation mit der Sowjetunion führen würde. Pakistan dürfte sich auch im klaren sein, daß eine weitere Verschärfung der Krise Indien auf den Plan rufen würde, das die Situation dann zusätzlich gegen Pakistan ausnutzen könnte, und daß dies unter Umständen sogar das Ende eines eigenständigen pakistanischen Staates bedeuten würde.

4. Öfters ist zu hören, daß das eigentliche Motiv für den sowjetischen

Einmarsch ein vergrößerter Einfluß auf den Iran und seine Erdölquellen gewesen sei. Hierbei wird übersehen, daß die Sowjetunion auch schon vorher eine lange gemeinsame Grenze mit dem Iran hatte, von der aus eine militärische Intervention gegebenenfalls auch möglich gewesen wäre. Zudem war leicht auszurechnen, daß der Einmarsch nach Afghanistan das Mißtrauen gegen die sowjetischen Absichten im Iran eher vergrößert als verkleinert. Interessant ist, daß Karmal sehr viel freundlichere Worte gegenüber der islamischen Revolution im Iran und Khomeini gefunden hat als noch sein Vorgänger Amin. Dessen aggressive Töne gegen den Iran hatten sicherlich die sowjetische Absicht gestört, den im Iran derzeit vorherrschenden Anti-Amerikanismus zu ihren Gunsten auszunutzen und den Anhängern der prosowjetischen Tudeh-Partei in den iranischen Revolutionsgarden eine bessere Ausgangsposition zu ermöglichen. Im gegenwärtigen Moment dürfte die Gefahr einer starken an Moskau orientierten Fraktion im Iran nicht sehr groß sein, doch ist nicht auszuschließen, daß zu einem späteren Zeitpunkt eine Situation entsteht, in der auch eine Gruppe im Iran um die «freundschaftliche Hilfe» der Sowjetunion bittet. Diese Möglichkeit ist aber gerade durch den Einmarsch in Afghanistan, ähnlich wie in Pakistan, wohl für Jahre verstellt worden.

5. Häufig wird als ein weiteres Motiv für den sowjetischen Einmarsch nach Afghanistan der Drang zu einem «warmen Meer» und zu den Erdölquellen am persisch-arabischen Golf genannt. Hierzu müßte aber iranisches oder pakistanisches Staatsgebiet überquert werden, und diese Möglichkeit scheint, wie bereits festgestellt, durch den Einmarsch eher verkleinert als vergrößert worden zu sein. Auch ist eine sowjetische Mannschaftsstärke von geschätzten maximal 100000 Mann militärisch zu schwach für einen solchen Vorstoß.

6. Es ist nicht leicht auszuschließen, daß es auch innenpolitisch sowjetische Motive für den Einmarsch gab. Nach dem absehbaren Scheitern der SALT-II-Verträge und dem Nachrüstungsbeschluß der NATO im Herbst 1979 für atomare Mittelstreckenraketen in Westeuropa könnte die Sowjetregierung zu dem Schluß gekommen sein, daß sie der eigenen Bevölkerung einen erheblichen Konsumverzicht abverlangen muß, um beim weiteren Aufrüsten mithalten zu können, und dies innenpolitisch verständlich zu machen, fällt sicherlich leichter in einer Atmosphäre der allgemeinen Konfrontation. Umgekehrt kann nicht ausgeschlossen werden, daß aussichtsreiche Abrüstungsgespräche die Sowjetunion zum Stillhalten in Afghanistan bewogen hätte, um derartige Verhandlungen nicht zu gefährden.

7. Bislang scheinen aber die wichtigsten Nutznießer der Krise um Afghanistan die USA und das westliche Militärbündnis gewesen zu sein, die sich derzeit auf einem politischen Vormarsch befinden, bei dem viel schon längst verloren geglaubtes Terrain wieder zurückgewonnen werden konnte. Ähnlich wie der japanische Überfall auf Pearl Harbor erst den Kriegseintritt Amerikas ermöglichte und wie der «Zwischenfall» im Golf von Tonking es

für die USA innenpolitisch möglich machte, Nord-Vietnam zu bombardieren, kann es nicht von der Hand gewiesen werden, daß die USA die Sowjetunion vor dem erkannten Einmarsch mit Absicht zu wenig eindeutig gewarnt haben.

Die westliche Politik und Medienberichterstattung schienen Afghanistan «vergessen» (*Time*, 28. Januar 1980) zu haben. Einer der wenigen ausführlichen Berichte in der bundesdeutschen Presse vor dem Einmarsch war Ende November 1979 in der *Frankfurter Allgemeinen Zeitung* zu lesen. Hier wurde Hafisullah Amin sogar rundheraus als ein «Beschützer des Islam» hingestellt. Außerdem wird von einem Waffenstillstand zwischen afghanischer Regierung und Aufständischen und einer Verständigung zwischen Amin und dem iranischen Ajatollah Khomeini berichtet. Es ist nur schwer erklärbar, daß die sonst nicht gerade als prokommunistisch bekannte *Frankfurter Allgemeine Zeitung* so der primitiven und zynischen Propaganda Amins aufsitzen konnte. Auch die internationale Gefangenenhilfsorganisation «Amnesty International» hatte zwar im September 1979 einen Bericht über Menschenrechtsverletzungen in Afghanistan herausgebracht, der freilich zu diesem Zeitpunkt bereits an vielen Stellen überholt war. Sie hatte sich dann aber nicht nochmals wirkungsvoll an die Öffentlichkeit gewandt, obwohl ihr handfeste Berichte über das «Verschwinden» von Tausenden von Gefangenen in Afghanistan vorlagen. Es ist sogar von einer Informationsschrift der bundesdeutschen Sektion von «Amnesty International» zu Afghanistan zu hören, deren Erscheinen im November 1979 durch die Londoner Amnesty-Zentrale verhindert worden sei. Kann es da verwundern, daß die Sowjetunion die polit-psychologische Kettenreaktion, die nach dem Einmarsch im Westen ins Rollen kam, wohl nicht in ihrem ganzen Umfang vorausgesehen hat? War es voraussehbar, daß Carter, nach dem lange zur Schau gestellten amerikanischen Desinteresse an Afghanistan und angesichts der schon zuvor gegebenen sowjetischen Präsenz in Afghanistan nach dem Einmarsch von «der ernstesten Bedrohung des Weltfriedens seit dem Zweiten Weltkrieg» sprach (*The Economist*, 26. Januar 1980)? Ohne die Afghanistankrise wäre es Carter innen- und außenpolitisch mit Sicherheit nicht möglich gewesen, die jetzt als «Carter-Doktrin» bezeichnete Feststellung zu treffen, daß der Persische Golf zu den vitalen Interessengebieten der USA gehört, der mit allen Mitteln, und seien es militärische, verteidigt wird (*The Economist*, 26. Januar 1980).

8. Nach dem Nachrichtenmagazin *Der Spiegel* (28. Januar 1980) sei ein weiteres Motiv für den Einmarsch gewesen, daß die Sowjets einen zu großen Einfluß Chinas in Afghanistan und bei den afghanischen Rebellen befürchteten. Wenn eine solche Gefahr wirklich in größerem Ausmaß bestand, so hätte die Sowjetunion diese auch mit indirekten, weniger spektakulären Mitteln abwenden können. Deutlich voraussehbar war aber, daß durch den Einmarsch zum Schaden der sowjetischen globalen Interessen die

chinesischen Positionen gerade auch bei den Ländern der Dritten Welt erheblich aufgebessert würden.

Es ist derzeit nicht möglich, aus dieser Vielzahl von mutmaßlichen Motiven für den sowjetischen Einmarsch nach Afghanistan nur einen oder einige wenige als die ausschlaggebenden zu bezeichnen. Man wird davon ausgehen müssen, daß zur Entscheidung ein ganzes Bündel dieser Motive beigetragen hat. Es ist aber anzunehmen, daß die auf Afghanistan bezogenen Gründe nicht die kleinste Rolle dabei spielten. Die sowjetische Regierung wird darüber hinaus einerseits angenommen haben, daß die globalen Gegenreaktionen etwas weniger heftig ausfallen würden, und andererseits hoffen, daß nach einiger Zeit, vielleicht erst nach Jahren, die Ost-West-Beziehungen wieder den Stand vor dem Einmarsch nach Afghanistan erreichen werden. Jedenfalls dürfte die Sowjetunion ein Interesse daran haben, in Afghanistan selbst so bald wie möglich in ihrem Sinne stabile Verhältnisse zu schaffen. Es ist allerdings kaum vorstellbar, daß sie dies erreichen kann, ohne die langen, bisher praktisch offenen Grenzen Afghanistans zum Iran und zu Pakistan einer effektiven militärischen Kontrolle zu unterwerfen. Auch wird sie sich mehr in direkte Auseinandersetzungen mit den Aufständischen einlassen müssen, als es wohl ihre ursprüngliche Absicht war. Die Aufständischen haben auch bereits eine Verstärkung ihrer militärischen Aktionen angekündigt. Wenn man auch die Zahlen, die von 30000 bis 100000 Bewaffneten sprechen, sicherlich mit Vorsicht behandeln muß, so ist aus wetterbedingten Gründen für Frühjahr und Sommer 1980 doch mit größeren Aktionen zu rechnen. Es kann daher sein, daß die sowjetischen Truppen länger in Afghanistan bleiben müssen, als von der Sowjetunion selbst geplant war, und daß sie vorübergehend ihr «militärisches Kontingent», so der sowjetische Sprachgebrauch, in Afghanistan noch verstärken muß. Aber die Kampfkraft der islamischen Rebellen in Afghanistan ist nicht vergleichbar mit der der Vietcong, und auch das Gelände ist für einen langanhaltenden Guerillakampf weit ungeeigneter, als es in Vietnam der Fall war. Der UdSSR dürfte daher in Afghanistan kein «Vietnam» drohen. Es ist insofern durchaus glaubhaft, daß die Sowjetunion mittel- oder langfristig ihre Truppen in Afghanistan wieder reduzieren will.

Wann die sowjetischen Truppen wieder aus Afghanistan abgezogen werden, hängt aber nicht zuletzt vom Geschick Babrak Karmals und seiner Regierung ab, eine stabile politische Basis für ihre Politik in Afghanistan zu erreichen. Bereits einen Tag nach dem Einmarsch wurden erste Namen für das neue Präsidium des Revolutionsrats und für die Besetzung der Ministerposten bekanntgegeben. Am 10. Januar 1980 wurde eine vollständige Liste von einem «Plenum» der Volksdemokratischen Partei Afghanistans (VDPA) im Dschelsetun-Palast, dem früheren Gästehaus der Regierung im Süden von Kabul, verabschiedet. Es wurden 36 Mitglieder für das Zentralkomitee der VDPA, 57 Mitglieder des Revolutionsrats, sieben Mitglieder des Präsidiums des Revolutionsrats und zwanzig Minister ernannt. Einige der wichtigsten und bekanntesten Namen sind:

Assadulla Sarwari, Mitglied des Politbüros des Zentralkomitees der VDPA, Vizepräsident des Revolutionsrats und Stellvertretender Ministerpräsident. Er war bis Mitte September 1979 Chef der Geheimpolizei AGSA und dürfte in der Zeit davor ein Mann Moskaus in der afghanischen Regierungsspitze gewesen sein. Als Geheimdienstchef war er verantwortlich für Verhaftungen, Folterungen, das «Verschwinden» und Hinrichtungen von Gefangenen, darunter auch von Partscham-Leuten.

Sultan Ali Kischtmand, Mitglied des Politbüros des Zentralkomitees der VDPA, Vizepräsident des Revolutionsrats und Stellvertretender Ministerpräsident. Er war von April bis August 1978 Planungsminister, wurde verhaftet und legte, wahrscheinlich unter Folterungen, ein «Bekenntnis» ab. Er ist Partscham-Mitglied.

Nur Ahmad Nur, Mitglied des Politbüros des Zentralkomitees der VDPA und des Präsidiums des Revolutionsrats. Er war von April bis Juli 1978 Innenminister und wurde danach als Partscham-Mitglied Botschafter in Washington. Von dort setzte er sich später ab, wahrscheinlich in die Sowjetunion.

Saleh Mohammad Seary, Mitglied des Politbüros des Zentralkomitees der VDPA und des Revolutionsrats. Er war zunächst Landwirtschaftsminister im Kabinett Taraki und zeichnete in dieser Funktion verantwortlich für die Landreform. Im Juli 1979 wurde er Gesundheitsminister und war dies bis zum Tage des Einmarschs der Sowjettruppen im Dezember 1979. Er gehört zur Chalq-Fraktion.

Anahita Ratebsad, Mitglied des Politbüros des Zentralkomitees der VDPA, Mitglied des Revolutionsrats und Ministerin für Erziehung. Von April bis Juli 1978 war sie Sozialministerin, danach Botschafterin in Belgrad, von wo sie sich später absetzte, vermutlich in die Sowjetunion. Sie gehört zur Partscham-Fraktion.

Dastagir Pandschiri, Mitglied des Politbüros des Zentralkomitees der VDPA und des Revolutionsrats. Er war seit April 1978 Minister in verschiedenen Ressorts, flog im September 1979 nach Moskau und kehrte am 26. Dezember 1979, einen Tag vor dem Einmarsch der sowjetischen Truppen, mit einer Linienmaschine von dort nach Kabul zurück.

Generalmajor Abdul Qadr, Mitglied des Präsidiums des Revolutionsrats. Er war von April bis August 1978 Verteidigungsminister und wurde dann verhaftet. Im September 1978 wurden «Bekenntnisse» von ihm veröffentlicht, die vermutlich unter Folterungen erpreßt wurden. Er hatte sowohl beim Machtantritt Dauds 1973 wie bei der Saur-Revolution 1978 eine führende militärische Rolle gespielt.

Oberstleutnant Mohammad Aslam Watandschar, Mitglied des Präsidiums des Revolutionsrats und Minister für Kommunikation. Er war seit

April 1978 Minister in verschiedenen Ressorts, bis er sich im September 1979 absetzte, wahrscheinlich in die Sowjetunion. Er hat beim militärischen Teil der Saur-Revolution eine führende Rolle gespielt.

Schah Mohammad Dost, Außenminister. Er war bis zum Einmarsch der sowjetischen Truppen Stellvertretender Außenminister.

Sayed Mohammad Gulabsoi, Innenminister. Er setzte sich im September 1979 als Minister im Kabinett Amin ab, wahrscheinlich in die Sowjetunion.

Oberstleutnant Mohammad Rafi, Verteidigungsminister. Er war von April bis August 1978 Mitglied des Kabinetts Taraki, wurde danach verhaftet und legte im September 1978 «Bekenntnisse» ab, die vermutlich unter Folterungen erpreßt worden waren.

Ingenieur Mohammad Ismail Danesch, Minister für Bergbau und Industrie. Er hatte diese Position bereits seit April 1978 ununterbrochen inne. Er gehört der Chalq-Fraktion an.

Mohammad Chan Dschalar, Handelsminister. Er war dies bereits im Kabinett Daud von 1973 bis 1978.

Nesamudin Tahsib, Mitglied des Zentralkomitees der VDPA und des Revolutionsrats. Er war Minister im Kabinett Taraki seit April 1978, wurde Ende 1978 als Partscham-Verdächtiger von diesem Posten abgesetzt und im März 1979 verhaftet.

Suleiman Laeq, alternierendes Mitglied des Zentralkomitees der VDPA und Mitglied des Revolutionsrats. Er ist Schriftsteller und war von April bis Ende 1978 Minister für Radio und Fernsehen im Kabinett Taraki und wurde im März 1979 als Partscham-Verdächtiger verhaftet. Deutsche Schriftsteller hatten sich seinerzeit für ihn eingesetzt, da ihnen Informationen über Folterungen vorgelegen haben. Es hatte auch Gerüchte gegeben, daß Suleiman Laeq bereits hingerichtet worden sei.

Die personelle Zusammensetzung der führenden Partei- und Staatsgremien spiegelt die Bemühung wider, die Regierung auf eine möglichst breite Basis zu stellen. Zwar sind die Mehrzahl der Schlüsselstellungen mit Partscham-Anhängern besetzt worden, aber eine Anzahl von Chalq-Fraktionsmitgliedern, die zum Teil bis zum Zeitpunkt des Einmarsches der Sowjets Minister waren, erhielten wichtige Stellen. Im Revolutionsrat hat das Militär einen Anteil von 25 Prozent, und allein drei der sieben Mitglieder des Präsidiums des Revolutionsrats sind führende Offiziere. Einige Regierungsämter wurden auch mit Personen besetzt, die nicht Parteimitglieder sind, und einige sind als Nationalisten bekannt. Zwar wird man diese Zusammensetzung nicht wirklich als eine «Vaterländische Front» bezeichnen können, wie es die Parteiführung tut, aber die Absicht ist deutlich, eine Kontinuität zu früheren Regierungen, und insbesondere zur Saur-Revolution zu dokumentieren. Allein zehn der zwanzig Minister des ersten Kabinetts Taraki nach dem 27. April 1978 haben jetzt nach dem Einmarsch der Sowjets wieder führende Positionen in Partei und Regierungsspitze erhalten.

Bei der Besetzung der nachgeordneten Regierungsämter ging Babrak Karmal und seine Gruppe offensichtlich zurückhaltend vor. Es wird von höchsten Offizieren im Unterdrückungsapparat Hafisullah Amins berichtet, daß sie zunächst einfach nach Hause entlassen worden seien und erst einige Tage später festgenommen wurden, wobei ihnen ordentliche Gerichtsverfahren versprochen wurden. Führende zivile Regierungsbeamte, die von der Taraki-Amin-Regierung eingesetzt worden waren, wurden in aller Form von Parteileuten oder afghanischen Offizieren die Waffen, die sie zu ihrem eigenen Schutz erhalten hatten, wieder abgenommen; sie selbst wurden aber vorläufig in ihren Positionen belassen. Zum Teil wurden auch, besonders in der staatlichen Textilindustrie, die führenden Leute aus der Zeit vor der Saur-Revolution wieder in ihre Ämter eingesetzt. Am konsequentesten und raschesten fanden Neubesetzungen mit eigenen Parteileuten im Medienbereich statt. Diese Maßnahme fand zum Beispiel einen äußerlichen Ausdruck in der Umbenennung der englischsprachigen Regierungszeitung *Kabul Times* in *Kabul New Times*.

Freilich läßt sich noch nicht absehen, auf wen sich diese Mannschaft Karmals auf die Dauer stützen kann. Obwohl Karmal seiner Herkunft nach Paschtune sein soll, so spricht er doch, wie es heißt, kein oder nur sehr wenig Paschtu. Da eine Reihe seiner wichtigsten Leute Nicht-Paschtunen sind, dürfte er von den paschtunischen Kräften eher abgelehnt werden.

Inwieweit seine Bemühungen um die Einbeziehung der Chalq-Fraktion erfolgreich sein werden, kann ebenso erst die Zukunft zeigen. Immerhin war die Trennung beider Fraktionen sehr lange und tief und zum Teil persönlich bedingt. Assadullah Sarwari zum Beispiel war als Chef der Geheimpolizei für die Verhaftung und Folterung seiner jetzigen Kollegen Kischtmand, Abdul Qadr und Mohammad Rafi direkt verantwortlich. Obwohl die Armee im neuen Revolutionsrat relativ stark vertreten ist, dürfte auch ihre Haltung noch offen sein, da die relativ schwache Stellung von Partscham in der Armee bekannt ist und da der Schock des Einmarsches dem afghanischen Militär sicherlich noch einige Zeit zu schaffen machen wird. Die wichtigste und noch auf absehbare Zeit unentbehrlichste Stütze Karmals sind daher die Sowjets. Wie zu hören ist, soll der schon zu Zeiten Tarakis und Amins aktive sowjetische Gesandtschaftsrat Wassili Safrantschuk direkt im afghanischen Premierministerium ein koordinierendes Büro eingerichtet haben.

Die ersten politischen Äußerungen und Maßnahmen Karmals zielen auf diesem Hintergrund verständlicherweise darauf ab, eine möglichst breite Unterstützung bei der Bevölkerung zu erhalten. So wurde sofort eine Generalamnestie für politische Häftlinge seit dem 17. April 1978 verkündet, und es wurde auch über Fernsehen gezeigt, wie mehrere tausend Häftlinge die Gefängnisse verließen. Als dann aber angeblich sämtliche Häftlinge entlassen waren und noch viele auf ihre Angehörigen vor den Entlassungstoren warteten, kam es zu einem spontanen Sturm auf das Pul-i-Tscharchi-Gefängnis, bei dem Schüsse der Wachtposten fielen. Inzwischen hat auch eine Delegation von «Amnesty International» eine Erlaubnis zum Besuch Afghanistans erhalten. Es wird aber kaum völlig aufgeklärt werden können, ob die vielen tausend verschwundenen Häftlinge nun in Provinzgefängnissen untergebracht sind, ob sie entfliehen konnten, ob sie während der Haft umgekommen sind oder ob sie hingerichtet wurden. Zugleich wurde die Auflösung des Geheimdienstes Amins, KAM, bekanntgegeben. Allerdings werde wieder ein neuer *intelligence service* eingerichtet werden, der dem «Schutz der demokratischen Freiheiten, der nationalen Unabhängigkeit und Souveränität, den Interessen der Revolution, des Volkes und des Staates» dienen solle (*Kabul New Times*, 12. Januar 1980).

Hinsichtlich der verschiedenen Reformvorhaben seit der Saur-Revolution hat Karmal angekündigt, daß er sie fortsetzen wolle. Erziehungsministerin Anahita Ratebsad sprach von den bisherigen Erfolgen des Alphabetisierungsprogramms, das weiterverfolgt werden solle. «Wenn wir die Menschen auffordern, an den Kursen teilzunehmen, versuchen wir lediglich, sie zu überzeugen, und nehmen entsprechende Rücksicht auf die bestehenden Sitten und Traditionen», sagte Frau Ratebsad. In diesem Zusammenhang übte sie auch scharfe Kritik an der Haltung gewisser Westmächte, die ihre seit langem versprochene Hilfe für die Demokratische Republik Afghanistan zurückhielten. Der neue Landwirtschaftsminister kündigte die Fortführung der Landreform für das Frühjahr an, verurteilte aber gleichzeitig die Gewaltmethoden Hafisullah Amins. Die Bevölkerung wird außerdem aufgefordert, Vorschläge für eine neue Nationalflagge zu machen, da die bisherige rote Flagge wieder abgeschafft werden soll. Auch wurden viele Parteiparolen von den Wänden entfernt, und vereinzelt wurden wieder Bilder von Taraki aufgehängt.

Dem Islam gegenüber äußert sich Karmal besonders versöhnlich. Von dieser Seite wird er aber wohl die meisten Schwierigkeiten zu erwarten haben. Seine Absichten faßte Karmal in einer «Botschaft ... an die Muslim-Bevölkerung Afghanistans und der übrigen Welt» (20. Januar 1980) zusammen. Es heißt in der Botschaft, daß «der Erfolg der afghanischen demokratischen Revolution von der ganzen Muslim-Bevölkerung des Landes voll und ganz unterstützt wird». Während die imperialistischen und reaktionären Kräfte gegen die nationalen Interessen und die Muslims von Afghanistan arbeiteten, habe die Sowjetunion mit ihrer aufrichtigen und brüderlichen Hilfe bewiesen, daß sie ein wahrer Freund Afghanistans und aller Muslims der Welt sei. Mit dem Erfolg der neuen Phase der Revolution, so heißt es in der Botschaft weiter, standen die Völker von Afghanistan, Iran und Pakistan gegen den gemeinsamen Feind zusammen. Die «Imperialisten», heißt es, «verfolgen das Ziel, die Revolution in Iran und Afghanistan und die pakistanische Volksbewegung zu ersticken». Bereits zuvor hatte Karmal in einem Interview die Hoffnung geäußert, daß die Völker Afghanistans, des Iran, Bangladeschs, Pakistans und Indiens eine «vereinigte Faust» gegen den von den USA angeführten Imperialismus bilden würden.

Zustimmend zu diesen Appellen Karmals hat sich bisher nur der Vorsitzende der Islamischen Gelehrtenversammlung Afghanistans, Abdel Asis Sade, geäußert. Nach der April-Revolution und besonders jetzt nach «mehreren demokratischen Umgestaltungen» fühlten sich die afghanischen Moslems völlig frei, sagte er in einem Interview mit dem Moskauer Rundfunk. Scharf ablehnend äußerten sich verschiedene Sprecher der afghanischen Aufständischen in Peschawar und im Iran. Ablehnung erfuhr Karmal auch von der iranischen wie pakistanischen Führung.

Von diesen Seiten wird er allerdings kaum spontane Unterstützung erwartet haben, vielmehr geht es ihm bei seinen Äußerungen um eine möglichst breite Abwehrfront gegen die islamisch motivierten Aufständischen im eigenen Land. Ob er hierbei Erfolge erringen kann, wird auch für sein eigenes Schicksal entscheidend sein.

Bereits Ende Februar 1980 gab es auch in Kabul, ähnlich wie in verschiedenen Provinzstädten zuvor, stark islamisch motivierte Gegenaktionen der Bevölkerung gegen die Regierung und die Präsenz sowjetischer Truppen. In den Nächten vor den Unruhen in Kabul waren sogenannte «Nachtbriefe» verteilt worden, in denen die Basarhändler zur Schließung ihrer Geschäfte und die Einwohner zu Allahu-Akbar –, Gott-ist-groß-Rufen aufgefordert wurden. Daraufhin blieben einige Tage der überwiegende Teil der Dukane geschlossen, und in den Nachtstunden waren laut und unheimlich klingend die Allahu-Akbar-Rufe von den Dächern der Häuser zu hören. Viele Beobachter hatten der Kabuler ethnisch gemischten Bevölkerung von überwiegend kleinen Angestellten und Beamten eine solche Demonstration nicht zugetraut. In dieser Zeit kam es auch am Tage zu verschiedenen Schießereien und Demonstrationen mit Hunderten von Opfern auf beiden Seiten. Den Regierungskräften gelang es mit sowjetischer Unterstützung nach einigen Tagen, die Ruhe zunächst wiederherzustellen.

Für diese und andere Volkserhebungen wurden von der Regierung Karmal «ausländische Agitatoren» verantwortlich gemacht. Es wurden Waffen angeblich pakistanischen, chinesischen und amerikanischen Ursprungs gezeigt, die bei den Aufständischen konfisziert worden seien. Mit dieser Begründung für die Unruhen ist aber zugleich das Argument für die Notwendigkeit der weiteren Anwesenheit sowjetischer Truppen im Land geliefert worden, die sich ja nach eigenem Bekunden erst nach der Beseitigung «ausländischer Einmischung» zurückziehen wollen. Die Forderung unter anderem der Außenminister der Europäischen Gemeinschaft nach «Neutralisierung» bzw. «Blockfreiheit» Afghanistans geht damit ins Leere, da zwar die afghanische Regierung eine «positive und aktive Bündnisfreiheit» anstrebt, aber wohl alle «inneren Unruhen» auch weiterhin als äußere Einmischung deklarieren wird.

«Modell-Revolution» oder Die Revolution mit dem Sowjetpanzer

Taraki und Amin bezeichneten die Saur-Revolution gern als «Modell-Revolution», als eine «Revolution neuen Typs». Kaum daß sich die Revolution im eigenen Land einigermaßen gefestigt hatte, empfahlen sie offen den «Werktätigen in andern Ländern», diese Revolution nachzuahmen. Babrak Karmal ließ nach seiner Machtergreifung mit Hilfe der sowjetischen Truppen keinen Zweifel aufkommen, daß er sich in der Tradition der Saur-Revolution und der Chalq-Partei stehend sieht, als deren Mitinitiator und -begründer er sich mit Recht bezeichnet. Auch war die Mehrheit der im Januar 1980 mit ihm neu eingesetzten Leute bereits aktiv am Zustandekommen der Revolution am 27. April 1978 beteiligt gewesen. Was waren nun diese wesentlichen Kennzeichen der Saur-Revolution? War sie von vornherein von der Sowjetunion ferngesteuert worden? Mußte sie zwangsläufig zum Einmarsch sowjetischer Truppen führen? Können die afghanischen Erfahrungen exemplarisch belegen, daß angesichts der beiden Supermächte UdSSR und USA eine eigenständige Revolution in Entwicklungsländern nicht möglich ist?

Von Taraki, Amin und Karmal wurden leider immer nur zögernd und spärlich Hinweise auf den ideologischen Standort der Chalq-Partei gegeben. Diskussionen um Strategie und Taktik werden nicht veröffentlicht. Begründet wurde diese bei der sonstigen Publizitätsfreude der Chalq-Regierungen auffallende Zurückhaltung mit dem Hinweis, man könne ja an den Taten erkennen, welche Form der Revolution in Afghanistan verwirklicht werde. Man wolle nicht durch einzelne Stichwörter einer vorschnellen Verurteilung, wie das in Europa im Mittelalter zu Zeiten der Inquisition Praxis gewesen sei, Vorschub leisten.

Diese von Chalq geübte Praxis des Verschweigens und des geheimnisvollen Verschlüsselns der eigenen Absichten und deren theoretisch-ideologischer Begründung erinnert an das Verhalten religiöser Sekten, weswegen der Bezug auf die kirchliche Inquisition wohl nicht völlig zufällig ist. In Afghanistan ist dieses Nur-in-Andeutungen-von-den-eigenen-Lehren-Sprechen bei der religiösen Minderheit der Schiiten und bei den islamischen Mystikern, den Sufis, bekannt. Lenin, der auch von der Chalq-Partei bewunderte Theoretiker der sowjetischen Revolution und den besonders Amin gern ohne Namensnennung als den «Großen Führer der Arbeiter der Welt» zitierte, sprach sich wiederholt im Prinzip für eine offene und öffentliche Diskussion, auch der eigenen parteiinternen Auseinandersetzungen, aus. «Wir wandten uns stets gegen die Einengung des politischen Kampfes zu einer Verschwörung und werden uns natürlich weiter dagegen wenden.» Im Interesse einer «erfolgreichen Entwicklung und Vereinigung der Partei» müsse es eine «Publizität und dazu eine Publizität, die sich nicht nur auf die

Mitglieder der Organisation beschränkt», geben (Lenin, ‹*Ausgewählte Werke*›, Berlin 1965, Band 1, S. 262 und 264).

Es bleibt aber die Aufforderung an den Beobachter, selbst den Typ der Chalq-Revolution zu bestimmen. Welche Merkmale unterscheidet demnach diese Revolution von anderen Revolutionen in ähnlichen Verhältnissen? Einige Analytiker bezweifeln allerdings, daß es sich im Falle Afghanistans überhaupt um eine Revolution handelt, wenn sie nur von einem «Umsturz» am 27. April 1978 sprechen (vgl. zum Beispiel ‹*Protokoll der Jahrestagung der Vereinigung von Afghanistan-Wissenschaftlern*›, Mannheim 1978). Auch Taraki und Amin selbst sahen sich immer wieder genötigt zu beteuern, daß es sich am 27. April 1978 um keinen bloßen «Coup d'état» gehandelt habe.

Es gibt viele verschiedene Bestimmungen von «Revolution». Manche bezeichnen praktisch jeden deutlicher erkennbaren sozialen (oder auch technischen) Wandel als Revolution. Nach einem engeren Verständnis hingegen gilt nur die Machtergreifung durch eine neue soziale Klasse als Revolution. Die am meisten anerkannte Definition für Revolution lautet: «Vor allem haben wir die drastische Ersetzung einer mit der Lenkung einer politischen Gebietseinheit betrauten Gruppe durch eine andere Gruppe im Auge. Weiter gehört zu diesem Begriff, daß die revolutionäre Ersetzung einer Gruppe durch die andere, wenn sie nicht im Wege des gewaltsamen Aufstandes erfolgte, mittels eines Staatsstreiches, Putsches oder sonstigen Gewaltaktes geschieht» (Crane Brinton, ‹*Die Revolution und ihre Gesetze*›, Frankfurt a. M. 1959, S. 12). Nach dieser Definition kann der Umsturz am 27. April 1978 mit vollem Recht als eine Revolution bezeichnet werden.

Eine Reihe von soziologischen und politikwissenschaftlichen Untersuchungen versucht die typischen Kennzeichen von Revolutionen zu erfassen, an Hand deren vor allem die Intensität einer Revolution gemessen werden soll. Zunächst wurde angenommen, daß Revolutionen sich dann ereignen, wenn ein größerer Bevölkerungsteil arm und unterdrückt ist (J. C. Davies, ‹*Eine Theorie der Revolution*›, in: W. Zapf, ‹*Theorien des sozialen Wandels*›, Köln, Berlin 1971, S. 399–417). Es zeigte sich aber auf Grund genauer historischer Untersuchungen, daß viele Revolutionen dann stattfanden, wenn es dem bisher unterdrückten Bevölkerungsteil dank Reformen wirtschaftlich und sozial besserging als zuvor. Aus beiden Einsichten gemeinsam wurde die Annahme abgeleitet, daß dann eine Revolution am ehesten zu erwarten ist, wenn zuvor geweckte Erwartungen plötzlich wieder enttäuscht werden.

Ausgehend von dieser Feststellung könnte man der Meinung sein, daß durch die Machtergreifung von Mohammad Daud 1973 Erwartungen in der Bevölkerung geweckt wurden, die danach im Verlaufe seiner Herrschaft immer weniger erfüllt wurden. Daher sei, etwa im April 1978, eine objektiv revolutionäre Situation gegeben gewesen. Allerdings müßte man dann auch annehmen, daß die breite Masse der Bevölkerung, das sind hauptsächlich die ländlichen Bauern, sehr viel von der «Republik» des Vetters des Königs erwartet haben. Dies war aber bei dem nur wenig entwickelten gesamtpolitischen Bewußtsein auf dem Lande kaum in größerem Umfang der Fall gewesen. Etwas anders dürfte sich dies bei der städtischen, sich als fortschrittlich verstehenden Intelligenz und bei den Offizieren verhalten haben, die Daud bei seiner Machtergreifung aktiv unterstützt hatten. Vor allem waren aber die Erwartungen der Führung der Chalq-Partei kurz vor dem 27. April 1978 rapide gesunken, als sie sich geschlossen inhaftiert sah. Insofern war das objektiv vorhandene revolutionäre Potential nur auf sehr kleine Gruppen beschränkt. Es ist sogar denkbar, daß die Demonstration anläßlich der Beerdigung des ermordeten Partscham-Führers Mir Akbar Chaibar wenige Tage vor dem 27. April 1978 bewußt provokativ angelegt war, um auf Grund der zu erwartenden Gegenreaktionen zusätzlich einen Anlaß für die Revolution zu haben.

Als weitere Merkmale für die Intensität von Revolutionen werden in der soziologischen Literatur die zeitliche Dauer, die jeweils für die eigentliche Machtergreifung erforderlich war, und das dabei aufgetretene Ausmaß an innerstaatlicher Gewaltsamkeit, gemessen an der Zahl der Toten, herangezogen (vgl. Raymond Tanter und Manus Midlarsky, ‹*Revolutionen: Eine quantitative Analyse*›, in: W. Zapf, S. 418–440). Nun kennt man die Zahl der Todesopfer der Saur-Revolution nicht; sie dürfte sich zwischen mehreren Hunderten bis zu mehreren Tausenden bewegen. Sie liegt aber jedenfalls weit unterhalb der entsprechenden Zahl vieler anderer Revolutionen. Erst recht liegt die Dauer von 10 bis 24 Stunden weit unter dem Durchschnitt der allermeisten Revolutionen. Insofern hatte Hafisullah Amin guten Grund dafür, die Saur-Revolution als eine «Revolution des kurzen Weges» zu bezeichnen.

Gemessen an diesen formal-quantitativen soziologischen Kriterien war demnach die Saur-Revolution in der Tat keine typische, aber auch keine besonders intensive Revolution. Ein Vergleich mit anderen Revolutionen kann weitere Merkmale der Chalq-Revolution deutlich machen. Ganz offensichtlich hatte im April 1978, und dies scheint für die spätere Entwicklung wichtig zu sein, in Afghanistan nicht in erster Linie eine nationale Befreiungsrevolution gegen eine oder mehrere äußere koloniale Mächte stattgefunden, obwohl auch Afghanistan in vielerlei Hinsicht vom Ausland abhängig ist (Literatur zu kolonialen Revolutionen siehe unter anderem Peter Gäng/Reimut Reiche, ‹*Modelle der kolonialen Revolution, Beschreibung und Dokumente*›, Frankfurt a. M. 1967; Ernst Albrecht v. Renesse, Hg., ‹*Revolte und Revolution in Entwicklungsländern*›, Bielefeld, 1969). Viele größere Revolutionen der neuesten Zeit in den sogenannten Entwicklungsländern hatten sich mindestens zu einem gewissen Teil gegen koloniale, halbkoloniale oder neokoloniale Abhängigkeit gerichtet. Wie die Beispiele Chinas, Vietnams, Kubas oder Algeriens zeigen, waren zum Teil jahre- und jahrzehntelange Befreiungskriege erforderlich, um diese Revolutionen zum

Sieg bringen zu können. Zwar gab es auch im Zusammenhang mit der Chalq-Revolution häufige Anprangerungen der «imperialistischen Kräfte», und es wurde auch von Anfang an, meist allerdings nicht direkt ausgesprochen, eine besonders antiamerikanische Tendenz deutlich. Die Saur-Revolution hatte sich aber am Tage des Machtwechsels mit keinerlei ernsthaften Interventionen der Amerikaner oder anderer «imperialistischer», äußerer Kräfte auseinandersetzen müssen. Auch die späteren von der Chalq-Regierung behaupteten «imperialistischen Einmischungen», vor allem von seiten Irans und Pakistans, haben kaum das Gewicht, das ihnen zugesprochen wurde, und diese Behauptungen dienten vor allem dazu, um vom eigenen inneren Gegner abzulenken. Ebenso wurde der Vorwurf der Einmischung der USA und Chinas zur Rechtfertigung der sowjetischen Invasion im Dezember 1979 herangezogen. Allerdings würde die Sowjetunion zum Beispiel ihre eigenen Waffenlieferungen an Befreiungsfronten im südlichen Afrika sicherlich nicht als eine legitime Begründung für eine amerikanische militärische Invasion ansehen wollen, und das auch nicht, wenn die dortigen Regierungen die Amerikaner um Hilfe rufen würden.

Revolutionen, die sich nicht, ähnlich wie die Saur-Revolution, in erster Linie gegen eine koloniale Abhängigkeit richteten, wurden in Entwicklungsländern in zahlreichen Fällen von Teilen des regulären Militärs durchgeführt (vgl. vor allem Bassam Tibi, *‹Militär und Sozialismus in der dritten Welt›*, Frankfurt a. M. 1973). Derartige Revolutionen gab es unter anderem in der Türkei in den zwanziger Jahren unter Kemal Atatürk, in Ägypten in den fünfziger Jahren unter Nasser und in Peru 1968. Häufig strebten diese Militärs soziale Veränderungen im Sinne einer «bürgerlichen» oder gar «sozialistischen Revolution» an. In allen diesen Fällen waren und blieben die Militärs selbst die tonangebenden Führer der Revolution. Eine zunächst so starke Beteiligung von Offizieren und deren anschließende fast völlige Verdrängung aus der politischen Führungsspitze wie in Afghanistan hat es in keiner dieser Militär-Revolutionen gegeben. Die Offiziere und Generäle waren, im Gegensatz zu Afghanistan, zumeist selbst die Initiatoren revolutionärer Reformen geblieben. Allerdings kann nach Bassam Tibi keiner dieser Militär-Revolutionen ein wirklich dauerhafter und überzeugender Erfolg bescheinigt werden.

In einigen wenigen Entwicklungsländern gab es relativ starke linksgerichtete politische Parteien, die eine Revolution überwiegend auf der Basis von Parteiarbeit in der Bevölkerung anstrebten. Beispiele sind hier die Kommunistische Partei in Indonesien, die Bemühungen Ben Barkas in Marokko oder auch die friedliche Revolution von Allende in Chile. Es ist wohl kaum ein Zufall, daß unter den gegebenen kolonialen und neokolonialen Verhältnissen dies alles Beispiele von unter großen Verlusten und Opfern gescheiterten Revolutionen sind.

Ist insofern die Chalq-Revolution tatsächlich ein eigener Typ einer Revolution? Taraki, Amin und Karmal nennen für ihre Revolution keine direkten Vorbilder. Im Chalq-Parteiprogramm von 1966 wird allerdings hervorgehoben: «Das Hauptkennzeichen der gegenwärtigen Geschichte ist der Kampf zwischen Welt-Sozialismus und Welt-Imperialismus, der seinen Anfang mit der großen Oktober-Revolution (1917 in Rußland) genommen hat.» Es bietet sich daher an, die Leninsche sowjetische Oktoberrevolution mit dem Verlauf der Saur-Revolution zu vergleichen (die wesentlichen Merkmale der Oktoberrevolution, soweit sie in diesem Zusammenhang von Bedeutung sind, werden entnommen für die vorrevolutionäre Periode: W. I. Lenin, ‹*Ausgewählte Werke*›, Band 1, Berlin/DDR, 1965 und für die nachrevolutionäre Periode: Josef Stalin, ‹*Fragen des Leninismus*›, ursprünglich Moskau 1947, Nachdruck Berlin/West 1971).

Nach Lenin und Stalin war eine der wichtigsten Voraussetzungen der Oktoberrevolution die Mobilisierung und Kampfbereitschaft des städtischen Industrieproletariats in Rußland. Lenin betont zwar, daß dieses Proletariat auf Grund des geringen bürgerlich-kapitalistischen Entwicklungsstandes zahlenmäßig relativ klein war; er schätzt die Zahl der Fabrikarbeiter im vorrevolutionären Rußland auf knapp zwei Millionen (Lenin, a. a. O., S. 887). Dennoch sei dieses Proletariat in der Lage gewesen, die Führung in dem revolutionären Prozeß zu übernehmen, die «Avantgarde» der Revolution zu stellen.

Wesentlich für Lenin ist darüber hinaus, daß dieses Proletariat nicht nur in theoretischen Kursen politisch geschult wurde. «Die wirkliche Erziehung der Massen kann niemals getrennt und außerhalb vom selbständigen politischen und besonders revolutionären Kampf der Massen selbst geschehen. Erst der Kampf erzieht die ausgebeutete Klasse, erst der Kampf gibt ihr das Maß ihrer Kräfte, erweitert ihren Horizont, steigert ihre Fähigkeit, klärt ihren Verstand auf, stählt ihren Willen» (Lenin, a. a. O., S. 888).

Von einer revolutionären Mobilisierung und Führerschaft des Proletariats war bei der Saur-Revolution nichts zu erkennen, und dies wurde nachträglich verbal auch nicht proklamiert. Der Machtwechsel in Kabul am 27. April 1978 führte zum Beispiel im Textilwerk Gulbahar, dem größten Industriebetrieb Afghanistans, zu keinerlei erkennbaren Auseinandersetzungen. Die alte Betriebsleitung selbst ließ die Insignien des Daud-Regimes vom Fabriktor entfernen, ohne auch nur von einer Delegation von Arbeitern dazu aufgefordert worden zu sein. Der revolutionäre neue Fabrikleiter holte sich seine Anweisung bei den neuen Herren in Kabul, reiste mit dem öffentlichen Autobus in Gulbahar an und übernahm daraufhin die Fabrikleitung, ohne auf Widerstand zu stoßen. Hafisullah Amin sprach zwar öfters von der «Avantgarde» der Revolution. Während Lenin damit das Proletariat bezeichnete, war bei Amin die Chalq-Partei, praktisch nur die Parteiführung beziehungsweise er selbst, gemeint.

Die Betonung des revolutionären Potentials der Bauern und insbesondere der armen Bauernschaft gehört zu den wichtigsten eigenen Beiträgen Lenins zum Marxismus. Auf Grund der besonderen Lage im zaristischen

Rußland sah Lenin nur im Bündnis des Proletariats mit den Bauern eine reale Chance für den Sieg der angestrebten Revolution. Freilich zog er nie in Zweifel, daß in diesem Bündnis allein das Proletariat die Führung innehaben müsse (zum Beispiel Lenin, a. a. O., S. 895). Während aber im zaristischen Rußland von zahllosen Bauernunruhen berichtet wurde, gibt es keine derartigen Berichte aus Afghanistan. Auch nach der Machtergreifung durch die Chalq-Regierung wurden keine spontanen Landnahmen durch Bauern bekannt. Die Chalq-Führung selbst berichtet auch nicht von solchen Auseinandersetzungen vor oder nach dem 7. Saur. Die Landreform erfolgte per Dekret und wurde auf Grund von genauen Regierungsanweisungen durchgeführt.

Das Militär spielte bei der Oktoberrevolution auch eine wichtige Rolle. Als eine revolutionäre Aufgabe bezeichnete Lenin aber die «Organisation der revolutionären ... Arbeiter im Militärrock» (Lenin, a. a. O., S. 893). Im ausdrücklichen Unterschied zur Beteiligung der Armee an der Oktoberrevolution verwies Lenin auf einen Militäraufstand im zaristischen Rußland im Jahre 1825, der fast ausschließlich von Offizieren getragen worden sei, während die Masse der Soldaten sich damals weitgehend passiv verhalten habe. In den Berichten der Chalq-Partei wird offen die zentrale und ausschlaggebende Rolle der Chalq-Offiziere und Kommandanten bei der Durchführung des Staatsstreiches auf Grund der von Amin erhaltenen Anweisungen hervorgehoben. Amin betont mehrfach lobend, daß sich unter diesen Offizieren kein einziger «Verräter» befunden habe, der vorzeitig den Umsturzplan an die Daud-Regierung weitergeleitet habe. Er gab damit indirekt zu, daß auch er selbst die Aktion im wesentlichen als eine Offiziersverschwörung unter Anleitung der Parteiführung sah.

Als ein weiteres wesentliches Merkmal der sowjetischen Revolution bezeichnet Stalin (a. a. O., S. 45) «die Zertrümmerung der bürgerlichen Staatsmaschine, der bürgerlichen Armee, des bürgerlichen Beamtenapparates, der bürgerlichen Polizei». Er zitiert zustimmend: «Die Arbeiterklasse kann nicht einfach die fertige Staatsmaschine in Besitz nehmen und sie für ihre eigenen Zwecke in Bewegung setzen» (Marx und Engels im Vorwort zum ‹*Kommunistischen Manifest*›). «Die Aufgabe der proletarischen Revolution ist es ... nicht mehr wie bisher die bürokratisch-militärische Maschinerie aus einer Hand in die andere zu übertragen, sondern sie zu zerbrechen, und dies ist die Vorbedingung jeder wirklichen Volksrevolution ... schreibt Marx im Jahre 1871» (zitiert nach Stalin, a. a. O., S. 45). Im Anschluß an die Saur-Revolution hat eine zwar konsequente, aber einfache Neubesetzung der bisherigen Amtsstellen mit Chalq-Anhängern stattgefunden. Das einzige neugebildete Ministerium, das Sozialministerium, wurde nach dem Ausscheiden der zuständigen Partscham-Ministerin, Anahita Ratebsad, aufgelöst und nicht wieder eingerichtet und dies auch nicht nach dem Einmarsch der sowjetischen Truppen und der Rückkehr von Anahita Ratebsad. Die neuen Stelleninhaber ließen sich von ihren Amtsvorgängern oder ihren Untergebenen oder von Außenstehenden die bürokratischen Prozeduren erklären und wachten streng darüber, daß sie eingehalten wurden. Zwar wurde gelegentlich von einer Reform der Verwaltung mit dem Ziel der Vereinfachung gesprochen. Dies hatten sich aber auch schon zahlreiche vorhergehende Regierungen verbal vorgenommen.

Insofern handelt es sich bei der Saur-Revolution in der Tat um eine Revolution neuen Typs, einer «Revolution des kurzen Wegs», des sehr kurzen Wegs. Zugleich ist es freilich kaum denkbar, daß in einem anderen Entwicklungsland eine derartige Revolution zum Zuge kommen und noch viel weniger von einiger Dauer sein kann, da in Afghanistan die notwendigen Ausgangsbedingungen einmalig waren. Ohne die Armee und ohne deren Abhängigkeit von sowjetischen Beratern und Zulieferungen hätte die Chalq-Partei nicht an die Macht kommen und sich ebensowenig dort halten können.

Auf Grund der starken Abhängigkeit der Armee lag es im Interesse der Chalq-Offiziere, eine sogar noch engere Bindung an die Sowjetunion einzugehen, da dadurch die afghanische Armee und Luftwaffe mit noch mehr und moderneren sowjetischen Waffen ausgerüstet werden konnte. Auch stammen die Armee-Offiziere überwiegend aus paschtunischen mittleren bäuerlichen Familien. Durch die Landreform wurde daher auch ihr Klasseninteresse zumeist nicht tangiert. Leider ist nicht bekannt, von welchen Gruppen von Offizieren die späteren Meutereien ausgingen. Es ist aber anzunehmen, daß es sich um Angehörige großgrundbesitzender Familien gehandelt hat, die ihre Interessen mit nationalen, antisowjetischen und islamischen Argumenten artikulierten. Von den Mannschaften, die sich zum größten Teil aus nichtpaschtunischen ethnischen Minderheiten und aus Landlosen und Kleinbauern zusammensetzten, ist bekannt, daß sie gegebenenfalls in kritischen Situationen zu den Aufständischen überlaufen. Für sie ist nicht von vornherein eindeutig, für welche der beiden kämpfenden Seiten sie sich entscheiden sollen. Solange sie Kleidung, Essen und Unterkunft von der Armee erhalten und gelegentlich bei Strafexpeditionen Plünderungen durchführen dürfen, werden sie loyal bleiben. Ihr früheres Leben unter den Chans dürfte kaum verlockender für sie sein.

Auf Grund dieser besonderen Konstellation war die Chalq-Revolution überhaupt erst möglich. Am ehesten vergleichbar war daher von Anbeginn der Saur-Revolution an die Situation mit umgekehrten Vorzeichen mit den «Revolutionen» in sehr stark vom amerikanischen Militarismus abhängigen Ländern wie zum Beispiel im Falle Süd-Korea und dem ehemaligen Süd-Vietnam. Auch gab es schon seit dem April 1978 Ähnlichkeiten zu den «Revolutionen» in den heutigen osteuropäischen Satelliten der Sowjetunion. In diesen Fällen wurden allerdings unmittelbar nach einem Krieg mit Hilfe eines direkten Einmarschs oder der Bedrohung mit Truppen die Revolution von außen eingeführt. Freilich haben dabei, ähnlich wie in Afghanistan, kleine nationale Kadergruppen eine wichtige Transmissionsfunktion der überwiegend ausländischen Interessen zu übernehmen gehabt. Insofern war der sowjetische Einmarsch zum Jahreswechsel 1979/80 bereits im April 1978 im Keim angelegt worden.

Dem Sieg der Saur-Revolution und der Ermöglichung der sowjetischen Invasion kam auch die auffallende Schwäche der afghanischen nationalen Bourgeoisie entgegen, ein Umstand, der freilich nicht nur für Afghanistan typisch ist. Die alten Familien Afghanistans, die neben den zahlreichen Angehörigen der Königsfamilie bisher alle wichtigen staatstragenden Funktionen kontrolliert hatten, hatten sich schon seit Jahren im Ausland abgesichert bzw. dorthin abgesetzt. Die übrige nationale Bourgeoisie war und ist fast ausschließlich im Handel, das heißt vor allem im Im- und Export, engagiert. Ihre Versuche seit den dreißiger Jahren, sich auch im produktiven Sektor zu betätigen (Gründung der Paschtany- und Millie-Bank und der Afghanischen Textil-Gesellschaft), wurden spätestens durch die Verstaatlichungen Dauds nach 1973 wieder beendet. Es fiel dieser Handelsbourgeoisie nicht weiter schwer, unter der Herrschaft der Chalq-Regierung flexibel auf das Ausland auszuweichen. Es ist ein äußeres, aber dennoch erstaunliches Kennzeichen der Schwäche dieser Bourgeoisie, daß sie die über Jahre hinweg laufende Verschwörung in der staatstragenden Armee nicht bemerkte oder nicht ernst nahm und auch nicht in der Lage war, den abschließenden Befehl zum Staatsstreich am 27. April 1978 vorher in Erfahrung zu bringen.

Der einzige ernsthafte Widerstand kam im Laufe der nachrevolutionären Phase von den ländlichen Grundbesitzern. Sie verbanden sich mit religiös-islamischen Kräften, die nicht selten selbst wiederum eigene Grund- und Bodeninteressen verfolgten. Beiden Gruppen gemeinsam gelang es mit Versprechungen und Drohungen und wegen des noch geringen kritischen Bewußtseins über soziale Unterschiede auf dem Lande, einen größeren Teil der kleinen Bauern und der «Dorfarmut» auf ihre Seite zu ziehen. Aller Voraussicht nach organisierte sich dieser Widerstand zu spät und zu uneinheitlich, um zu einem Erfolg zu kommen.

Auf Grund der gegebenen Verhältnisse konnte es der Chalq-Partei relativ leichtfallen, die Macht zu erringen. Für den revolutionären Staatsstreich benötigte sie im wesentlichen nur die Unterstützung durch die Chalq-Offiziere. Für die Zeit nach der Machtergreifung mußte und konnte sich die Partei darüber hinaus im zivilen Bereich innerhalb Afghanistans, nur auf ihre mehrere Tausende zählende Anhänger und auf Gruppen opportunistischer kleiner und mittlerer Beamten stützen.

Es ist aufs Ganze gesehen eher von sekundärer Bedeutung, in welcher Weise und inwieweit Sowjets an den Ereignissen vom 27. April 1978 direkt beteiligt waren. Es ist durchaus glaubhaft, daß sie relativ spät über den geplanten Staatsumsturz informiert wurden, zumal es auch von amerikanischer Seite bisher nicht gelungen ist, einen schlüssigen Beweis für eine direkte sowjetische Beteiligung am Sturz Dauds zu erbringen. Auf Grund der Abhängigkeit der afghanischen Armee von sowjetischen Lieferungen und

Beratern, mußte die Sowjetunion aber mindestens ihr stillschweigendes Einverständnis zum Staatsumsturz gegeben haben bzw. hätte sie ihn verhindern können, wenn sie gewollt hätte.

Wie bei vielen anderen Revolutionen begannen aber die Hauptschwierigkeiten erst nach der Etablierung der neuen Macht. Dies wurde auch für die Oktoberrevolution von Lenin so gesehen: «Für Rußland war es in der konkreten historischen, außerordentlich eigenartigen Situation von 1917 leicht, die sozialistische Revolution zu beginnen, während es ihm schwerer als den europäischen Ländern sein wird, sie fortzusetzen und zu Ende zu führen» (Lenin zitiert nach Stalin, a. a. O., S. 103). Auch die Oktoberrevolution sah sich im zaristischen Rußland des Jahres 1917 mit dem Problem einer relativ schwachen Bourgeoisie und daher auch einem zahlenmäßig schwachen Proletariat konfrontiert.

Es ist leider wenig bekanntgeworden über ideologische Diskussionen in Chalq und Partscham zur Frage, wie sie mit dieser für eine sozialistische Revolution schwierigen Situation fertig werden wollten.

Daß es solche innerparteiliche Diskussionen in den Hinterstuben gegeben haben muß, kann unter anderem die Existenz des Parteiprogramms von 1966 nahelegen. Es wurden auch einige Versuche von Parteimitgliedern gemacht, in der noch schwachen bürgerlich-liberal-demokratischen Bewegung nach 1965 mitzuarbeiten. Es mag sein, daß sich hieran die Auseinandersetzungen zwischen Chalq und Partscham in besonderem Maße entzündeten. Nach der Revolution zaghaft und etwas vermehrt nach dem Sturz Tarakis im September 1979 durch Amin wurden einzelne wenige ideologische Schlagworte ausgegeben: Ziel sei es, die «Ausbeutung des Menschen durch den Menschen abzuschaffen», «jeder solle arbeiten nach seinen Fähigkeiten und belohnt werden nach seiner Arbeit», auf einem «nichtkapitalistischen Entwicklungsweg» solle eine «sozialistische Gesellschaft» errichtet werden, und es solle eine «vollentwickelte Diktatur des Proletariats» aufgebaut werden. Diese Formeln wurden jeweils im Anschluß an die erste Bekanntgabe in unzähligen Partei- und Betriebsversammlungen wiederholt, aber nie weiter erläutert. So konnte (wiederum in gut mystischer Tradition) nur der bereits in die marxistische Terminologie Eingeweihte verstehen, was mit diesen Stereotypen gemeint und ausgesagt werden sollte. Karmal erschien dieses Vorpreschen besonders Amins offensichtlich verfrüht zu sein, da er nach seiner Machtergreifung im Januar 1980 diese Formeln nicht weiter benutzte. Der mit diesen Schlagworten angedeutete Entwicklungsweg und seine Stufen sind im einzelnen in der sowjetischen Standardliteratur beschrieben (zum Beispiel: Autorenkollektiv, ‹*Klassen und Klassenkampf in Entwicklungsländern*›, Band 1–3, erschienen in deutscher Übersetzung aus dem Russischen, Berlin 1969/70).

Nach der Machtergreifung und nach der Zielsetzung der «Errichtung der Diktatur des Proletariats» durch die Chalq-Partei sah sich die Revolution zunächst vor die Aufgaben einer nachholenden «bürgerlichen Revolution» gestellt. Damit lassen sich die vielen Aufrufe an die «nationalen Kapitalisten» zum Investieren erklären, und deshalb gibt es die Versuche der Bildung einer kleinbäuerlichen Klasse mittels der Landverteilung und die Versuche, diese als Anhänger der Chalq-Partei zu gewinnen. Erst in zweiter Linie folgen daher im Zielkatalog die bereits im Parteiprogramm von 1966 geforderte «Vergrößerung des staatlichen Sektors» im industriellen Produktionsbereich und die Bildung von Genossenschaften und Staatsfarmen in der Landwirtschaft. Auch Lenin stellte fest, daß sich nach der Oktoberrevolution zum Beispiel die Bildung von Genossenschaften, die zuvor von der Partei geringschätzig als «Krämereien» behandelt worden seien, als zur Errichtung einer sozialistischen Gesellschaft notwendig erwiesen haben. Man erhält den Eindruck, daß sich die Chalq-Partei nun ähnlich unvorbereitet vor die «Krämerei» der Bildung von Genossenschaften und anderer ähnlicher Aufgaben gestellt sah und dabei die Schwierigkeiten der Umsetzung eine ideologischen Linie in konkrete Politik erst voll erkannte.

Außerhalb des offiziellen sowjetisch-marxistischen Stufenschemas betrat die Chalq-Partei die dennoch offensichtlich geradezu gesetzmäßig eintretende Stufe des «Stalinismus» im engeren Sinne schon sehr früh. Nach Werner Hofmann (zitiert nach T. Z. Chung in Renesse, a. a. O., S. 111) soll «als Stalinismus ... jener Exzeß der Macht verstanden werden, der nicht in den Aufgaben einer ‹Erziehungsdiktatur› gründet und nicht objektiv ‹notwendig› ist. Der Stalinismus zeigt sich in allen Fragen, in der Durchsetzung des Gewollten. Stalinismus ist eine spezifische Entartung der Macht im Rahmen einer proletarischen Gesellschaft.» In seiner speziellen Form des Zynismus hielt es Amin für angebracht, den «Personenkult» und andere Verfehlungen und Machtüberschreitungen Tarakis zu kritisieren. Die in diesem Umfang und in dieser kurzen Zeit nahezu unglaublichen Machtexzesse unter Taraki wie Amin lassen sich zum Teil dadurch erklären, daß die Schwierigkeiten von Chalq bei der Umsetzung ihrer ideologischen Ansprüche in praktische Politik aus den genannten Gründen besonders groß waren.

Zu einer abschließenden Bewertung der Chalq-Revolution ist der Zeitpunkt noch zu früh. Immerhin hatten sich weder das Königs- noch das Daud-Regime in der Lage gezeigt, die notwendigen sozialen Reformen durchzuführen. Der Laissez-faire-Liberalismus unter König Sahir Schah hatte vor allem den «alten» Familien und ihren partikularen Interessen gedient. Der Staatskapitalismus der Ein-Mann-Herrschaft Dauds war in der korrupten und starren Staatsbürokratie weitgehend steckengeblieben. Die verschleppten Reformen hatte die Bevölkerung mit schweren direkten und indirekten Opfern bezahlen müssen, wie zum Beispiel bei der Hungerkatastrophe im afghanischen Zentralgebiet 1972.

Aber auch die Chalq-Regierung konnte bisher nur wenige überzeugende Erfolge vorweisen. Was von der Landreform tatsächlich verwirklicht wurde, ist unklar, solange die Dörfer nur sporadisch und zeitweise unter der Kontrolle der Regierung stehen. Die industrielle Produktion, der Außenhandel und die gesamten Staatsfinanzen haben schwere Rückschläge hinnehmen müssen, obwohl sich dies mangels statistischer Angaben nicht in seinem ganzen Umfang nachweisen läßt. Die Kriminalitätsrate, ein weiteres Indiz der Zerrüttung, ist erheblich gestiegen (sie liegt dennoch wesentlich niedriger als in vielen stärker kolonialisierten und kapitalistisch orientierten Entwicklungsländern). Die Befreiung der Frau und die Abschaffung alter Hochzeitsbräuche sind, wie aufwendigste Hochzeitsgelage auch von Chalq-Parteimitgliedern in Kabuler Restaurants zeigen können, noch längst nicht erreicht.

Babrak Karmal hat bereits angekündigt, daß er die Reformvorhaben weiterverfolgen will. Es ist allerdings anzunehmen, daß er diese auf Grund eigener Einsicht und wohl auch auf Betreiben der Sowjetunion in einem etwas langsameren Tempo angehen wird. Priorität muß für ihn und seine sowjetischen Unterstützer haben, sich möglichst bald eine breite Basis oder zumindestens eine stillschweigende Zustimmung zu seiner Politik bei der afghanischen Bevölkerung zu verschaffen. Er dürfte dabei etwas im Auge haben, wie es Kádár in Ungarn gelungen ist, der trotz seiner Machtergreifung mit Hilfe sowjetischer Truppen es bei der ungarischen Bevölkerung zu erstaunlichem Ansehen gebracht hat und eine gewisse Eigenständigkeit für sein Land erreichen konnte.

Auf Grund der zu schmalen Basis der Saur-Revolution im eigenen Land sah sich die Sowjetunion auch bisher schon, selbst wenn sie es anders gewollt hätte, in Afghanistan gezwungen, immer wieder im militärischen oder zivilen Bereich Lücken aufzufüllen. Sie hätte dies nur um den Preis des Fallenlassens der Chalq-Regierung nicht tun können. Da die Chalq-Regierungen im Innern auch noch zunehmend an Basis einbüßten, lag es aus sowjetischer Sicht in der Logik der Sache, mit eigenen Truppen nach Afghanistan einzumarschieren.

Der wesentliche Mangel der Saur-Revolution war die fehlende Unterstützung durch breite Bevölkerungsgruppen, die weder vor noch nach dem 27. April 1978 von der Partei über äußere Manifestationen hinaus ernsthaft und mit Erfolg angestrebt wurde. Eine «Revolution des kurzen Weges», eine Revolution im Stile einer Verschwörung wird von vornherein nur sehr schwer eine Unterstützung durch das Volk erreichen können. Nahezu zwingend ergab sich daher der Weg in die umfassende Repression, in eine persönliche Diktatur, in ein stalinistisches Regime. Nachdem auch diese Mittel die Macht nicht mehr erhalten konnten, blieb praktisch als einziger Ausweg nur die Besetzung durch fremde Truppen.

Hätte Afghanistan Alternativen zu diesem Einmarsch gehabt? Hätte die islamische Opposition das entstandene Machtvakuum füllen können? Nach den bisherigen gescheiterten Einigungsbemühungen und auf Grund der bekanntgewordenen Äußerungen über ihre politischen Zielvorstellungen, muß man annehmen, daß dies nicht der Fall ist. Zu diffus sind ihre politischen Vorstellungen, zu sehr vom persönlichen Ehrgeiz sind ihre zahlreichen Führer geplagt (siehe Zusammenstellung im Anhang). Nach dem Einmarsch der sowjetischen Truppen hat die Opposition auch militärisch noch weniger als zuvor eine wirkliche Chance, die Macht in Kabul zu übernehmen.

Afghanistan wird sich daher auf absehbare Zeit nur unter dem verstärkten Einfluß der Sowjetunion bewegen können. Die Chance, sich auf ein titoistisch-jugoslawisches Modell hin zu entwickeln, ist durch den Einmarsch zunächst verspielt. Allerdings erscheint hierzu auch die ideologische Kraft der Chalq-Partei von vornherein viel zu schwach gewesen zu sein. Für eine Form der Abhängigkeit von der Sowjetunion nach dem Vorbild Kubas ist die entsprechende geographische Lage nicht gegeben. Andererseits dürfte es nicht im Interesse der Sowjetunion sein, Afghanistan auf Dauer völlig in ihren Machtbereich einzugliedern; Afghanistan kann ihr als formal unabhängiger Staat propagandistisch bei dem Block der bündnisfreien Länder und den Vereinten Nationen viel nützlicher sein. Es ist daher eher an ein Verhältnis nach dem Modell der Beziehungen zwischen der Volksrepublik Mongolei und der UdSSR zu denken. Zwar ist die Mongolei formal eine unabhängige Republik, ihre innere Sozialstruktur wurde aber mit Unterstützung und in Abhängigkeit von der Sowjetunion wie eine sowjetische Provinz aufgebaut. Es dürfte kein Zufall sein, daß die UdSSR bereits im Herbst 1979, einige Monate vor ihrem Einmarsch, als ihren neuen Botschafter nach Kabul einen Mann schickte, der bis dahin ausschließlich in der sowjetischen Provinzverwaltung politische Karriere gemacht hatte.

Angesichts der mangelnden Alternativen ist die Frage, ob diese Entwicklung im Interesse der afghanischen Bevölkerung liegt, nahezu müßig. Da die sozialen und technischen Errungenschaften ihrer ethnischen Schwestern und Brüder jenseits des Amu Darjas bisher keine große Anziehungskraft auf sie ausgeübt haben, hätte sie wohl kaum freiwillig diesen Weg gewählt. Ohnehin lehnt die afghanische Bevölkerung traditionellerweise jede zentrale Gewalt, die zu sehr in ihre eigenen Bereiche eingreifen will, grundsätzlich ab. Es dürfte daher kein Zufall sein, wenn bereits jetzt Babrak Karmal mit Emir Abdur Rahman verglichen wird, der mit brutalen Unterdrückungsmethoden erst Ende des vergangenen Jahrhunderts gegen den Willen der Mehrheit der Bevölkerung eine tatsächliche nationale Einigung Afghanistans erzwungen hatte. Es ist dem afghanischen Volk allerdings zu wünschen, daß Babrak Karmal, wie er es angekündigt hat, die Durchsetzung seiner politischen und sozialen Reformen weniger durch repressive Methoden als durch Bewußtseinsbildung erreichen will. Bei dem derzeitigen Übergewicht der Gewaltmittel der Regierung sollte es durchaus möglich sein, auch kritische Stimmen zuzulassen und sich mit ihnen argumentativ auseinanderzusetzen.

Je früher es Karmal gelingt, eine breitere Unterstützung im eigenen Land zu finden, um so eher hat er eine Chance, daß die Präsenz der Sowjetunion zumindest wieder verringert wird. Politisch sinnvoll wäre es daher, die Sowjetunion möglichst oft bei ihrem Wort zu nehmen, ihre Truppen, sobald es die Verhältnisse erlauben, wieder aus Afghanistan abzuziehen. Hierauf sollte sich mit Recht aller erdenkbare Druck, der auf die sowjetische Regierung ausgeübt werden kann, konzentrieren.

Eine umfassende Unterstützung der afghanischen Aufständischen gehört freilich nicht zu den Mitteln, die einen raschen Abzug der sowjetischen Truppen bewirken können. Erst wenn die Sowjetunion den Eindruck erhält, daß sie einigermaßen stabile Verhältnisse hinterläßt, wird sie sich allmählich über den Amu Darja wieder zurückziehen können. Daher ist es eher im Interesse der afghanischen Bevölkerung und im Sinne der Wiedererlangung einer relativen afghanischen nationalen Unabhängigkeit, den Aufständischen keine Waffen zu liefern, denn eine Politik der Stärke geht derzeit in Afghanistan nur zu Lasten der Bevölkerung. Außerdem sollte man soviel wie möglich versuchen, Beziehungen zur Regierung Babrak Karmal aufrechtzuerhalten. Es sollte alles unternommen werden, daß dieses Land nicht noch weiter in die Pressionen des Ost-West-Gegensatzes hineingezogen wird. Immerhin war es die Sowjetunion, die in das Land einmarschiert ist, und man sollte daher nicht Afghanistan für diesen Einmarsch bestrafen.

Die Besatzer
und die Besetzten

Stellungen von sowjetischen und afghanischen Armee- und Luftwaffeneinheiten im Januar 1980.

Anmerkungen: Die motorisierten Schützendivisionen der sowjetischen Armee haben die Landesgrenze (Pfeile) bei Termes und Kuschka überschritten und die Luftstützpunkte Bagram und Schindad besetzt. Neben afghanischen MiG-Kampfflugzeugen und Hubschraubern operiert nunmehr von Schindad aus eine sowjetische Jabo-Staffel, ausgerüstet mit Flugzeugen Suchoj Su-17. Sowjetische Abfangjäger MiG-21 und wahrscheinlich MiG-23 operieren von Bagram aus, wo auch sowjetische Transporteinheiten stationiert sind (Ausrüstung Antonow An-12). In Pagram operieren afghanische Luftwaffeneinheiten mit MiG-21, in Masar-i-Scharif mit veralteten Jabos MiG-17. Amerikanischen Quellen zufolge kooperieren die 19. und 20. afghanische Division im Norden nicht mit den Sowjets, und die Loyalität der 17. Division im Westen in der Nähe von Herat wird in Zweifel gezogen. Überläufer zu den Aufständischen gibt es besonders beim 2. (afghanischen) Korps im Süden.

Quelle: Aviation Week & Space Technology, 14. 1. 1980, S. 13.

Ulrich Albrecht
Der sowjetische Einmarsch[1]

Es gibt mehrere Möglichkeiten, die sowjetische Invasion Afghanistans verstehen zu wollen. Die eine geht dahin, wie die Illustrierte *Stern* auf einem Titelblatt[2], zu fragen: «Sind die Russen wild geworden»? Das wäre das Ende jeder weiteren analytischen Bemühung, denn dann hat man es mit Verrückten zu tun. Und dieses Erklärungsmuster weckt fatale Assoziationen: 1956 las man in vergleichbaren englischen und französischen Zeitungen, Nasser sei verrückt geworden, und in den sechziger Jahren stand in amerikanischen Magazinen, daß Ho Tschi Minh nicht klar im Kopf sei. «Es ließe sich auch denken», wie die *Süddeutsche Zeitung* schreibt, «daß der sowjetische Militärapparat ein so hohes Eigengewicht gewonnen hat, daß er es sich leisten kann, statt ins Manöver in den Krieg zu ziehen.»[3] Aber das Blatt verwirft eine solche Aussage über sowjetischen Militarismus sogleich selbst – es «fehlt für eine solche Annahme jedes politische Indiz».[4] So bleibt die Aufgabe, die Beweggründe, die Rationalität des sowjetischen Einmarsches in Afghanistan zu ergründen – nicht um diese zu billigen, sondern um zu sehen, ob und wie es weitergeht, vor allem um zu ermessen, wie lange die sowjetische Besetzung anhalten wird.

Die Antwort auf die Frage, warum sich die sowjetische Führung zur Besetzung Afghanistans entschloß, liegt hauptsächlich in zwei Momenten: dem eher historisch zu fassenden Aspekt des Aufbaus einer Position in Afghanistan sowie einer besonderen Konstellation der internationalen Politik, einer «Doppelkrise» in Ost und West. Aber auch aus dem Ablauf der Besetzungsaktion selbst läßt sich manches entnehmen, welches die vorgegebene Frage zu beantworten hilft.

Die Besetzung

Weihnachten 1979, vom 24. bis 26. Dezember, findet unter dem Kommando des ersten stellvertretenden Verteidigungsministers, Marschall der Sowjetunion Sergej L. Sokolow[5], eine im Rückblick beeindruckend durchorganisierte Invasion Afghanistans in drei Wellen statt. Zunächst erfolgt eine Invasion aus der Luft: unter Jägerbegleitschutz landen in 10-Minuten-Abständen 250mal sowjetische Transportflugzeuge und setzen 5000 Soldaten auf dem Flughafen Kabuls ab.[6] Es handelte sich um modernste Großraumtransporter der Typen Iljuschin Il-76 und Antonow An-22. Eingeflogen wird die 105. Gardedivision, ein Eliteverband, der unweit der afghanischen Grenze in Fargona beheimatet ist. Ganz wie im Falle der Invasion in die ČSSR 1968 begeben sich diese Luftlandetruppen in die Hauptstadt, besetzen strategisch wichtige Punkte und richten ihre Geschütze auf einheimische Kasernen.

Nachdem Kabul besetzt ist, rollen über die Grenzstadt Termes, erneut unter starkem Luftschutz, motorisierte Schützeneinheiten ein, die nunmehr auch eine Landverbindung zwischen der Sowjetunion und der Hauptstadt Kabul herstellen.

Eine dritte Welle kommt, nachdem die Verbindungslinien nunmehr gesichert in sowjetischer Hand sind, mit schwerem Gerät und Hilfsausrüstungen. Sowjetische Luftwaffenverbände operieren nunmehr von Flugplätzen innerhalb Afghanistans, sie haben ihre eigene Versorgungsbasis sozusagen mitgebracht, «sogar das nötige Zubehör für Militärkrankenhäuser einschließlich Krankenschwestern, Lebensmitteln und Feuerholz», wie der *Spiegel* zu berichten weiß.[7] Zum Teil schaffen die sowjetischen Besatzer sich ihre eigenen Infrastrukturen neu: es wird vom Bau von sechs neuen Flugstützpunkten berichtet, davon die Hälfte auf der Südseite des Hindukusch-Gebirges, Richtung pakistanische Grenze.[8] – Die Stoßrichtungen des weiteren Vormarsches der sowjetischen Einheiten werden in einer amerikanischen Fachzeitschrift wie folgt beschrieben:

«Was die Sowjets in Afghanistan gerade machen, ist klar ersichtlich. Eine Streitmacht bewegt sich entlang der westlichen Hälfte einer U-förmigen Hauptverbindungsstraße, die ostwärts zurückschwingt zur Hauptstadt Kabul. Dabei fallen drei bedeutendere Luftstützpunkte ab. Eine andere Streitmacht bewegte sich von der sowjetischen Grenzstadt Termes aus nach Süden, um die sowjetische Position in Kabul abzusichern ... Wenn sie dies nicht schon tun, werden die Sowjets demnächst die drei wichtigsten Straßenverbindungen, die Verbindungsknotenpunkte daran entlang mitsamt der Hauptstadt sowie den gesamten Regierungsapparat kontrollieren.»[9]

Die sowjetischen Truppen haben sich in der Zwischenzeit um die wichtigsten Städte und Flughäfen herum, erneut ganz wie in der ČSSR 1968, eingegraben und verhalten sich augenscheinlich defensiv, das heißt, sie suchen keine militärischen Auseinandersetzungen. Die regelmäßig gut informierende *Neue Zürcher Zeitung* berichtet in der zweiten Januarhälfte 1980, «daß die russischen Truppen einen befestigten Ring rund um die afghanische Hauptstadt gelegt haben, der sie in einer Distanz von etwa 20 Kilometern umgibt».[10]

Die Verluste bei der Invasion sind erstaunlich gering: amerikanische Quellen meinen, es seien 200/250 bis 400 Mann gefallen, außer ein oder zwei Hubschraubern ging ein Transportflugzeug zu Bruch, einige Panzer wurden von den afghanischen Rebellen zerstört – bei einer Invasionsarmee von etwa 80 000 Mann bemerkenswert.[11] Die Verluste in den folgenden Wochen sind erheblich schwerer. Westliche Quellen sprechen von bis zu 2000 gefallenen Sowjetsoldaten im ersten Besatzungsmonat.[12] Dem amerikanischen Präsidenten Carter zufolge sind nach Weihnachten auf weiteren 300 bis 400 Flügen zwischen 50 000 und 60 000 sowjetische Soldaten nach Afghanistan verbracht worden.[13] Zusätzlich fand ein beeindruckender Aufmarsch an der sowjetisch-afghanischen Grenze statt: ein bis zwei motorisierte Divisionen, mithin 20000 bis 25000 Mann, hätten sich der Grenze genähert oder diese überschritten, weitere drei Divisionen stünden jenseits der Grenze Gewehr bei Fuß. Bei Samarkand im Süden der Sowjetunion wurden weitere 360 Kampfflugzeuge, Jabos und Bomber, konzentriert, um notfalls den sowjetischen Truppen zusätzliche Luftunterstützung zu gewähren.[14]

Neben der Luftlandedivision wurden nach übereinstimmenden Berichten fünf weitere Divisionen plus Luftstreitkräfte ins Land gebracht, mithin etwa 85000 sowjetische Soldaten. Die Konzentration von Kriegsmaterial, nach Zahlen, die der Korrespondent des *Spiegel* in Erfahrung gebracht haben will, beläuft sich auf 1500 Panzer und 2000 Schützenpanzerwagen sowie «Hunderte 122- und 130-Millimeter-Haubitzen».[15] Diese Konzentration von Feuerkraft, sofern die Zahlen zutreffen, dient nunmehr der Abschreckung – mit derartig schweren Waffen sind Aufständische nicht zu bekriegen.

Über die Qualität der Waffen, die von der Sowjetarmee eingesetzt werden, gibt es widersprüchliche Informationen. Die erwähnten 122-Millimeter-Geschütze, welche links und rechts der Fernstraßen nach Kabul mit Visierrichtung Niemandsland stationiert wurden, sind auf Fotos als einem veralteten Modell zugehörig zu erkennen, welches kurz vor dem Zweiten Weltkrieg bei der Roten Armee eingeführt und im Warschauer Pakt in den sechziger Jahren abgelöst wurde.[16] Die Masse der sowjetischen Ausrüstungen scheint jedoch hochmodern zu sein.

Offenkundig dient Afghanistan auch wie seinerzeit Vietnam der Erprobung neuer militärischer Taktiken und der dazugehörigen Waffen. Da die Aufständischen über keinerlei Luftunterstützung verfügen und die sowjetischen Truppen wie seinerzeit die Amerikaner in Vietnam über die absolute Luftherrschaft verfügen, sucht die sowjetische Armee durch den gezielten Einsatz von Helikoptern einen taktischen Vorteil in der Mobilität zu erringen. Einzelangriffe der Aufständischen werden bevorzugt mit Hubschrauberattacken beantwortet (*Neue Zürcher Zeitung*: «Die Russen pflegen sie mit Helikoptern zu verfolgen»[17]). Ausländische Fachleute zeigen sich beeindruckt von den Einsätzen sowjetischer Kampfhubschrauber vom Typ Mil Mi-24 gegen die Rebellen. Diese gepanzerten Flugzeuge erweisen sich als relativ unempfindlich gegen Gewehrfeuer. An sich für die Kriegsführung gegen Panzer konzipiert, operieren diese neuartigen Hubschrauber in Afghanistan bevorzugt im Team: einer verharrt im Schwebeflug etwa 100 Meter über Grund und dient mit seiner schweren automatischen Waffe (geschätztes Kaliber 1,27 cm) als Schießplattform, während andere Helikopter des gleichen Typs unter diesem Feuerschutz im Tiefflug die Aufständischen angreifen. Eine britische Fachzeitschrift beschreibt diese Taktik so:

«Die Mi-24 ... fliegen in Formation, indem eine in Mittenposition verharrende Maschine von zwei anderen unterstützt wird, die sich bereit halten, von den Flanken her Deckung zu gewähren.»[18]

Andere Militärmächte dürften aus diesen neuen Kampfmethoden ihre Schlüsse ziehen.

Die sowjetische Position in Afghanistan

In russischer Sicht hatte die Politik des Westens (das war im vorigen Jahrhundert England) mehrere Jahrzehnte, bevor Rußland überhaupt eine eigene Grenze mit Afghanistan besaß, ihr Ziel erreicht: die Reduzierung dieses Lands zu einem von Großbritannien kontrollierten, halbkolonialen Land, das in seinen auswärtigen Beziehungen an britische Ratschläge gebunden war. Ein Kommentar faßt die folgende wechselhafte Entwicklung zusammen:

«Zuvor von Persien oder Indien beherrscht, entstand unter der Führung eines Generals im 18. Jahrhundert der afghanische Nationalstaat, dessen Bestand von den imperialistischen Mächten Europas immer wieder in Frage gestellt wurde. Rußland wandte sich, auf der Suche nach eisfreien Häfen, nach der Niederlage Napoleons nach Asien; als Reaktion darauf versuchten die Briten in insgesamt drei Kriegen, die Kontrolle über Afghanistan zu erlangen, um so ein Vorfeld gegen russische Begehrlichkeiten auf die Küsten des Indischen Ozeans und einen Puffer zur Verteidigung Britisch-Indiens zu haben. 1879 gelang es den Engländern zwar, die Hauptstadt Kabul vorübergehend zu besetzen und sich die Kontrolle über die afghanische Außenpolitik zu sichern, doch 1921 wurde das Land wieder ein souveräner Staat – um den Preis freilich, daß schon zuvor ein Viertel des Territoriums an Rußland verloren war.»[19]

Das zaristische Rußland hatte Afghanistan immer als Position betrachtet, von der aus der Kontrolle Englands in Indien und Persien entgegengewirkt werden konnte. In einem amerikanischen Militärhandbuch heißt es: «Es ist wahrscheinlich, daß nur britische Warnungen an Rußland verhindert haben, daß Afghanistan in das Russische Empire absorbiert wurde.»[20] – Mit der Gründung der Sowjetunion blieb dieses Interesse an Afghanistan erhalten.

Die erste Waffenausfuhr der jungen Sowjetunion überhaupt, die je in ein Land der Dritten Welt ging, galt Afghanistan. Schon 1919 wird von sowjetischer Militär- und Expertenhilfe berichtet.[21] 1925 schenkte die Sowjetregierung der afghanischen Luftwaffe eine Staffel Kampfflugzeuge[22] (die übrigens von dem in Fili, einem Vorort Moskaus, gelegenen Junkers-Werk stammten.)[23] Zuvor besaß diese Streitmacht ganze zwei Flugzeuge. Außerdem wurden 50 Afghanen in der Sowjetunion ausgebildet.[24]

Die Sowjetunion machte in Afghanistan in der Folgezeit die Erfahrung, daß eine Revolution ihre Position dort ernsthaft gefährdete. Mit dem Umsturz von 1929 verschwand nicht nur König Amanullah, sondern auch die sowjetischen Flugzeuge und Berater. Sie wurden von britischen Ausrüstungen und Offizieren abgelöst.[25] Es dauerte genau ein Vierteljahrhundert, bis die Sowjetunion diese Situation mit massiven Waffengaben erneut zu ihren Gunsten ändern konnte. 1954 setzten lebhafte Wirtschaftsbeziehungen ein, ein Jahr später wurde ein großes Waffenlieferungsabkommen abgeschlossen.[26] In den folgenden Jahrzehnten haben die Sowjets, wie das schwedische Friedensforschungsinstitut SIPRI feststellt, «praktisch ein Monopol für Waffenlieferungen an Afghanistan». Eine Anzahl Afghanen ging erneut zu Ausbildungszwecken in die UdSSR, bedeutsamer war aber die seither ununterbrochene Präsenz sowjetischer Soldaten im Lande, die als Ausbilder, technisches Personal und Führungshilfen fungierten. Ihre Zahl wurde 1957, einem der Höhepunkte des Kalten Krieges, kräftig erhöht.

Beeindruckend ist dieses militärische Engagement der UdSSR in Afghanistan durch seinen Umfang und seine Qualität. Wie zum Beispiel SIPRI hervorhebt, überstieg der Wert sowjetischer Waffengeschenke in den Jahren 1960 bis 1968 den Betrag der afghanischen Militärausgaben erheblich: in diesen neun Jahren wurden umgerechnet etwa 70 Millionen Dollar für die Streitkräfte Afghanistans ausgegeben, während die UdSSR im gleichen Zeitraum für 120 Millionen Dollar Waffen lieferte.[27] Das ist eine ganz ungewöhnliche Relation, die auf die Bedeutung verweist, welche die Sowjetregierung diesem Engagement beimaß. Ungewöhnlich war auch die Modernität der seit Mitte der fünfziger Jahre gelieferten Ausrüstungen. Zu einer Zeit, als westliche Lieferanten noch meinten, ausrangierte Gebrauchtwaffen seien für Entwicklungsländer gut genug, sandte die UdSSR bereits MiG-Düsenjäger der gleichen Bauserien nach Afghanistan, wie sie in der Sowjetunion selber und bei ihren osteuropäischen Verbündeten gerade in Dienst gestellt wurden; moderne Luftabwehrraketen vom Typ SAM-2 wurden, als die UdSSR sie für Auslandstransfers freigab, sogleich auch in Afghanistan installiert.[28] Soviel zur Vorgeschichte. Diese wirkt auf die aktuelle Entwicklung seit der Revolution vom April 1978 augenscheinlich in einer Weise ein, die die sowjetische Sicht der Entwicklung im Lande, und damit die Entscheidung zum Einmarsch, entscheidend mitgeprägt haben dürfte.

Zunächst ist der Partner, mit dem die Sowjetführung seit 1978 in Afghanistan Politik zu machen sucht, die «Volksdemokratische Partei Afghanistans», auch bei uns besser unter dem Namen «Chalq» (Das Volk) bekannt, in sowjetischer Sicht dubios. Glaubt man Gedächtnisprotokollen westlicher Korrespondenten, die mit hohen Funktionären in Moskau über die Ereignisse plaudern, so kamen mit Taraki, Amin und Karmal Kommunisten an die Macht, «die wir nicht einmal besonders gut kannten»[29]. Eine ordentliche leninistische Partei ist in Moskauer Sicht weder Chalq noch die Abspaltung «Partscham» je gewesen – es gibt weder ein Parteiprogramm noch Parteikonferenzen, vielmehr handelt es sich eher um politische Zirkel um die gleichnamigen Parteizeitungen herum. Als wenig vertrauenswürdig mußten manche der führenden afghanischen Kommunisten ferner auf Grund ihrer westlichen Erziehung gelten (so legte Amin Wert auf die Feststellung:

«Ich bin in Amerika ausgebildet worden und besitze einen Master Degree in Erziehungswissenschaften von der Columbia University in New York»[30]).

Für das weitere Handeln der Sowjets ist zum einen sicher wichtig das Schicksal der Landreform, eines zunächst populären Programms der Kommunisten. Auf deren Scheitern soll hier nicht näher eingegangen werden.[31] Im Jahre 1979 gab es bei der Ernte einen zweiten vollständigen Fehlschlag, so daß sichtbar war, daß im Agrarland Afghanistan die Grundbedingungen der Reproduktion nicht erfüllt waren. Sicher war es auch ein Fehler der sowjetischen Seite, nicht durch Kredite das neue Regime befähigt zu haben, den zahlreichen neuen Kleinbauern in der Übergangsperiode die nötigen Hilfen zur Verfügung zu stellen. Der rapide Stimmungsumschwung nach rechts unter den proletarisierten Kleinbauern entzog dem Regime der Kommunisten die wesentliche Unterstützungsgruppe.

Besonders besorgniserregend für die sowjetische Führung dürften jedoch die Auflösungserscheinungen der afghanischen Armee gewesen sein. Die Streitkräfte ließen bei der Repression von Unruhen mehr und mehr nach. Ganze Teilgliederungen verweigern im März 1979 den Gehorsam, ein Jabo-Geschwader verweigert die Bombardierung Herats (die Piloten wurden später füsiliert)[32], die im Südosten zur «Bandenbekämpfung» eingesetzte 7. Division begeht Fahnenflucht und schließt sich den Aufständischen an.[33] Die politische Führung der afghanischen Armee antwortet mit einer verschärften Ideologisierungskampagne (siehe Kasten). Augenscheinlich war der Erfolg dieser Maßnahmen gering.

An die
Befehlshaber der politischen Büros der Luftwaffe, der Luftverteidigung, der Divisionen, Begram-Garnison und der Kriegsuniversität

Zwecks einer möglichst großen Stabilisierung der Freundschaft zwischen den Armeen Afghanistans und der Sowjetunion gemäß dem neuen Freundschaftsvertrag wird folgende Anweisung gegeben:
1. In den Monaten Hut 57 und Hamel 58 (20. Februar bis 21. April 1979), d. Übers.) sollen in allen Divisionen, Teil- und Gesamtabteilungen und Instituten des Verteidigungsministeriums der DRA Abendveranstaltungen zur Freundschaft zwischen Afghanistan und der Sowjetunion sowie Diskussionen mit den militärischen Spezialisten und Beratern der Sowjetunion organisiert und durchgeführt werden.
Über die Kriegserfahrung der sowjetischen Armee (die Opfer der sowjetischen Soldaten in der zweiten Hälfte des Großen Vaterländischen Krieges), über die Stabilisierung der Freundschaft zwischen Afghanistan und der Sowjetunion und über die militärische Solidarität der bewaffneten Kräfte des Volkes der DRA mit den bewaffneten Kräften der UdSSR müssen Reden und Vorträge gehalten werden und Meinungsaustausch stattfinden.

2. Anläßlich des 61. Gründungstages der sowjetischen Armee und der sowjetischen Seestreitkräfte sowie des Militärs (4. Hut 57) müssen über die Sowjetunion und ihre bewaffneten Kräfte politische Informationen gegeben und Konzerte, Filmvorführungen sowie Fotoausstellungen organisiert und durchgeführt werden.
3. In allen Divisionen, Teil- und Gesamtabteilungen sollen die Erläuterung und das gemeinsame Studium der Werke des Genossen Breschnew ‹*Das kleine Land*› und ‹*Revolution*› vorbereitet und organisiert werden und mit den Offizieren wissenschaftliche Veranstaltungen über die genannten Werke abgehalten werden.
Methoden und Wege der Organisation politischer und parteilicher Angelegenheiten im Kriegszustand sowie Fragen der Vervollständigung der Führung und des wechselseitigen Verhältnisses zwischen Befehlshabern und Ausführenden, die in diesen Werken abgehandelt wurden, müssen in Extraseminaren der Kommandanten und politischen Mitarbeiter zur Diskussion und Auseinandersetzung gestellt werden.
4. Im Verlauf des Studiums der Themen 7 und 8 des Plans für die politische Erziehung der Soldaten und Unteroffiziere muß die Erläuterung der Festigung der Freundschaft und Solidarität zwischen den Völkern der Sowjetunion und Afghanistans sowie der Herstellung der militärischen Solidarität der Streitkräfte als wichtige Gewährung der nicht verhinderbaren Verwirklichung der Ziele der Revolution des 7. Saur (= 27. April 1978, d. Übers.) und als ein Erfolg für den Aufbau einer neuen Gesellschaft für die DRA besondere Beachtung gewidmet werden.
5. Alle Ausführungen anläßlich des 61. Jahrestages der Gründung der sowjetischen Armee und der Seestreitkräfte sollen auf die künftige Erziehung aller Armeeangehörigen im Geiste der unerschütterlichen Freundschaft Afghanistans und der Sowjetunion, auf die Entlarvung der feindlichen Propaganda, Hebung des politischen Bewußtseins und auf die kriegerische Bereitschaft der Streitkräfte gerichtet sein.

Der Generalvorsitzende
für politische Angelegenheiten
der Streitkräfte des afghanischen Volkes –
gez. Mohammad Egbal

(Übersetzung einer Anweisung an die afghanische Armeeführung aus dem Jahre 1979)

In einem zusammenfassenden Bericht eines amerikanischen Informationsdienstes heißt es im November 1979:

«Seit dem Frühjahr ist der Guerillakrieg konservativer islamischer Stämme gegen das prosowjetische marxistische Regime immer heftiger geworden. Aus allen 28 Provinzen Afghanistans werden Kämpfe gemeldet, und die Rebellen sollen angeblich die Hälfte der ländlichen Gebiete unter Kontrolle haben, während die Regierungstruppen die Hauptstadt Kabul und einige andere größere Städte halten. Augenscheinlich steckt der Bürgerkrieg zur Zeit in einer Sackgasse, aber die schweren Kämpfe dauern an.

Die Verluste in dem anderthalb Jahre alten Konflikt sind schwer zu bestimmen, aber 100000 bis 250000 Tote werden gezählt, und es gibt 50000 politische Gefangene.

Die Zahl der sowjetischen Berater beträgt nunmehr 3000 Mann militärisches und 3000 Mann ziviles Personal, und eine Anzahl von Russen fliegt Kampfeinsätze zur Unterstützung für die afghanische Armee von 80000 Mann. Mindestens 100 Sowjets wurden getötet, aber die Gesamtzahl mag gut über 1000 liegen. (...)

Die afghanische Situation erbringt für die Sowjets schwerwiegende politische und militärische Gefahren. Ein Versagen bei der Unterstützung des geschwächten afghanischen Regimes könnte zu einer radikalen fundamentalistischen islamischen Regierung in Afghanistan führen.»[34]

In geradezu prophetischer Weise schließt dieser Bericht (einen Monat vor der Invasion):

«Die volle sowjetische Unterstützung könnte den weitgehenden Gebrauch sowjetischer Kampfverbände bedeuten, da die afghanische Armee in zunehmendem Maße als unzuverlässig betrachtet wird. Die Entsendung sowjetischer Kampftruppen bedeutet jedoch das hohe Risiko eines bodenlosen Sumpfes vom Typ Vietnam für die Russen.»[35]

Auf die sich zuspitzende ökonomische und politische Krise im Lande reagierten die Beteiligten unterschiedlich. Amin wurde gar verdächtigt, im Herbst 1979 eine Zusammenarbeit mit den Chinesen und – vermittelt über Pakistan – den Amerikanern angestrebt zu haben.[36] Die bei einer maoistischen Rebellengruppe gefundenen Unterlagen nähren Vermutungen in dieser Richtung. Jedenfalls suchten Taraki und Amin einen «nationalkommunistischeren» Kurs zu steuern als Karmal, der zunächst als Stellvertreter des Ministerpräsidenten Amin auftritt. Karmal soll jedoch die Proklamierung des Sozialismus in Afghanistan sowie den Beitritt des Landes zum Warschauer Pakt gefordert haben – darauf geht die Regierung Taraki/Amin auf Gegenkurs und entmachtet Karmal mit seiner Partscham-Gruppe; er selbst geht ins Exil.[37]

Die Frage lag so sehr aus der Welt nicht; immerhin fühlte sich der Korrespondent der *Zeit* bemüßigt, Amin im August 1979 die Interviewfrage zu stellen: «Streben Sie im Rahmen der engen Allianz, die Sie mit der Sowjetunion eingegangen sind, auch den Beitritt zum Warschauer Pakt (an, U. A.)?»[38] Die Frage wurde von Amin klar verneint (den Beitritt zum Rat für gegenseitige Wirtschaftshilfe schloß er weniger aus).

Damit rückt die Krisenbehandlung der Sowjets ins Blickfeld. Die sowjetische Führung handelt auf eine vierfache Weise: durch eine Steigerung ihres militärischen Engagements, durch die faktische Übernahme der Staatsgewalt im Lande, und als alle diese Maßnahmen in der ersten Jahreshälfte 1979 nichts fruchten, durch – allem Anschein nach – Mitwirkung an einem gewaltsamen Regimewechsel. Erst danach, als auch diese Maßnahme fehlschlägt, kommt es Weihnachten 1979 zur Invasion.

Zunächst wurde die Zahl der Militärberater erhöht. Während unter Daud etwa 200 sowjetische Militärberater in Afghanistan wirkten, schnellte ihre Zahl nach der Saur-Revolution im April 1978 auf 1200 bis 1500.[39] Im Frühjahr 1979 geht die Zahl der sowjetischen Berater erneut sprunghaft in die Höhe, mehrfach ist von «mehreren 10000«, hin und wieder gar von 40000 bis 50000 Sowjetsoldaten im Lande die Rede.[40] Die genaue Zahl läßt sich kaum ermitteln, gesichert ist allerdings die rasche quantitative Ausweitung des sowjetischen Kontingents.

Bedeutsamer ist die Machtbeteiligung der Sowjets, nunmehr über den militärischen Bereich hinaus. «Heute kontrollieren mehrere tausend sogenannte russische Berater – über den militärischen Bereich hinaus – sämtliche Tätigkeiten der staatlichen Behörden in Afghanistan», heißt es in einem Bericht vom April 1979.[41]

«An die 5000 Wirtschafts-, Landwirtschafts-, Finanz-, Planungs-, Gesundheits- und Erziehungsexperten dringen in jede Pore des südlichen Nachbarstaates ein», schreibt der Korrespondent der *Zeit* im August 1979.[42] «29 Abkommen wurden seit dem Sturz Dauds mit Kabul abgeschlossen, über 100 Millionen Dollar an Projekthilfe ausgeschüttet.»[43]

Im Sommer 1979 wird sichtbar, daß weder die Verstärkung der militärischen Präsenz noch die Entsendung sowjetischer Berater in zivile Einrichtungen die politische Krise löst. Die sowjetische Führung unternimmt nunmehr den Versuch, eine Art Regierung der nationalen Einheit zustande zu bringen und Amin einige seiner Befugnisse zu entziehen. Das gelingt nur für wenige Wochen.

Im Frühherbst 1979 ist erkennbar, daß dies alles nicht die wirtschaftlichen Schwierigkeiten, vor allem in der Landwirtschaft, und den Zerfall der afghanischen Armee aufhält. Schon wird berichtet, daß die sowjetische Position ernsthaft gefährdet ist («Die gespannte Lage könnte sie [die Sowjets, U. A.] aus dem Lande fortfegen», heißt es in einem Bericht aus dieser Phase[44]). Da entschließt man sich zum Staatsstreich: am 16. September 1979 wird unter bis heute nicht geklärten Umständen der Staatspräsident mit einigen Anhängern ermordet, ein Plenum des ZK der Chalq-Partei wählt Amin zum neuen Staatschef.[45] Als auch Amin keine entscheidende Wende zustande bringt, erfolgt ein Vierteljahr später der Einmarsch und die vollständige Machtübernahme der Sowjets.

Für Kenner kam die Ultima ratio, die sowjetische Besetzung des Landes, nicht als Überraschung. Sie wurde zum einen als eine von mehreren Möglichkeiten im voraus öffentlich diskutiert, und sie wurde von den Sowjets juristisch auch vorbereitet.

An Verweisen darauf, daß die Lösung der afghanischen Krise auch in einem sowjetischen Einmarsch bestehen könnte, fehlt es auch in der westdeutschen Presse nicht. Am 24. August 1979 stellt etwa der Korrespondent der *Zeit* die Frage:

«Was wird der Kreml tun? Werden die Russen einmarschieren? Werden sie abziehen?»[46]

Und so wie Walter Ulbricht einst den Bau der Berliner Mauer vor dem August 1961 als Möglichkeit öffentlich verneinte, erörtert und verwirft der erste Mann der Sowjets im Lande zum gleichen Zeitpunkt die Invasion; von diesem Gesandtschaftsrat Wassili Safrantschuk wird berichtet:

«Einen russischen Einmarsch weist er glattweg und mit der Begründung zurück, daß ‹heute, hier und in dieser Zeit› so etwas für Moskau überhaupt nicht in Frage kommt.»[47]

Die amerikanische Satellitenaufklärung hatte den sowjetischen Aufmarsch an der afghanischen Grenze in Einzelheiten verfolgt; Washington ist deswegen fünfmal in Moskau vorstellig geworden. Eine Alternative wurde jedoch augenscheinlich von der Sowjetführung gesehen; die Ereignisse nehmen den nunmehr bekannten Gang.

Auch wenn Afghanistan nicht dem Warschauer Pakt beitrat, so gibt es doch eine völkerrechtliche Grundlage, die in sowjetischer Sicht alle Spekulationen über weitere sowjetische Einmärsche als reine Böswilligkeit erscheinen läßt.

Wie im Falle der ČSSR-Invasion 1968 beruft sich die Sowjetführung auf einen Hilferuf, und zwar nicht von irgendeiner Seite, sondern auf der Grundlage eines Freundschaftsvertrages, der einen Einmarsch zumindest nicht ausschließt. Im Vertrag vom 5. Dezember 1978, dem vielzitierten Dokument einer neuen Grundlage der afghanisch-sowjetischen Beziehungen, heißt es an der fraglichen Stelle:

«Die Hohen Vertragschließenden Seiten werden im Geiste der Traditionen der Freundschaft und guten Nachbarschaft ... Konsultationen zur Gewährleistung der Sicherheit, der Unabhängigkeit und der territorialen Integrität beider Länder aufnehmen und *im Einverständnis beider Seiten entsprechende Maßnahmen ergreifen.*»[48]

Daß «entsprechende Maßnahmen» einer Regierung auch einmal darin bestehen können, daß eigene Land von dritter Seite besetzen zu lassen, widerspricht solchen Rechtsauffassungen nicht. Westliche Quellen sahen diesen Sonderstatus von Afghanistan durchaus. Die *Zeit* schrieb etwa im August 1979, daß der Freundschaftsvertrag «die gegenseitigen Beziehungen auf eine ‹neue Stufe› anhob und Afghanistan zu einem privilegierten

Schwerpunktpartner der Sowjetunion machte, zu einem ‹bündnisfreien Satelliten›»[49]. Und auf den Aspekt, daß auch nach den Grundsätzen der Vereinten Nationen der Einmarsch als Antwort auf ein Ersuchen einer legalen Regierung gerechtfertigt sei, sollten nach der Tat sowjetische Vertreter bei der Nachbereitung und Verteidigung dieses Schrittes erheblichen Wert legen.

Die internationale Doppelkrise

Das Jahr 1979 geht mit einer Doppelkrise zu Ende: durch die Geiselnahme in der Teheraner Botschaft der Vereinigten Staaten eskalieren die Spannungen zwischen den USA und dem Iran in dramatischer Weise, während die Besetzung Afghanistans einen scharfen Riß der Beziehungen der Sowjetunion zur Dritten Welt, nicht nur den Afghanen, erbringt. Trotz aller äußerlichen Verschiedenheiten – die USA sind nicht im Iran einmarschiert, im Iran regiert eine populistische Bewegung – überwiegen die Gemeinsamkeiten dieser Krisensituationen bei weitem. Damit sind nicht vordergründige Aspekte wie etwa der Tatbestand gemeint, daß die beiden großen Weltmächte in Konfrontation mit einem lange nicht erkannten Akteur liegen, der vage «muslimische Bewegung» genannt wird. Die Besetzung Afghanistans ist vielmehr Ausdruck der Krise des Verhältnisses der beiden Spitzenmächte USA und UdSSR selber. Das Jahrzehnt Entspannungspolitik endete, für viele unerwartet, in einer schweren politischen Krise, die nicht nur das Ende der Entspannung, eine Verstärkung des Wettrüstens, sondern in erhöhtem Maße Krieg zur Folge haben kann. Die sowjetische Entscheidung zum Einmarsch ist augenscheinlich in hohem Grade ausgelöst worden durch die innere Entwicklung in Afghanistan; daß die Entscheidung der sowjetischen Führung so fiel, wie sie gefallen ist, dürfte jedoch im wesentlichen durch die zuvor erfolgte Verschlechterung der Beziehungen zwischen Ost und West bedingt sein. Klarer gefaßt: die allgemeine politische Krise zwischen den USA und der UdSSR schuf die Bedingungen für die Möglichkeit, militärisch und nicht anders die spezielle Krise in Afghanistan zu lösen.

Einzelne Stimmen lassen sich durchaus auch bei uns vernehmen, die Zusammenhänge in dieser Richtung sehen. Auf die Frage: «Wäre die Invasion in Afghanistan unterblieben, wenn früher verhandelt worden wäre?» (gemeint ist: über Rüstungsbeschränkungen) antwortete Willy Brandt:

«Es gibt Leute, die meinen, daß es nicht zu dieser Invasion in Afghanistan gekommen wäre, wenn es schon intensive Verhandlungen zwischen den beiden Bündnissen zu diesem Zeitpunkt gegeben hätte.»[50]

Die bewußte Benutzung einer klassischen diplomatischen Formel (sunt, qui dicant) annonciert in kaum verhüllter Form, daß dies durchaus die Meinung Brandts selber ist, oder, wie *Konkret* dies faßt: «Übersetzt aus dem Diplomatischen ins Deutsche: Hätten wir den Aufrüstungsbeschluß nicht gefaßt, wären die Sowjets nicht einmarschiert.»[51] Der NATO-Beschluß vom Dezember 1979, die taktischen Kernwaffen in Europa zu verstärken, obwohl dafür nachweislich kein militärischer Grund erforderlich war, ist aber nur ein Indiz für den Aufschwung der Krise zwischen Ost und West. Die Verzögerung der Ratifizierung des SALT-II-Abkommens im amerikanischen Kongreß sowie die vorangehenden Aufregungen etwa über die sowjetische Brigade in Kuba mußten die Sowjetführung erkennen lassen, daß der Westen die Entspannungspolitik nicht mit groß angelegten Schritten zur Rüstungsminderung fortsetzen würde, sondern bei dem Nebeneinander von Aufrüstung und Spannungsabbau bleibt. Dies macht eine Reorientierung der Ziele und Mittel sowjetischer Politik erforderlich; die beruhigende Erklärung im Westen etwa über den Nachrüstungsbeschluß, «die Russen haben das geschluckt» (so der Sprecher des Auswärtigen Amtes)[52], ist falsch. Der Nachrüstungsbeschluß hat mit Afghanistan doch Folgen.

Heute wird überall rascher interveniert als in der zurückliegenden Entspannungsdekade. Nach der Überwindung des in den USA sogenannten Vietnamsyndroms, der Abstinenz von militärischen Aktionen für eine gewisse Zeit, wird in Amerika offen über einen Einmarsch in Iran debattiert (mit dem Ergebnis, daß – leider – solch ein Schritt die Geiseln nicht retten würde), oder greifen französische Fallschirmjäger in Mittelafrika ein. Direkte und indirekte Interventionen, die kaum ohne Engagement der sowjetischen Führung erfolgt sind, haben in Äthiopien, Angola oder Kambodscha schließlich zu Erfolgen ohne große politische Kosten für die UdSSR geführt – was den endgültigen Entschluß zur Intervention beeinflußt haben mag.

Wir wissen nicht, wie tief die Enttäuschung in der UdSSR über die mangelnde Bereitschaft zur raschen Rüstungsminderung im Westen und die Gefahr von Krieg reicht, aber die skizzierten Aspekte der internationalen Politik haben augenscheinlich auf der Grundlage einer solchen Enttäuschung dazu geführt, das Problem Afghanistan mit dem Zerfall der Regierungsautorität der Chalq-Partei und der Auflösung der Armee sowie der Gefährdung durch die Aufständischen durch die Besetzung des Landes wenn nicht zu lösen, so doch auf eine Ebene zu verlagern, wo es leichter handhabbar erscheint. Afghanistan ist somit ein zwar spektakulärer, aber deswegen keineswegs extraordinärer Punkt in der Eskalation, die augenblicklich zwischen Ost und West stattfindet.

Einzelne Umstände der Besetzung deuten darauf hin, daß die sowjetische Führung trotz ihrer provozierenden Aktion darauf Wert legt, im Dialog mit dem Westen zu bleiben. Merkwürdig ist zunächst, daß die sowjetische Führung mit einer emphatischen Erklärung über die Notwendigkeit der Aktion vor die Weltöffentlichkeit tritt und mit einer spektakulären Luftlandeaktion in die Entwicklung eingreift – wenn, so die Zahlen stimmen, schon 40000 oder mehr Sowjetsoldaten im Lande sind, unnötig demonstrative Schritte (man hätte ja ohne Not weitere Militäreinheiten relativ geräuschlos über die Grenze holen können, und die erwartbaren amerikanischen Vorstellungen dieserhalben abweisen können). Gerade der Umstand, daß die sowjetische Führung förmlich ihre Schritte erläutert, begünstigt die Annahme, daß trotz aller Provokation der Versuch unternommen wurde, dem weltpolitischen Gegenspieler durch eine klare Aussage ein Signal zu geben.

Beweggründe für die Besetzung

Die Luft schwirrt von Erklärungsangeboten, warum die Sowjets Kabul und andere Städte, einige Fernstraßen und Flugplätze besetzthalten und Aufständische niedermachen. Vernünftigerweise sollte man zunächst den Akteur selber, die sowjetische Führung, zu Worte kommen lassen und schauen, wie er seine Tat erklärt. Im zweiten Schritt sind dann Interpretationen Dritter herangezogen worden, um zu einer abschließenden Würdigung zu kommen.

Die offizielle Begründung der sowjetischen Regierung ist zusammengefaßt in einem Interview der Parteizeitung *Prawda* mit Generalsekretär Leonid Breschnew über, wie es hieß, «Lebensfragen der Völker». Um so bemerkenswerter, wenn das gesamte Interview nur aus zwei Fragen bestand. Breschnew führte aus:

«Der Imperialismus begann gemeinsam mit seinen Komplicen im Grunde genommen einen nicht erklärten Krieg gegen das revolutionäre Afghanistan.»[53]

Die wolkig erscheinende Aussage ist sicher sorgfältig überlegt gewesen. Was «der Imperialismus» in der Sicht Breschnews ist, mag man noch einigermaßen erraten. Wer jedoch «seine Komplicen» sind, bleibt dunkel – es könnten etwa die muslimische Bewegung, aber auch die Chinesen sein. Was dieser so undeutlich umrissene Akteur gegen das «revolutionäre Afghanistan» (also nicht Afghanistan schlechthin) betreibt, wird gleich zweifach abgeschwächt: «im Grunde genommen», also abhängig von einer Bewertung, handele es sich um Krieg, und dieser sei auch nicht offen erklärt worden.

Wieso ist die nicht gehörige Erklärung von Krieg als Abschwächung zu werten? Bei der Wahl der Begriffe, die der völkerrechtlich sicher hinreichend beratene Breschnew trifft, fällt auf, daß die näherliegende Charakterisierung der Situation in Afghanistan, es handele sich um einen irregulären oder Guerillakrieg (von «Bürger»-Krieg zu reden fällt angesichts der Sozialsituation schwer), vermieden wird. Der sozialistischen Sowjetregierung fällt manches schwer, am schwierigsten wird es ihr immer ankommen, eine Volksbewegung gegen sie selber anders als Rowdies, gekaufte Elemente und dergleichen zu werten. Wenn es aber nicht das Volk in Afghanistan oder Teile desselben sind, die gegen die prosowjetische Regierung und ihre Helfer kämpfen, sondern – gemäß den begrifflich strengen Regeln des Völkerrechts – auswärtige Mächte, die mit Unterlassung einer förmlichen Kriegserklärung in Afghanistan eingedrungen sind, so ist die legitimatorische Basis für den sowjetischen Einmarsch eine ganz andere. Dann geht es hauptsächlich darum, ob in Afghanistan die Sowjetunion präsent ist oder eine andere ausländische Macht. In diesem Sinne fährt Breschnew in seinem Interview fort:

«Die anhaltende bewaffnete Intervention und die weit gediehene Verschwörung äußerer Kräfte der Reaktion haben die reale Gefahr geschaffen, daß Afghanistan seine Unabhängigkeit verliert und in einen imperialistischen militärischen Brückenkopf an der südlichen Grenze unseres Landes umgewandelt wird.»[54]

Diese Aussage wird in dem kurzen Interview mit anderen Worten wiederholt («Hätten wir anders gehandelt, so hieße das passiv zuzuschauen, wie an unserer südlichen Grenze der Herd einer ernsten Bedrohung der Sicherheit des sowjetischen Staates entsteht»), was für ihren Stellenwert spricht.

Gegenüber dem französischen KP-Führer Georges Marchais wiederholte Breschnew seine Auffassung: «Wir haben die Intervention in Afghanistan gemacht, weil wir es mußten», und: Aufgabe der sowjetischen Streitkräfte in Afghanistan sei es, «die Grenzen gegen eine von außen gesteuerte Infiltration zu schützen».[55]

In diesem Gespräch ließ Breschnew erstmals eine Einschätzung der negativen Folgen des Entschlusses zum Einmarsch erkennen: «Wir haben immer versucht, eine Intervention zu vermeiden. Wir wußten, daß sie ein Klima der Spannung schaffen würde.»[56]

Mit diesen Äußerungen des sowjetischen Parteiführers sind die beiden zentralen Momente der Entscheidung zum Einmarsch getroffen: zum einen geht es um die sogenannte Breschnew-Doktrin der Verteidigung einer bestimmten Gesellschaftsform, zum andern geht es, im Widerspruch dazu wie weiland bei der Besetzung der ČSSR, um die Entspannung und Rüstungsminderung zwischen Ost und West.

Stellt Afghanistan wirklich eine Erweiterung der sogenannten Breschnew-Doktrin dar, die erste über den Bereich Osteuropas hinaus, oder präziser ausgedrückt, verkörpert Afghanistan Aspekte dieses Konzeptes, welche bislang im Westen übersehen wurden? Auf eine Formel gebracht, lautet die Doktrin, daß die Sowjetunion handeln wird, mit Gewalt und mit Entschiedenheit, um einen sozialistischen Staat «sozialistisch» zu halten. Die Antwort auf die Frage fällt unterschiedlich aus. Die Mehrzahl der Kommentatoren stellt, wie der RIAS, eine «Weiterentwicklung der sogenannten Breschnew-Doktrin» fest, nämlich «daß die Sowjetunion sich die Regierungsform und Politik benachbarter Staaten aussuchen könne, daß das Recht auf Intervention nicht auf den Ostblock beschränkt ist, sondern weltweit gilt»[57]. In diese Richtung gehen auch andere Kommentare: die UdSSR spiele sich «zum Richter über jede Entwicklung in ihren Nachbarländern auf, die immer dann zum Eingreifen berechtigt, wenn sie den Interessen Moskaus nicht entspricht.»[58]

Daß die sowjetische Führung Afghanistan als einen besonderen Verbündeten betrachtet, dem es auf Grund spezieller Beistandsverträge zu Hilfe kam, geht im Konzert des Protestes völlig unter. Besonders konservative Beobachter gehen von einem allgemeinen sowjetischen Interventionismus aus.

«Die militärische Machtdemonstration der Sowjets in Afghanistan, der Grad der Risikobereitschaft, der sich dabei enthüllte, und der selbstsichere Ton, mit dem Moskau die Aktion begleitete, zwingen dazu, weitere derartige Unternehmen in das strategische Kalkül einzubeziehen», meint die konservative *Neue Zürcher Zeitung,* obwohl sie «annehmen möchte, daß das russische Krokodil den afghanischen Bissen in Ruhe verdauen will, bevor es nach weiteren schnappt.»[59]

Der Einmarsch hat, militärisch ausgedrückt, die Weltlage verändert. «Sowjetische Machtmittel sind näher an die Ölquellen und die Versorgungsrouten der westlichen Welt herangerückt», kommentiert der Leitartikler der *Neuen Zürcher Zeitung.*[60] Die vielfach erörterte Frage lautet nunmehr ob die Besetzung Afghanistans nur ein Zwischenschritt in einer weltweiten Aggressionsbewegung darstellt, oder ob es sich um einen singulären, in einer besonderen Situation beschlossenen Akt handelt.

Am deutlichsten wertet Jimmy Carter die sowjetische Entscheidung als Ausdruck eines zeitlosen russischen Expansionsstrebens:

«*Zweifellos* hätte der Einmarsch der Sowjets in Afghanistan, wenn er ohne nachteilige Konsequenzen geblieben wäre, zu der Versuchung geführt, immer wieder einzumarschieren, bis sie Warmwasser-Häfen erreichten oder die Kontrolle über einen größeren Teil der Ölversorgung der Welt erlangten.»[61]

In dieser Richtung lassen sich Dutzende von Aussagen zitieren. Sie lassen sich zusammenfassen in der Aussage, daß Afghanistan für die Sowjets das Einfallstor nach Süden bildet, gewissermaßen den Weg freigibt nach Iran und Pakistan, schließlich die Landbrücke geben könnte für Häfen in den warmen Wassern des Indischen Ozeans. Von dort aus könnte dann die Ölzufuhr des Westens wirksam beschnitten werden.

An dieser populären Vorstellung stimmt manches nicht. Um in den Iran zu gelangen und etwa die persischen Ölgebiete mit Beschlag zu belegen, wäre es einigermaßen verrückt, durch das gebirgige Afghanistan vorzustoßen, wenn sowjetische Truppen das Nachbarland viel einfacher über die gemeinsame Grenze angreifen könnten. Dies wären schlechte Phantasien von ungenügend qualifizierten Sandkastenstrategen.

Mit Pakistan verhält sich die Sache anders. Kissinger berichtet plastisch in seinen Memoiren, wie das Indien Indira Gandhis und die UdSSR im letzten indisch-pakistanischen Krieg drauf und dran waren, diesen Staat unter sich zu teilen. Nur die amerikanische und chinesische Unterstützung Pakistans habe ein solches Desaster verhindert.[62]

Die Auffassung, daß Afghanistan als Einfallstor für einen Marsch nach den Küsten des Indischen Ozeans dienen soll, wird auch im Pentagon skeptisch bewertet. Eine amerikanische Fachzeitschrift faßt die Meinung eines hohen Offiziers der US-Streitkräfte, der einige Zeit im Lande verbracht hatte, wie folgt zusammen: «Das Terrain sowie der Zustand der Straßen hinauf zum Khyber-Paß gibt nicht viel für eine Rollbahn nach Südasien her.»[63] Andere besonnene Stimmen weisen in die gleiche Verständnisrichtung.

Auf die Frage, ob mit dem Einfall in Afghanistan langfristige strategische Absichten der Sowjetunion verbunden seien, antwortete Christoph Bertram, Direktor des Londoner Instituts für Strategische Studien:

«Der Sowjetunion ging es wohl vor allem um die Bereinigung einer ihr unangenehmen Situation in Afghanistan selbst. Das bedeutet nicht, daß man langfristige Absichten ausschließen sollte. Wir müssen uns aber vor Augen halten: die Sowjetunion hat auch ohne Stützpunkte in Afghanistan die militärische Potenz, in dieser Region einzugreifen. Sie hat ohnehin Flotteneinheiten im Indischen Ozean. Ihre Flugzeuge haben ohnehin eine Reichweite, die ausreicht, um dort einzugreifen, wo es für die Energieversorgung des Westens empfindliche geographische Stellen gibt. Deshalb halte ich wenig von Erklärungsversuchen, in Wahrheit ginge es den Sowjets nur ‹um das warme Wasser des Indischen Ozeans›.»[64]

Schlußfolgerungen

Zunächst sei die Beobachtung verzeichnet, daß man sich in Moskau wenig Mühe gemacht hat, den Vorstoß nach Afghanistan propagandistisch vorzubereiten. Das spricht dafür, daß trotz der erforderlichen mehrmonatigen Vorbereitungen für einen solchen Truppeneinsatz erst im letzten Moment «grünes Licht» gegeben wurde, die Operation tatsächlich auch auszuführen. Die anhaltenden Spekulationen darüber, ob die USA im Iran militärisch intervenieren würden, haben mutmaßlich eine Rolle bei der sowjetischen Entscheidung gespielt.

Und doch hat der sowjetische Schritt einen besonderen Rang. Zum erstenmal wurde ein blockfreies Land besetzt, besonders eines, dessen Regierung der Sowjetunion nahestand. Ein weiterer Aspekt zeichnet den Invasionsschritt aus: zum erstenmal intervenierte die Sowjetunion in einem islamischen Land und provozierte die muslimische Bewegung. Und drittens: noch nie wurde in einem Land der Dritten Welt auf diese Weise von sowjetischer Seite ein Herrschaftswechsel vorgenommen – das war bislang eine amerikanische Methode.

Selbst wenn die Nachkriegsgeschichte eine Kette von Invasionen darstellt, auch auf sowjetischer Seite, so ergibt sich doch mit dem Einmarsch in Afghanistan eine neue Qualität dieser Politik. Jedenfalls hat die Besetzung des blockfreien Landes Afghanistan der sowjetischen Politik insgesamt in der Dritten Welt, womöglich sogar der Idee der Blockfreiheit schweren Schaden zugefügt. Als Formel galt bislang, daß die NATO-Mächte, wenn sie militärisch intervenierten, dies stets außerhalb des Territoriums der Bündnispartner taten – und im Warschauer Pakt war es genau umgekehrt. Diese Formel stimmt nicht mehr.

Wenig überzeugend fiel der Versuch aus, den Einmarsch mit einem sowjetischen Wunsch nach Zugriff auf Nahostöl oder zumindest einer Position am Indischen Ozean zu verbinden, um den Ölabfluß nach Europa und Amerika kontrollieren zu können. Das würde die Besetzung eines weiteren Staates voraussetzen und den Lebensnerv der westlichen Industriestaaten treffen – eine Politik, die zum Krieg zwischen Ost und West führen könnte. Es ist überhaupt nicht einmal vorstellbar, wie die Sowjetunion mit ihren Seekriegsmitteln derzeit eine Kontrolle der Ölschiffahrtslinien auch nur überzeugend androhen könnte. Geopolitisch gedacht gibt es sicher ein Interesse der UdSSR an einem Zugang zum Indischen Ozean – aber konkreter Grund für den Einmarsch waren solche Ambitionen schwerlich.

Somit stellt sich verschärft die Frage nach den Gründen, die den Ausschlag für den sowjetischen Einmarsch gegeben haben. Allgemeine globalstrategische Erörterungen helfen hier nicht weiter. George Kennan hat wohl recht mit seiner polemischen Aussage: «Daß Afghanistan eine strategische Schlüsselstellung in Südasien besitzt, ist eine kuriose Entdeckung amerikanischer Journalisten und Lehnstuhlstrategen. In Wahrheit eignet sich kein Land weniger zur strategischen Basis als dieses rauhe, wenig entwickelte, gebirgige und an Verkehrswegen äußerst arme Binnenland.» [65]

Im Ergebnis muß man sich wohl der provozierenden Formel Kennans anschließen, daß die Besetzung Afghanistans «ein defensiver Schritt» ist[66], zumindest in sowjetischer Sicht, und daß diese sowjetische Sichtweise, so wenig sie hingenommen werden kann, glaubhaft ist. Nun mag es für die Wirkung einer solchen Politik gleichgültig sein, ob ein Aggressor meint, aus Selbstbehauptungsgründen handeln zu müssen, oder ob er einem blinden Expansionsdrang folgt. Für die Prognose über die künftige Entwicklung ist dieser Punkt jedoch von entscheidender Bedeutung. Wäre die Sowjetführung von unaufhaltsamem imperialistischem Ausdehnungsstreben getrieben, so stünden rasch weitere Katastrophen wie in Afghanistan bevor. Das aber ist unwahrscheinlich. Viel einsehbarer erscheint die Überlegung, daß die sowjetischen Politiker auf ein Abflauen des weltweiten Protestes wie 1968 nach der ČSSR-Krise warten und daß sie besonders gegenüber den Europäern bestrebt sein werden, die militärische Entspannungspolitik fortzusetzen. Das Schicksal Afghanistans wäre dann dem der ČSSR vergleichbar: nach wenigen Monaten wird die sowjetische Militärpräsenz erheblich verringert, das Land bleibt aber wirksam an sowjetische Kontrolle gebunden.

Von einem unabhängigen Standpunkt aus erscheint als schwerwiegendster Fehler, daß die Sowjetführung nicht die Möglichkeit erprobt hat, zur Beilegung der Krise in Afghanistan internationale Instrumente – sei es eine besondere Konferenz, sei es der Mechanismus der Vereinten Nationen – zu nutzen. Offensichtlich spielen solche Einrichtungen in sowjetischer Sicht keine Rolle, wenn es um vitale Interessen geht. Jedenfalls wurde das Angebot, zunächst in Verhandlungen eine Lösung zu suchen, von den Politikplanern in Moskau einfach beiseite geschoben, zugunsten einer einseitigen, auf nationale Macht gestützten «Problemlösung». Es fällt schwer zu glauben, daß die sowjetischen Beteiligten die negativen Folgen ihrer Entscheidung voll übersehen haben – womit nicht nur 14 Millionen Tonnen amerikanischen Getreides gemeint sind, die nicht an die UdSSR geliefert werden, oder auch der Verlust des SALT-II-Vertrages und die Gefährdung der Olympischen Sommerspiele.

Anmerkungen

1 Erweiterte Fassung eines am 18. 1. 1980 im Auditorium Maximum der Freien Universität Berlin vorgetragenen Beitrags zu einem Teach-in über Afghanistan.
2 «Stern» Nr. 3 vom 10. Januar 1980.
3 Josef Riedmüller, «Breschnews Ernte in Afghanistan», in: «Süddeutsche Zeitung» Nr. 7 vom 9. 1. 1980, S. 4.
4 Ebd.
5 Diese Information gibt der Chefredakteur der als gut informiert geltenden, Pentagon-nahen Zeitschrift «Aviation Week & Space Technology», William H. Gregory, in seinem Leitartikel «The Afghan Puzzle» in der Ausgabe vom 21. Januar 1980, S. 11. – Hinter Verteidigungsminister Ustinow, Generalstabschef Ogarkow, dem Oberbefehlshaber des Warschauer Paktes Kulikow und Politchef Jepischew ist Sokolow Nr. 5 in der Hierarchie der sowjetischen Armeeführung.
6 Die am besten über Einzelheiten dieser Art informierende Quelle ist die wöchentlich erscheinende Zeitschrift «Aviation Week & Space Technology»; der Inhalt dieser Beiträge entspricht angeblich weitgehend den Informationen, die ausländischen Politikern bei Aufenthalten in Washington in «Briefings» zugänglich gemacht wurden. Alle Faktenangaben in diesem Abschnitt entstammen den Januar-Ausgaben 1980 dieser Zeitschrift.
7 Sri Prakash Sinha, «Babrak Karmal hat das Vaterland verkauft», in: «Der Spiegel» Nr. 5 vom 28. 1. 1980, S. 111.
8 Vergl.: A. H., «Afghanistan als besetztes Land», in: «Neue Zürcher Zeitung», Fernausgabe Nr. 16 vom 22. 1. 1980, S. 4.
9 Gregory, a. a. O. (Anm. 5), S. 11.
10 A. H., a. a. O. (Anm. 8), S. 4.
11 Zusammengestellt nach Streumeldungen, etwa dpa (vergl. etwa die aus der pakistanischen Zeitung «Jung» übernommenen Faktenangaben, in: «Der Tagesspiegel» vom 11. 1. 1980, S. 5) oder Reuter (vergl. «Neue Zürcher Zeitung», Fernausg. Nr. 8 vom 12. 1. 1980, S. 2, oder «Süddeutsche Zeitung» Nr. 8 vom 10. 1. 1980).
12 Vergl. die dpa-Meldung aus Islamabad, z. B. in: «Der Tagesspiegel» Nr. 10440 vom 26. Januar 1980, S. 6.
13 Die Faktenangaben erfolgten auf einer Pressekonferenz im Weißen Haus am 7. 1.

1980 und finden sich im Nachdruck in einer Vielzahl von Zeitungen.

14 Sinha, a. a. O. (Anm. 7) S. 111.

15 Ebd.

16 Einzelheiten des M-1938 oder kürzer M-38 genannten Geschützes lassen sich leicht technischen Handbüchern entnehmen, z. B. R. T. Pretty/D. H. Archer, Jane's Weapon Systems, 1974–75, London 1974, S. 460.

17 A. H., a. a. O. (Anm. 8), S. 4.

18 Vergl. die Meldung in: «Aviation Week & Space Technology» vom 7. 1. 1980, S. 11, Zitat aus: «Flight International», 19. 1. 1980, S. 222f.

19 H.-J. Retzlaff, «Tödliche Freundschaft. Afghanistan unter sowjetischer Besetzung», Sendung des RIAS II vom 21. 1. 1980, zit. nach dem Manuskript, S. 5.

20 T. N. Dupuy/J. A. C. Andrews/G. P. Hayes, The Almanac of World Military Power, 3rd ed., New York u. a. 1974, S. 301.

21 Vergl. SIPRI (Stockholm International Peace Research Institute), The Arms Trade with the Third World, Stockholm/New York 1971, S. 501–505, sowie über den Beginn der sowjetischen Leistungen Andreas Kohlschütter, «Die Russen in der afghanischen Falle», in: «Die Zeit» Nr. 35 vom 24. August 1979, S. 33.

22 William Green/John Fricker, The Air Forces of the World. Their History, Development and Present Strength, London 1958, S. 5.

23 Ebd., S. 246. Die Bezeichnung des Junkers-Flugzeugs schwankt: sie wird mal mit der Benennung der Firma als Ju-20, mal mit den sowjetischen Militärbezeichnungen A-20 oder häufiger R-2 angegeben.

24 Ebd., S. 5.

25 Ebd.

26 Vergl. hierzu SIPRI, a. a. O. (Anm. 21).

27 Ebd., S. 502.

28 Diese Aussage stützt sich auf SIPRI (Stockholm International Peace Research Institute), Arms Trade Registers. The Arms Trade with the Third World, London/Stockholm 1975, bes. S. 32f.

29 «Wegen Afghanistan gibt es keinen Krieg», in: «Der Spiegel», Nr. 5 vom 28. 1. 1980, S. 88.

30 Interview mit Hafisullah Amin, «Wir sind ein Staat der Arbeiterklasse», in: «Die Zeit» Nr. 34 vom 17. August 1979, S. 4. Dazu ausführlicher der Beitrag von Karl-Heinrich Rudersdorf in diesem Band.

31 Vergl. erneut Rudersdorf in diesem Band.

32 Meldungen über Widerstandsaktionen vor der Besetzung Weihnachten 1979 finden sich, in der allgemeinen Medienlandschaft kaum beachtet, vor allem in der afghanischen Exilpresse. Für diesen Beitrag wurde die Zeitschrift «GUAfS, Zeitung der Generalunion afghanischer Studenten im Ausland» ausgewertet.

33 GUAfS, 3. Jg., Nr. 2 (Juli 1979), S. 5.

34 «The Defense Monitor» (Center for Defense Information, Washington, D. C.), Jg. VIII, Nr. 10 (November 1979), S. 4.

35 Ebd.

36 Dazu Sinha, a. a. O. (Anm. 7), S. 111.

37 GUAfS, Sonderausgabe vom 12. Januar 1980, S. 1, ohne weitere Belege.

38 Amin-Interview, a. a. O. (Anm. 30), S. 4.

39 Andreas Kohlschütter, «Die Russen in der afghanischen Falle», in: «Die Zeit» Nr. 35 vom 24. August 1979, S. 3.

40 So verschiedene Angaben in GUAfS (vergl. Anm. 32), vergl. Jg. 3, Nr. 1 (April

1979), S. 1, und Nr. 2 (Juli 1979) S. 1.

41 GUAfS, Jg. 3, Nr. 1, S. 2.

42 Kohlschütter, a. a. O. (Anm. 39), S. 3.

43 Ebd. – Die Gesamthilfe der UdSSR für Afghanistan wird in einer i. E. begriffenen Untersuchung des Kölner Bundesinstitutes für ostwissenschaftliche und internationale Studien («Die sowjetische Iran- und Afghanistanpolitik») mit 1,37 Mrd. Dollar angegeben, wobei der Zeitraum bis Ende 1978 erfaßt wurde.

44 GUAfS, Jg. 3, Nr. 3 (November 1979), S. 5.

45 Dazu der Leitartikel von GUAfS, Jg. 3, Nr. 3 (November 1979), «Innerparteilicher Putsch», S. 1.

46 Kohlschütter, a. a. O. (Anm. 39), S. 3.

47 Ebd.

48 Archiv der Gegenwart, 1980, A. 7860.

49 Kohlschütter, a. a. O. (Anm. 39), S. 3.

50 «Möglich, daß wir in den Krieg schlittern». Der SPD-Vorsitzende Willy Brandt über die Entspannungspolitik nach Afghanistan, in: «Der Spiegel», Nr. 3, 14. Januar 1980, S. 26.

51 Hermann L. Gremliza, «Wird Moskau badisch?», in: «Konkret», Nr. 2/1980 (Februar), S. 11.

52 Zit. nach «Der Spiegel», Nr. 48/1979, S. 21.

53 Zit. nach: «Neues Deutschland», Nr. 11 (B-Ausgabe), 14. Januar 1980, S. 3.

54 Ebd.

55 «Süddeutsche Zeitung» Nr. 19 vom 23. Januar 1980, S. 10.

56 Ebd.

57 Retzlaff, a. a. O. (Anm. 19), S. 2.

58 J. B., «Der Krisenzusammenhang», Leitartikel in: «Der Tagesspiegel» Nr. 10435 vom 20. Januar 1980, S. 1.

59 C. K., «Gesucht: Westliche Solidarität», Leitartikel in: «Neue Zürcher Zeitung», Fernausgabe Nr. 15 vom 20./21. Januar 1980, S. 1.

60 Ebd.

61 Zit. nach RIAS II, Sendung am 21. 1. 1980, 22.00 Uhr.

62 Vgl. Henry A. Kissinger, «Memoiren 1968–1973», München 1979, Kap. XVI.

63 Zit. nach Gregory, a. a. O. (Anm. 5), S. 11.

64 «Stoppt die Sowjets jetzt», in: «Die Welt», 19./20. Januar 1980, S. 1 f.

65 George F. Kennan: «Entspannung auf der Kippe. ‹Ein defensiver Schritt›», in: «Die Zeit» Nr. 3 vom 11. Januar 1980, S. 9.

66 Ebd.

Macht unsre Bücher billiger! …

Andreas Kohlschütter
Trügerisches Hoffen auf Amerika

Der russische Panzersoldat hält sich mit beiden Händen die Ohren zu. Dann geht der stählerne Deckel runter, läuft der Motor dröhnend an und dreht sich der Maschinengewehrlauf rundum gegen den nicht faßbaren, nicht ins Visier zu bekommenden Gegner. Denn der nächtliche Feind ist ein Schrei aus Hunderttausenden von Kehlen und Seelen. Es ist der wütende Aufschrei ganz Kabuls gegen die sowjetische Besatzungsmacht: «*Allahu-Akbar*», *Allahu-Akbar, Allahu-Akbar*» – «Gott ist groß».

Menschenstimmen aller Tonlagen, grelle, schrille, dunkle und heisere ballen sich unter dem kalten Sternenhimmel zum naturgewaltigen Getöse. Sie strömen zusammen zur wilden Flut, die über alle Ufer tritt, alles mitreißt, die sich von den zentral gelegenen Hügeln Kabuls, aus den elenden Lehmhütten der schiitischen Hazaras hinunter in die Ebene und die übrigen Stadtviertel ergießt und von dort zurückschlägt wie eine unaufhaltsam mächtige, sich immer von neuem heranwälzende Brandung.

Die Menschen stehen auf ihren Flachdächern, lehnen sich weit aus den Fenstern, sie versammeln sich in Innenhöfen, vereinen sich spontan in Straßen und Gassen zu Sprechhören: «*Allahu-Akbar*». Viele schaffen sich mit Lautsprechern und Megaphonen Gehör. Nicht nur die Handflächen, sondern auch Teile von Ofenrohren werden an den Mund gesetzt, Kinder haben sich Verstärker aus alten Konservendosen gebastelt: «*Allahu-Akbar*».

Vorsprecher brüllen die Parole über Hausmauern, bis sie Antwort finden; Autos werden von Holzknüppel schwingenden Trupps angehalten und erst durchgelassen, nachdem sich die Insassen dem Losungswort angeschlossen haben: «*Allahu-Akbar*». Vier Stunden lang, von acht Uhr abends bis Mitternacht, gellt dieser urtümliche Schrei nach Freiheit durch Kabul. Er geht durch alle Knochen und dringt durch alle Panzerplatten. Und er läßt sich nicht erschießen: «*Allahu-Akbar, Allahu-Akbar, Allahu-Akbar*». So geschehen am Donnerstag, dem 21. Februar 1980.

Schon Tage zuvor hatten Kabuler Mullahs zum passiven Widerstand und zur Schließung der Geschäfte aufgerufen. Einer von ihnen verkündete beim Abendgebet: «Wir werden siegen und die Ungläubigen, die Leute ohne Buch, aus Afghanistan wieder vertreiben.» Aus den Überlandbussen, diesen «rollenden Marktplätzen», drang die Kunde von Protestaktionen in anderen Städten nach Kabul.

Aus den Moscheen gelangten handgeschriebene Flugblätter in Umlauf: «Die tapferen Bürger von Kabul erklären den Heiligen Krieg gegen Unglauben und Unterdrückung durch die sowjetischen Aggressoren, diese unerbittlichen Feinde des Islam. Jeder Mensch muß eines Tages sterben. Warum scheuen wir uns dann vor einem ruhmreichen Tod? Wir sind aufgerufen, unser Land und unsere Frauen zu verteidigen, und wenn wir im Kampf gegen unsere Feinde sterben oder sie töten, gewinnen wir das Paradies für uns. Sollte der Heilige Krieg nicht möglich sein, so werden wir unsere religiöse Pflicht durch Demonstrationen und Streiks gegen die Sowjets erfüllen.»

Ganz konkret wurden die «muslimischen Brüder der Stadt Kabul» in diesen anonymen Schriften aufgefordert, mit ihren Aktionen zivilen Ungehorsams am 21. Februar 1980 zu beginnen. Und zwar, wie am Vortage in einem weit herum verteilten «Nachtbrief» präzisiert wurde, mit «*Allahu-Akbar*»-Protestrufen und einem einwöchigen Basarstreik, von dem nur Bäkker, Metzger und Gemüsehändler ausgenommen sein sollten. Schließlich tauchten in allen Basarbezirken Kabuls Sendboten auf, die den Händlern und Geschäftsinhabern die Befolgung des Streikaufrufes nahelegten und andernfalls mit Leib und Leben, Gut und Habe gefährdenden Repressalien drohten.

Und es klappte. Seit jenem Donnerstag ruhte der sonst von passionierten Geld- und Geschäftemachern vollgestopfte Basar. All die Läden, Buden und Büdchen standen verriegelt und verschlossen, nicht nur in der legendären *Chicken Street* und im Basarlabyrinth rund um den Maiwand Boulevard, sondern auch in den entferntesten Außenbezirken. Wie in den vergangenen Tagen und Wochen in Herat, Masar-i-Scharif, Pul-i-Chumri und Tscharikar, so wurde den Russen und ihrem Statthalterregime nun auch in Kabul von den Volksmassen der Fehdehandschuh vor Stiefel und Panzerketten geworfen.

«Kabul schafft es nicht», hatten ortskundige Beobachter, auch Afghanen, bis zur letzten Stunde erklärt, eingedenk der heterogenen, ethnisch kunterbunt zusammengewürfelten Bevölkerung und des hohen Anteils an druckempfindlichen Beamten, öffentlichen Angestellten und Arbeitern in Staatsbetrieben. Auch schien das Netz von Spitzeln, Parteimilizen und Staatssicherheitsdiensten viel zu dicht. Und nicht zuletzt auch hielt man einen Aufstand für unmöglich, weil die Sowjets diese politische wie militärische Schlüsselstellung Kabul besonders scharf und direkt bewachen.

Aber Kabul bewegte sich doch und en masse, viel heftiger und engagierter, allerdings auch verlustreicher, als dies anderswo geschehen war. Während im afghanischen Verteidigungsministerium zum 62. Jahrestag der Roten Armee in triefenden Ansprachen die von «Aufrichtigkeit, Freundschaft und Selbstlosigkeit» geprägte sowjetische Invasionshilfe besungen wurde, steigerte sich draußen die Volkswut gegen «russische Imperialisten und deren landesverräterische Lakaien».

Während in der Sowjetbotschaft zur Feier des Tages die Sektkorken knallten, rasselten Sowjetpanzer durch die Straßen der Hauptstadt, in denen der nächtliche Aufruhr brodelte, stiegen Raketen zur Beleuchtung des Kabuler Gefechtsfeldes auf und wurde scharf geschossen. Auf die eindrückliche Massendemonstration antwortete die sowjetische Besatzungsmacht mit einer erdrückenden Machtdemonstration. Kabul wurde zum Kriegsschauplatz und erlebte einen blutigen Freitag.

«Jetzt kannst du sehen, wie stark wir sind und wie schlapp die Kommunisten», jubelte ein Student, der mich im Karte-Parwan-Viertel aus den Fängen eines mit Eisenrohren und Brechstangen bewaffneten *«Allahu-Akbar»* brüllenden Mobs befreit hatte. Ich war aus seinem Taxi gezerrt, mit Stockschlägen und Fausthieben traktiert und für einen Russen gehalten worden. Der jugendliche Retter setzte sich dann vorn auf die Motorhaube, bahnte dem «Freund aus Amerika» mit erhobener Faust und *«Allahu-Akbar»*-Schreien eine Gasse und erklärte zum Abschied: «Wir werden die Russen loswerden, durch unsere Kraft und mit eurer Hilfe. Wir werden ihnen zeigen, daß Afghanistan nicht zum Ostblock gehört.»

Solche Euphorie konnten die Sowjets nicht weiter wuchern lassen. Kaum war die Sonne über den tiefverschneiten Gebirgszügen und dem Kabuler Hochtal aufgegangen, holten sie zum Gegenschlag aus. Im Tiefflug donnerten von Taschkent anfliegende MiG-21-Jets und Suchoj-7-Erdkampfjäger über die Stadt. Bis in die späten Nachmittagsstunden drehten sie Runde für Runde. Sie schossen nicht, sie sollten nur einschüchtern und mit ohrenbetäubendem Lärm die *Allahu-Akbar*-Protestmärsche zum Schweigen bringen.

Doch das gelang ihnen lange nicht. Die afghanischen Widerständler ließen so schnell nicht locker. Sie quollen aus ihren Hütten entlang der breiten, ins Zentrum führenden Salang-Wat. Sie schlossen sich mit den vom Stadtrand einströmenden Massen zusammen, planlos und unkoordiniert, aber ihres gemeinsamen Marschzieles dennoch sicher: «*Allahu-Akbar*, Tod den Russen, Tod Breschnew, Tod Lenin, Tod Babrak Karmal.»

Die sorglose Verwegenheit dieser Menge, die den russischen Kampfflugzeugen trotzte und sich auch von den über ihren Köpfen immer bedrohlicher kurvenden, mit Raketen schwer beladenen Mi-24-Gunship-Kampfhubschrauber nicht abhalten ließ, war beeindruckend, aber auch beängstigend. Sie marschierte weiter geradeaus, hinein in die Innenstadt, selbst als es dort todernst wurde und die mit Schützenpanzern aufgefahrenen afghanischen Truppen das Feuer eröffneten.

Die von russischen Piloten geflogenen Mi-24 jagten ihre ersten Salven in das Schiiten-Viertel bei Demasang, aus dem mit uralten Flinten auf afghanische Soldaten und Polizisten geschossen wurde. Schwere Maschinengewehre traten im Umfeld der Sowjetbotschaft in Aktion. Kampfhubschrauber attackierten unsichtbare Ziele in Richtung der sowjetischen Garnison bei Darulaman. Auf der Ausfahrtstraße nach Kandahar stand ein brennender Lastzug. Beim Getreidesilo unterhalb des Interconti-Hotels war eine heftige Schießerei im Gange.

Aus der Gegend Kharga, wo sich Aufständische im Kasernenareal der 7. afghanischen Infanteriedivision festgesetzt hatten, tönten die dumpfen Einschläge russischer Panzerkanonen und Hubschrauber-Raketen. Erst langsam begriffen die gerade noch so begeistert gestimmten Afghanen, wie hilflos und ohnmächtig sie dieser auf sie zurollenden, von sowjetischen Generälen entfesselten Kriegsmaschinerie gegenüberstanden. Niedergeschlagen und im stummen Gänsemarsch traten die meisten von ihnen den Rückzug nach Hause an.

Jener afghanische Radfahrer, auf dessen Gepäckträger ich mit hochgezogenen Beinen saß, gehörte allerdings zu denen, die der ganze Kriegslärm gar nicht zu berühren schien. Unermüdlich und mit flatternden Pluderhosen trat er in die Pedale. Nach langer Tour von einem Riesenschauplatz zum anderen ließ er den journalistischen Passagier endlich abspringen, ihn in einem mit Kot und Unrat gefüllten Graben Deckung suchen – und radelte weiter, vorbei an zwei leblos ausgestreckten Körpern, quer über die leergefegte, unter peitschendem Beschuß liegende Kreuzung beim Erziehungsministerium, so stoisch und selbstsicher, als wäre sein Turban ein Stahlhelm, sein Zweirad ein Panzerwagen und als läge das Paradies, dem er offensichtlich zustrebte, gleich um die nächste Ecke.

Das Regime reagierte auf den Proteststurm der Kabuler Bevölkerung ohne Tat. Kein Mitglied der Staats- und Parteiführung wagte, sich in diesen Krisentagen im Fernsehen zu zeigen. Statt dessen wurde dem Publikum am Bildschirm zum viertenmal eine drei Wochen alte Rede Babrak Karmals und zum drittenmal die beinahe zwei Monate zurückliegende Freilassung der politischen Gefangenen aus der Amin-Ära vorgeführt.

Natürlich wurde die Schuld an den Massenunruhen dem «imperialistischen Blutsauger Amerika» aufgeladen, «der mit Hilfe Chinas, Pakistans, Englands und der israelischen Zionisten bewaffnete Terroristen nach Afghanistan geschickt hat», so eine offizielle Rundfunk-Durchsage. Als Drahtzieher und Anstifter verhaftete man, wie schon unter Amin üblich, eine Gruppe von Pakistanern, sechzehn an der Zahl, sowie einen unbekannten Amerikaner. Immer eindringlicher wurde die Bevölkerung auch aus den durch alle Straßen fahrenden Lautsprecherwagen aufgefordert, sich «nicht zu fürchten», mit der Regierung «gegen Imperialisten und Zionisten zu kämpfen, so wie das afghanische Volk gegen die Engländer gekämpft hat».

Den für eine solche nationale Mobilisierung und Solidarisierung benötigten äußeren Feind kann jedoch die Regierung nicht wirklich sichtbar und glaubhaft machen. Siebzehn «ausländische Agenten» genügen nicht, um die Afghanen für einen «Großen Vaterländischen Krieg» zu gewinnen. Da wird an Fernsehen und Radios nur gelacht und gleich abgestellt. Wie zuvor in Kandahar und Herat, so läßt auch der Volksaufstand von Kabul im Gegenteil ganz klar erkennen: Der Widerstand, für den Babrak Karmal fremde Mächte verantwortlich machen will, wächst aus dem Inneren des Landes heraus, und der Volksfeind, den er anklagt und verfolgt, ist das afghanische Volk selbst.

Daraus ergibt sich mit harter Konsequenz – daß *erstens* die auf eine äußere Bedrohung zugeschnittene Invasionsthese so nicht zu halten ist und *zweitens* die sowjetischen Besatzer, selbst wenn die Grenze gegen Pakistan durch eine internationale Garantie abgedichtet würde, nicht so schnell abziehen werden. Denn die Sowjets lassen sich nicht rausprügeln. Um das eigene Gesicht zu wahren und um das von ihnen eingesetzte, aus eigener Kraft noch lange nicht steh- und gehfähige Regime zu erhalten, werden sie immer mehr ins innerafghanische Geschehen hereingezogen.

Nach der jüngsten Krise haben sich die Besatzungssoldaten an allen strategischen Punkten Kabuls – Elektrizitäts- und Wasserwerke, Brücken, Getreidesilo, Transformatorenstation, Kandahar-Straße, Innenstadt – mit eigenen Militärkräften festgesetzt und exponiert, was bisher nicht der Fall war. Zwar werden immer noch die wenigen intakten afghanischen Panzer und Polizeieinheiten vorgezogen, die hier in Kabul wirksam und diszipliniert zum Einsatz kamen, während sich zum Beispiel in Herat, wie Augenzeugen berichten, Ordnungskräfte mit Demonstranten verbrüderten.

Aber das ändert nichts am Eindruck des sich eng und enger schließenden Teufelskreises: Weil Babrak Karmal mit sowjetischen Divisionen in Kabul einzog, wird er vom afghanischen Volk als unakzeptabler Paria zurückgestoßen. Je mehr jedoch sein Statthalteramt angefochten wird, desto unentbehrlicher werden die Russen. Desto kleiner ist zugleich die Chance, daß Karmals Equipe eigenes Profil gewinnt, daß sie den in ihr vertretenen Fach- und Sachverstand, die Intelligenz, politische Vernunft, Klugheit und Geduld, die sie bisher an den Tag legte, auch wirklich entfalten kann.

Denn für eine der beiden nicht zueinander passenden afghanischen Welten, für die moderne, ist Karmals Mannschaft die beste, die zu haben ist. Dieser Babrak Karmal hat dem Land entschieden mehr zu bieten als sein skrupellos machtgieriger und zerstörerischer Vorgänger Hafisullah Amin, mit dem Segen Moskaus, aber auch aus eigener Überzeugung.

Die oft gehörte Behauptung, daß Moskau Karmal nur eingesetzt habe, um aus Afghanistan eine neue Sowjetrepublik zu machen, ist einfach absurd. Es stimmt nicht, daß er hier «keinerlei Wurzeln» hat, wie seine Gegner erklären. Immerhin wurde er durch freien Volksentscheid zweimal ins königliche Parlament gewählt. Er gehörte zur intellektuellen Spitze jener ins 20. Jahrhundert hineindrängenden afghanischen Sozialreformer, die sich im April 1978 mit Hilfe der Militärs an die Macht schossen und damals die im ganzen Lande unbeliebte, sterile Vetternherrschaft und Diktatur Mohammad Dauds beseitigten.

Unter Babrak Karmal werden politisch Andersdenkende nicht mehr verhaftet, gefoltert und totgeschlagen. Das wird rundum zugegeben. Der Freiraum, den selbst regimekritische Mullahs heute in ihren Moscheen genießen, ist größer als in den meisten so sehr auf ihre islamische Reinheit schwörenden arabischen Staaten. Das kann kaum jemand bestreiten. Unter Babrak wurden unvernünftige, radikale ideologische Kreuzzüge abgeblasen, programmatische Härten bisher vermieden. Statt revolutionären Ungestüms redet man den «Gesetzmäßigkeiten sozialer Evolutionen» das Wort. Enteignete Kapitalisten erhalten ihre Häuser zurück.

Der Mann, der Babrak Karmal vor zwei Jahren als «afghanischen Trotzki» verschrie und seinen damaligen Parteiausschluß guthieß, ist heute Minister für Öffentliche Arbeiten. In der Ministerpräsidentschaft sowie in den Schlüsselministerien sind nicht moskauhörige, kommunistische Apparatschiks, sondern Persönlichkeiten von Geist und Kultur, mit Fach- und Weltkenntnissen zu Chefberatern ernannt worden, die durchweg aus dem nationalistisch-demokratischen Lager, meist auch aus prowestlichen Kreisen stammen.

«Wir fühlen uns freier, nicht mehr bedroht. Wir nehmen sogar wieder Einladungen unter Afghanen an, ohne Angst vor Spitzeln und Polizeiterror», gesteht eine Frau aus bestem, keineswegs regimetreuen Kabuler Haus. Sofort fügt sie indes mißtrauisch hinzu: «Wenn Karmal wirklich besser ist als Amin, dann wäre er ohne die Russen zurückgekommen.» Und ihr nach zwanzig Monaten Kerkerhaft und schrecklicher Mißhandlung gerade erst freigelassener naher Verwandter, der als erklärter Antikommunist in einem Ministerium erneut zu Rang und Amtswürde kam, meint: «Das ist alles nur Show. Ich glaube Babrak Karmal nicht, solange 90000 russische Soldaten in Afghanistan stehen.»

Vielleicht behalten diese Zweifler mit ihren auf Selbsterfüllung drängenden Prophezeiungen schließlich sogar recht. Denn die Widerstandshaltung, in die sie sich und ihre Umwelt kompromißlos und stur hineinreden, hat jetzt ja tatsächlich in Kabul zur Verhängung des Kriegsrechts, zur drastischen Beschränkung der Rede- und Versammlungsfreiheit, zu einer neuen, massiven Verhaftungswelle und zum Rückfall in polizeistaatliche Methoden geführt.

Für die Russen und das Regime Babrak Karmal ist die Versuchung, rücksichtslos hart und mit militärischer Brachialgewalt durchzugreifen, zweifellos gewachsen, und zwar in dem Maße, wie die Bevölkerung keinerlei Bereitschaft zu einem politischen Arrangement erkennen ließ und sich der passive Widerstand der Städte vielmehr in Windeseile ausgebreitet hat, in dem Maße auch, wie sich die Zeichen an der Wand bedenklich mehren, die auf eine Eskalation hin zum aktiven Widerstand schließen lassen, der Stadt und Stämme auf breiter Front vereint.

Kabuler Studenten warten nur auf den Frühling und die Schneeschmelze, um vereint mit den gegenwärtig isolierten Stammesrebellen tätig zu werden. In der Zwischenzeit lernen sie, Explosivladungen anzubringen und Zündschnüre zu verlegen. Zwei Lehrerinnen ziehen mit Kindern und Hausrat in ein Höhlenlager im Norden der Provinz Laghman, wo ihre Ehemänner in den Bergen eine straff organisierte Gefechts- und Waffenausbildung betreiben. Ein Universitätsdozent und ein leitender Beamter im Planungsministerium verlassen ihre Posten, um im heimatlichen Kandahar die verschiedenen Widerstandsgruppen unter einen Hut zu bringen und sich dann in der Grenzprovinz Zabul mit jenen Rebellengruppen zusammenzutun, die vom Exilzentrum im pakistanischen Peschawar aus finanziert und bewaffnet werden.

Die Möglichkeiten, diesen verhängnisvollen Gang der Dinge noch aufzuhalten und ein grauenvolles Blutbad zu verhindern, sind auf dem Hintergrund der jüngsten Kabuler Unruhen – man spricht von 300 bis 500 Toten und Tausenden von Verletzten – erschreckend klein geworden. Der politische Spielraum hat sich drastisch eingeengt. «Wir bewegen uns mit Riesenschritten auf eine furchtbare Tragödie zu», orakeln hier Beobachter düster.

Bestärkt durch Berichte über angelaufene Waffenlieferungen der CIA verbreitet sich in diesem zum Widerstand gegen die Russen wild entschlossenen Volk die unheilvolle Überzeugung: «Amerika wird uns helfen.» So unbelehrbar wie einst im Jahre 1956 die von Radio Free Europe aufgeputschten Ungarn, hoffen heute die Afghanen auf ein Wunder, das nicht eintreten wird. Unverantwortliche amerikanische Parolen, hinter denen sich schon längst die Hinnahme der Invasionsrealität verbirgt, wecken unerfüllbare Erwartungen.

Die Amerikaner scheinen besessen von dem einzigen Gedanken, den Russen für den Einmarsch einen Höchstpreis abzuzwingen, ohne Rücksicht auf afghanische Verluste. Ein westlicher Diplomat erklärte bedrückt: «Washington will hier gar keine Politik mehr machen, nur noch *powerplay*, und die Afghanen sollen dafür bluten.»

Das dürfen die Europäer nicht mitspielen, atlantische Solidarität hin oder her. Der Widerstand darf von außen nicht geschürt, die Militarisierung des Afghanistan-Konflikts muß nicht nur global und regional, sie muß auch lokal mit allen nur verfügbaren Kräften verhindert werden. Es gilt, die unterbrochenen diplomatischen Kanäle auch nach Kabul, nicht nur nach Moskau, wieder so weit zu öffnen, daß politische Einwirkung möglich wird. Nur so kann überhaupt versucht werden, einerseits Babrak Karmal auf innenpolitischem Versöhnungskurs zu halten und andererseits den geschichtlich unerfahrenen, nie unterdrückten, nie zur Anpassung gezwungenen Afghanen die bittere aber notwendige Erkenntnis zu vermitteln, daß es zwischen unzumutbarer Kapitulation und selbstmörderischem Heldentum Raum genug gibt, um das Leben lebenswert zu gestalten. Und daß schließlich nur durch eine solche Einstellung die russische Rückzugsbereitschaft getestet und ausgelotet werden kann.

Warum sollen ausgerechnet wir Europäer mithelfen, hier einen Eisernen Vorhang zu schmieden, den die Russen, anders als in der Tschechoslowakei von 1948, gar nicht niedergehen lassen wollen?

Warum werden die französischen und deutschen Schulen geschlossen, warum alle westlichen Projekte, Kredite und Stipendien gesperrt, obwohl das Karmal-Regime sich bereit zeigt, alle diese Westkontakte aufrechtzuerhalten? Warum eigentlich gibt sich Europa dazu her, das afghanische Invasionsopfer für seine Vergewaltigung schwerer zu bestrafen als die osteuropäischen Satellitenstaaten?

Über den Dächern Kabuls fliegen die von geschickter Kinderhand geführten «Gudiparans», die Drachen, die so steil aufsteigen und so brüsk fallen wie die kurzlebigen Hoffnungen und Wunschträume der sich gegen die Fremdherrschaft aufbäumenden Afghanen. Der weise Sufi Ansari hatte von seiner Kabuler Bergklause einst diesen Drachenkünstlern geraten, kühlen Kopf zu bewahren, Aufwinde und Abwinde und eigene Fortbewegung genau zu berechnen, um ihre «Gudiparans» auf Höhe und auf eine konstante Flugbahn zu bringen. Der Sufi ist schon längst gestorben, doch seine Lehre vom Drachenflug gilt gerade im besetzten und heißblütig-explosiven Afghanistan weiter.

Anhang

1. Dokumente

a) Anliegen und Ziele der Demokratischen Chalq-Partei

Unser geliebtes Heimatland Afghanistan hat eine lange Geschichte und glanzvolle Traditionen. Es ist reich an Naturschätzen und tüchtigen Menschen.

Das ganze 19. Jahrhundert hindurch und einige Jahrzehnte des 20. Jahrhunderts war Afghanistan Kolonie, und auch heute noch herrscht dort ein Feudalsystem in gesellschaftlicher und wirtschaftlicher Hinsicht vor. Die Geschicke der unterdrückten Bevölkerung dieses Landes wurden von verschiedenen Strömungen der Tyrannei unter eingesessenen Feudalherren und britischen Kolonialisten bestimmt.

Durch die Erhebung des afghanischen Volkes (19. Jh.) kam es zur vernichtenden Niederlage der die unmittelbare Kontrolle ausübenden Kolonialherren, womit die Aussichten des internationalen Imperialismus in diesem Teil Asiens vereitelt wurden.

Seit 47 Jahren haben die Klassen der Besitzlosen und Entrechteten Afghanistans und unsere Kämpfer für nationale Freiheit tapfer gekämpft, um aufzuräumen mit dem Despotismus, den Reaktionären im Lande, mit dem Imperialismus und Kolonialismus; doch auf Grund ungünstiger nationaler und internationaler Bedingungen erlitt das nationale Element einige Rückschläge unter der Knute der herrschenden Feudalclique, die zwischen die verschiedenen Volksstämme Afghanistans Keile zu treiben versuchte.

Die afghanische und die internationale Situation

Das wichtigste Ereignis der zeitgenössischen Geschichte ist der Kampf zwischen dem Weltsozialismus und dem Weltimperialismus, der mit der *großen sozialistischen Oktoberrevolution begann.*

Der Funke dieser Revolution sprang über auf die nationalen Freiheitsbewegungen Asiens, Afrikas und Lateinamerikas. Nach dem Zweiten Weltkrieg errangen 53 Länder die Unabhängigkeit, von denen die meisten – darunter auch Afghanistan – sich um politische und wirtschaftliche Stabilität bemühen und zu diesem Zweck die Politik der Neutralität eingeschlagen haben. Die internationale Situation weist jedoch darauf hin, daß dem Imperialismus endgültig der Garaus gemacht wird.

Asiatische und afrikanische Länder wie Ägypten, Algerien, Spanien, Mali, Burma usw. haben den Sozialismus als ihr Regierungssystem gewählt, auf Grund dessen der Lebensstandard ihrer Völker gewaltigen Aufschwung erfahren hat. Aus weltweiter Sicht ergibt sich, daß die *Politik der friedlichen Koexistenz* und die Erfolge der fortschrittlichen Kräfte den Ländern Asiens, Afrikas und Lateinamerikas vollständig zugute gekommen sind – insbesondere dem unterdrückten Volk Afghanistans – und den Weg zur wirklichen Freiheit von den feudalen Reaktionären gegen Imperialismus und Kolonialismus bereitet haben.

Eine bedeutende Rolle im politischen und wirtschaftlichen Leben Afghanistans hat *Loya Jirga (1334)* (= 1955 unserer Zeitrechnung) gespielt. Seinem Beschluß ist es zu verdanken, daß Afghanistan eine *Politik der Neutralität* und der *friedlichen Koexistenz* verfolgte. Das Volk ging über zu einer Politik, die sich nicht nach militärischen

Blöcken, nach Kolonialismus und Neo-Kolonialismus ausrichtete. Diese Politik führte zur selbstlosen Zusammenarbeit friedliebender Länder mit Afghanistan, zu wirtschaftlicher Unabhängigkeit und günstigen Voraussetzungen für die Errichtung einer nationalen demokratischen Regierung in Afghanistan. Hauptursache der wirtschaftlichen Rückständigkeit Afghanistans war die wirtschaftliche und politische Vormachtstellung der Feudalherren und Konzernmagnaten, der Hamsterer, Bürokraten und Imperialisten. Die wirtschaftliche Rückständigkeit des Landes kann durch die Errichtung einer nationalen demokratischen Regierung nur behoben werden. Die nationale demokratische Regierung Afghanistans soll aus den nationalen progressiven demokratischen und patriotischen Kräften Afghanistans bestehen, d. h. aus der Arbeiterklasse, den Bauern, der bürgerlichen Klasse, der nationalen Bourgeoisie.

Das *Chalq Magazine* steht den arbeitenden Massen Afghanistans (95 Prozent der Bevölkerung), nämlich den Arbeitern und Bauern, in ihrem Kampf um Verwirklichung ihrer Bestrebungen aktiv zur Seite.

Politische Angelegenheiten

Das Hauptproblem, dem sich Afghanistan gegenübersieht, ist das der Armut und Rückständigkeit. Deshalb ist es notwendig, das Feudalsystem zu beseitigen und den Einfluß des Imperialismus einzudämmen, um in dem Lande eine *nationale Demokratie zu errichten*. Hierfür müssen folgende Anstrengungen unternommen werden:

1. Wir müssen die territoriale Integrität und politische Unabhängigkeit Afghanistans und seine wirtschaftliche Autonomie verteidigen, und wir müssen die nationale Souveränität sichern.
2. Alle staatliche Macht muß in den Händen des Volkes vereinigt sein. Die Souveränität des Volkes ist durch Errichtung einer nationalen demokratischen Regierung zu stärken. Die demokratische Volksgemeinschaft der Arbeiter, Bauern und der fortschrittlichen Elite wird als *vereinigte nationale Front* handeln und das grundlegende Interesse des Volkes wahren.
3. Die gesetzgeberischen Befugnisse werden bei einem Rat liegen, der *von allen Teilen des Volkes* von Afghanistan auf der Basis direkter, freier, allgemeiner, gleicher und geheimer Wahlen zu wählen ist. Die Mitglieder der Regierung werden dann vom Rat gewählt, der sorgsam über ihr Tun wacht.
4. Die Justiz wird sich darum bemühen, die Unabhängigkeit auf der Grundlage demokratischer Prinzipien zu gewährleisten.
5. Die staatliche Demokratie kann nur gewährleistet werden, wenn die Menschen weitgehende demokratische, politische und soziale Freiheiten genießen, und zwar die *Gedankenfreiheit, die Freiheit der Rede, der Presse, die Koalitionsfreiheit, die Freiheit der Bildung politischer Parteien, der Bildung von Gewerkschaften, die Freiheit des Streiks und der Demonstrationen, die Freizügigkeit, die Freiheit der Berufswahl, der Bestimmung des eigenen Wohnsitzes, die Freiheit der Verteidigung der eigenen Rechte vor Gericht, das aktive Wahlrecht der Bürger vom vollendeten 18. Lebensjahr an, das passive Wahlrecht für alle demokratischen Institutionen (vom Gemeinderat im Dorf Jirga bis zum Nationalrat), die Gleichheit aller vor dem Gesetz*. Jedermann kann ungeachtet seiner Rasse, Stammeszugehörigkeit, Herkunft, Konfession oder seines Geschlechts seine demokratischen Rechte und Freiheiten verteidigen.
6. In Afghanistan sind arbeitende Klassen mit *unterschiedlichen völkischen Kulturen* vorhanden. Diese haben gemeinsam gegen Feudalismus und Imperialismus ge-

kämpft. Der feudalistischen und imperialistischen Politik ist es zu verdanken, daß die Menschen in Afghanistan ihrer Freiheiten beraubt blieben. Reaktionäre Politik war die Hauptursache der Uneinigkeit Afghanistans. Deshalb ist es die Pflicht der Nationalen Demokratischen Chalq-Partei, für die Solidarität der verschiedenen Klassen Afghanistans zu kämpfen – ungeachtet ihrer Rasse, Kaste und Herkunft.

7. Um die nationale Einheit zu schaffen, sind zur Regelung der Sprachprobleme Afghanistans auf demokratischer Grundlage die erforderlichen Maßnahmen zu ergreifen.

8. Im Jahre 1893 bescherten die britischen Imperialisten Afghanistan gegen den Willen des Volkes die sogenannte koloniale *Durandline*, womit ein Teil des Landes abgeschnitten wurde. Seitdem währt ein anhaltender Kampf der nationalen Bewegung des Volks von Paschtunistan gegen die kolonialen und imperialistischen Mächte. Die fortschrittlichen Kräfte der Demokratischen Chalq-Partei Afghanistans unterstützt auf der Basis des «Selbstbestimmungsrechts der Völker» die nationale Bewegung des Volkes von Paschtunistan.

9. Die Demokratische Chalq-Partei wird folgende Politik vertreten:

a) eine Politik positiver Nicht-Ausrichtung;

b) Unterstützung des Weltfriedens und der friedlichen Koexistenz;

c) die Schaffung freundschaftlicher Beziehungen mit allen friedliebenden Nationen, die kein politisches, wirtschaftliches und koloniales Muster haben und die mit Afghanistan in wirtschaftlicher, technischer und kultureller Hinsicht auf der Basis der Gleichheit zusammenarbeiten. Förderung und Vertiefung enger freundschaftlicher Beziehungen zu den entwickelten Ländern. Solidarität mit den internationalen progressiven Bewegungen im Kampf um die Verteidigung des Friedens, der nationalen Unabhängigkeit, der Demokratie und im Kampf gegen den Imperialismus. Unterstützung asiatischer, afrikanischer und lateinamerikanischer Länder in ihrem Streben nach Erringung ihrer staatlichen Unabhängigkeit. Bemühungen um die Erhaltung gesunder internationaler Beziehungen und Opposition gegen aggressive Militärblocks und Wirtschaftsblocks mit kolonialen Tendenzen. Bemühungen um die Vermeidung eines Weltkrieges.

   Unterstützung der Vereinten Nationen. Unterstützung der Abrüstung bei umfassenden internationalen Bemühungen gegen Alt- und Neokolonialismus und -imperialismus und Unterstützung aller nationalen und progressiven Freiheitsbewegungen in der Welt.

Wirtschaftliche Angelegenheiten

Unser Land ist voller nationaler und menschlicher Reserven. Wir können den Lebensstandard unseres Volkes durch Auswertung dieser Reserven in eigener Regie erhöhen.

Die Feudalisten, Wirtschaftsbosse, Hamsterer und Bürokraten und die imperialistischen Konzerne sind verantwortlich für die wirtschaftliche Rückständigkeit des Landes. Sie haben die Arbeiterklasse und die Bauern Afghanistans in grausamer Weise ausgebeutet.

Für die Zwecke der wirtschaftlichen und gesellschaftlichen Entwicklung des Landes ist die Herbeiführung eines Wandels im nationalen Wirtschaftssystem zwingend geboten. Das Land müßte industrialisiert werden. Alle progressiven demokratischen und patriotischen Kräfte, Arbeiter und Bauern sollten eine nationale Einheitsfront unter einer nationalen demokratischen Regierung bilden und folgende Maßnahmen zur wirtschaftlichen Entwicklung des Landes ergreifen:

Wirtschaftliche Entwicklung unter *staatlicher Planung*. Stärkung des *staatlichen Sektors*. Abbau unnützer Ausgaben. Angemessene Verwertung nationaler Ressourcen.

Entwicklung nationaler Industrien

Errichtung nationaler (Schwer- und Leicht-)Industrien. Eisengewinnung und -verarbeitung, Erdöl-, Gas- und Stromgewinnung, Maschinenbau, chemische Industrien, Bergbau.

Schaffung der geeigneten Gewerbezweige, um den Lebensstandard der einfachen Bevölkerung zu heben. Die Investition auf dem staatlichen Sektor sollte unter Führung durch die Regierung gefördert werden. Die Regierung ist dafür verantwortlich, Anreize für die nationale Produktion gegen den Einfluß des Auslands zu schaffen.

Förderung der Heimindustrien.

Landwirtschaftliche Entwicklung und Landreformen

Die landwirtschaftliche Produktion hält mit dem Bevölkerungswachstum Afghanistans nicht Schritt. Schuld an der Rückständigkeit der Bauern ist das Feudalsystem gewesen. Es ist unbedingt notwendig, Landreformen durchzuführen und die alten Anbaumethoden zu überprüfen. In diesem Zusammenhang müßten die folgenden Maßnahmen ergriffen werden.

Grundlegende Bodenreformen auf der Basis sozialer Gerechtigkeit unter Beteiligung sämtlicher landloser Bauern und demokratische und fortschrittliche Gesetzgebung zur Beseitigung des Feudalsystems.

Schaffung von *Anreizen für die kleinen Landbesitzer*, damit sie ihre Agrarproduktion steigern können. Befreiung kleinerer Landhalter aus dem Griff der Kapitalisten.

Errichtung *großer staatlicher Landwirtschaftsbetriebe* und Verteilung landwirtschaftlicher Nutzflächen unter landlosen Bauern und *Kochies* im Wege von Agrargenossenschaften.

Demokratische Bodenreformen, um der Landwirtschaft des Landes zum Aufschwung zu verhelfen. Beschaffung der erforderlichen Hilfsmittel wie landwirtschaftliche Geräte zur Mechanisierung der Agrarbetriebe und Stellung von Kunstdünger und verbessertem Saatgut. *Verbesserung des Bewässerungssystems.*

Viehhaltung und Leben der Kochies

Viehzuchtgenossenschaften sind zu gründen, um bessere Voraussetzungen für einen gesunden Viehbestand und ergiebiges Weideland zu schaffen. Die *Kochies* müßten angehalten werden, in landwirtschaftlichen und gewerblichen Unternehmen mitzuwirken, damit sich ihr Lebensstandard erhöht.

Handel und Finanzen

Die Imperialisten, ausländische Monopolisten, das *Big Business* und die Hamsterer sind für die schlechte Wirtschaft des Landes verantwortlich. Sie beziehen von uns Rohstoffe im Austausch für unnütze Waren, wodurch sie unserer Wirtschaft gewaltige Rückschläge versetzen und uns Devisenverluste verursachen. Die Nationale Demokratische Regierung soll folgende Maßnahmen ergreifen:

Förderung des Tauschhandelssystems.

Schaffung von Anreizen für nationale Gewerbezweige und Steigerung der Produktion. Förderung des Handels und Stabilisierung der Warenpreise und Ermunterung der kleinen Kaufleute.

Bei der Aufstellung des Haushaltsplans sollte das Interesse der vermögenslosen Menschen Afghanistans an sozialem Fortschritt im Auge behalten werden. Steuern sollten von den Reichen auf der Grundlage sozialer Gerechtigkeit erhoben werden.

Soziale Angelegenheiten

In den vergangenen 47 Jahren wurde das Volk von Afghanistan von der herrschenden Feudalclique unterdrückt. Das Ergebnis davon ist, daß heute Afghanistan als das rückschrittlichste Land in der Völkergemeinschaft angesehen wird. Durch despotische reaktionäre Politik wurden die Arbeiter und Bauern daran gehindert, politische Parteien zu gründen, sich gewerkschaftliche Sprachrohre zu schaffen oder Demonstrationen zur Verteidigung ihrer Rechte abzuhalten. Es müßten die folgenden Reformen in Angriff genommen werden:

- Jedermann müßte einen Arbeitsplatz mit ausreichendem Lohn haben.
- Beseitigung der Arbeitslosigkeit.
- 42 Arbeitsstunden pro Woche.
- Krankenversicherung durch die Regierung.
- Die 15- bis 18jährigen müßten vier Stunden weniger arbeiten als die übrigen; Recht zur Bildung von Gewerkschaften und zur Durchführung von Streiks.
- Schaffung von Gerichten zur Beilegung von Streitigkeiten zwischen Arbeitgebern und Arbeitnehmern.
- Senkung der Mieten für Läden und Wohnungen.
- Gleichberechtigung der Frauen.
- Ländliche Entwicklung.
- Es werden Maßnahmen ergriffen gegen jene, die sich auf ungesetzlichem Wege bereichert haben.
- Schaffung freier und unabhängiger Gerichte und Reformierung der Gefängnisse.
- Alle «antinationalen» Gesetze müßten abgeschafft werden.
- Für freien Gesundheitsschutz wird die Regierung sorgen. Errichtung von Polikliniken, Krankenhäusern, Sanatorien.
- Drogenverbot.

Kulturelle Angelegenheiten

Es wird nach folgendem Programm verfahren:

- Kostenloser verbindlicher Grundschulbesuch mit Unterricht in der Muttersprache vom Alter von sieben Jahren an ohne Diskriminierung.
- Förderung der landwirtschaftlichen und technischen Ausbildung.
- Ausdehnung kultureller Beziehungen mit fortschrittlichen und friedliebenden Ländern.
- Feldzug gegen Analphabetentum.
- Errichtung von Sportvereinen, Tagungsstätten und studentischen Verbänden.
- *Ideologische Schärfung des Glaubens* an nationale Demokratie, Unabhängigkeit und sozialen Fortschritt.
- Entwicklung der Sprachen und der Kultur.
- Wer die Medien benutzt, um Feudalismus und Imperialismus zu stärken, wird an den Pranger gestellt.

Wir arbeiten auf die Errichtung einer nationalen demokratischen Regierung auf der Grundlage eines sozialen Systems und einer fortschrittlichen nationalen Ideologie hin.

b) Die wichtigsten Punkte der Regierungserklärung, die am 9. 5. 1978 um 20 Uhr von Nur Mohammad Taraki in Radio Afghanistan bekanntgegeben wurde.

Im Bereich der Innenpolitik:

Während die Verteidigung der territorialen Integrität, der nationalen Souveränität und der nationalen Unabhängigkeit des Landes, die entscheidende Verteidigung von Errungenschaften der Revolution vom 27. April, Zerschlagung und Entmachtung der antirevolutionären Kräfte, die Herstellung der Einheit aller demokratischen und nationalen Kräfte und fortschrittlichen Patrioten zur Verteidigung der Revolution, die Herstellung der Sicherheit, die Freiheit und Einheit der Bevölkerung von Afghanistan zu den vorrangigsten Aufgaben der Regierung der Demokratischen Republik Afghanistan gehören, erfordert die Lösung der Fragen der wirtschaftlichen Unterentwicklung, der Schaffung einer unabhängigen nationalen Wirtschaft, Beschleunigung des Wirtschaftswachstums, Modernisierung der landwirtschaftlichen Viehzucht, Industrialisierung des Landes und Hebung des Lebensstandards der Volksmassen, daß in kürzester Zeit folgende grundlegende soziale und wirtschaftliche Reformen durchgeführt werden:

1. Verwirklichung der demokratischen Land- und Bodenreformen zum Vorteil der fleißigen Bauern und mit deren aktiver Teilnahme Kultivierung der Böden, Entwicklung und Verbesserung des Bewässerungssystems und die Lösung der Fragen der beiden Gebiete.
2. Die Beseitigung der alten feudalistischen und vorfeudalistischen Beziehungen.
3. Die Ergreifung der Maßnahmen und nötigen Schritte im Bereich des Innen- und Außenhandels zum Vorteil der Bevölkerung und im nationalen Interesse des Landes.
4. Die Stärkung des Sektors der Staatswirtschaft mit wissenschaftlicher Planung und Herrschaft über Naturressourcen und Ausbildung der nationalen Kader.
5. Demokratisierung des sozialen Lebens und des Staatsapparates.
6. Demokratische Lösung der nationalen Frage.
7. Abschaffung des Einflusses des Neoimperialismus und des Kolonialismus sowie deren Anhänger in den verschiedenen Bereichen von Wirtschaft, Politik, Kultur und Ideologie.
8. Reinigung des staatlichen Apparates von Antirevolutionären, Antidemokraten und Widersachern der Bevölkerung und der Heimat und die Schaffung einer gesunden und demokratischen Staatsadministration im Dienste der Bevölkerung.
9. Die Stärkung und Entwicklung der siegreichen nationalen Armee der Demokratischen Republik Afghanistan, um die Revolution und deren Errungenschaften zu verteidigen. Die Herstellung der vollen und gerechten Rechte für patriotische Offiziere und Soldaten, insbesondere ihrer breiten Teilnahme ohne Diskriminierung und ohne Konzession neben allen anderen Patrioten in politischen und sozialen Aktivitäten des Landes.
10. Die Herstellung der Demokratie zum Vorteil der Bevölkerung, Sicherung der Rechte und der demokratischen Freiheiten, Erlangung der wirtschaftlichen und fachschaftlichen Forderungen der Bevölkerung in Afghanistan einschließlich der Arbeiter, Bauern, Offiziere, Soldaten, Handwerker, Intellektuellen, patriotischen Geistlichkeit, Nomaden, kleinen und mittleren Klassen, nämlich Händlern, *und nationalen Kapitalisten.*

11. Zusammenstellung und Verwirklichung der demokratischen Gesetze in allen Bereichen, Abschaffung aller Gesetze, Bestimmungen und Einrichtungen, die zu Idealen und Grundsätzen der Revolution vom 27. April im Gegensatz stehen.
12. Herstellung der Gleichheitsrechte zwischen Frauen und Männern in allen sozialen und wirtschaftlichen, politischen, kulturellen und zivilen Bereichen.
13. Die Lösung der Nomadenfragen in demokratischer Weise.
14. Schutz der *inländischen Industrie* und Produktion gegenüber den ausländischen Konkurrenzgütern, *Förderung, Schutz, Kontrolle und Führung der privaten Investitionen* in den *kleinen und mittleren Betrieben.*
15. Ausweitung der wirtschaftlichen Beziehungen und technischen Zusammenarbeit mit befreundeten Staaten und die Heranziehung der bedingungslosen Anleihen zur Beschleunigung des Wirtschaftswachstums im Lande.
16. Eine grundlegende Revision der Einkommen und Ausgaben des staatlichen Budgets zum Vorteil der Produktion, der Erziehung, der Gesundheit, des Baus und des Wohlfahrtslebens.
17. Eine Überprüfung im Steuersystem des Landes zur Verringerung der indirekten Steuern und Erhöhung der direkten progressiven Steuern.
18. Die Festsetzung und Kontrolle der Preise im nötigen Niveau zum Vorteil der Bevölkerung.
19. Die Herstellung des generellen *obligatorischen Elementarunterrichts*, gratis, für diejenigen Kinder, die ihr Lernanfangsalter erreicht haben, und Schaffung aller Bedingungen zur *Bekämpfung des Analphabetentums.*
20. Ausweitung des Mittelschulwesens, des Hoch- und Fachschulwesens, kostenlos, zur Förderung der wissenschaftlichen und technischen nötigen Kader sowie Überprüfung aller Programme der Schulen und Hochschulen.
21. Schaffung eines fortschrittlichen und nationalen Kultursystems und in erster Linie die Herstellung der Bedingungen zur Entwicklung der Kunst und Literatur, Ausbildung und Publikation in Muttersprachen der Stämme und Nationalitäten Afghanistans.
22. Herstellung der medizinischen Dienste, kostenlos, und die Beendigung der antisozialen Geschäfte im medizinischen Bereich. Bekämpfung verschiedener Krankheiten und Ausweitung der präventiven und sozialen Medizin.
23. Einleitung der wirksamen Maßnahmen zur Beseitigung aller Formen von Unterdrückung und Grausamkeit, Arbeitslosigkeit, Unwissenheit, Korruption und Bürokratie, Spekulation, Wucherei und Schmugglerei sowie Bekämpfung der Prostitution, Hasardspiel, *Alkohol*- und Rauschgiftsucht.

Im Bereich der Außenpolitik:
Während die Beziehungen der Regierung der Demokratischen Republik Afghanistan mit *Nachbarstaaten der Region* und der *Welt* in bezug *auf ihr Verhalten gegenüber unserer demokratischen nationalen Revolution* beruhen, besteht die Außenpolitik der Demokratischen Republik Afghanistan darin:
24. Die Verfolgung einer positiven und aktiven, blockfreien und unabhängigen, friedlichen Politik, beruhend auf den Grundsätzen der friedlichen Koexistenz.
25. Herstellung der *guten nachbarlichen Beziehungen,* Freundschaft und Zusammenarbeit aller Nachbarstaaten der Demokratischen Republik Afghanistan, Festigung und allseitige Ausweitung der freundschaftlichen Beziehungen mit dem nördli-

chen Großnachbarn, der Sowjetunion, Ausweitung der freundschaftlichen Beziehungen mit Indien, Herstellung der freundschaftlichen Beziehungen der Demokratischen Republik Afghanistan mit dem Iran, mit Pakistan und mit China. Die Lösung der nationalen Frage der Paschtun- und Belutschvölker auf Grund ihres Willens und der geschichtlichen Hintergründe. Die Lösung dieser Frage geschieht auf dem politischen und friedlichen Verhandlungsweg zwischen der Demokratischen Republik Afghanistan und Pakistan.

26. Anstrengung zur Erhaltung des Weltfriedens und Festigung des Friedens in der Region, Kampf für globale Abrüstung, in erster Linie zur Eindämmung der Verbreitung atomarer Waffen, Abschaffung der aggressiven Militärstützpunkte in fremden Territorien und Vertiefung internationaler Entspannung.

27. Unterstützung der nationalen Freiheitsbewegungen in Asien, Afrika und Lateinamerika im Kampf gegen alten und neuen Imperialismus.

28. Unterstützung der legalen Rechte der arabischen Völker zur Befreiung ihrer von Israel besetzten Gebiete, der Rechte der arabischen Palästinabevölkerung, einschließlich der Bildung eines unabhängigen Palästinastaates.

29. Unterstützung der legalen Unabhängigkeitsforderungen und legalen Forderungen der patriotischen Völker Südafrikas im Kampf gegen Rassendiskriminierung und Apartheid.

30. Achtung und Rücksicht der Deklaration der Menschenrechte und Charta der Vereinten Nationen.

c) Dekret Nr. sechs des Revolutionsrats der Demokratischen Republik Afghanistan (DRA) vom 12. 7. 1978 über die Befreiung von Millionen unserer hart arbeitenden Bauern vom Joch der unterdrükkenden Ausbeuter.

(Quelle: Jahrbuch der DRA 1357, Informationsministerium, Kabul, 1979)

Die siegreiche Saur-Revolution hat die politische Herrschaft der ausbeutenden Klassen über die unterdrückte Bevölkerung beendet. Unter der Führung der Volksdemokratischen Partei Afghanistans (VDPA) wurde damit der Grundstein für die neue demokratische Gesellschaft gelegt.

Die DRA zählt die Sicherung des Glücks und des Wohlbefindens des afghanischen Volkes auf der Grundlage der Richtlinien ihrer revolutionären Aufgaben zu ihren fundamentalen Pflichten. Sie gibt dem Wohlbefinden der Bauern und deren Befreiung von der drückenden Last von Hypotheken und Wucher, die von den Großgrundbesitzern und Geldverleihern auferlegt werden, eine oberste Priorität.

Der Revolutionsrat der DRA erläßt daher das folgende Dekret, um Millionen hart arbeitender Bauern vom Joch der unterdrückerischen Ausbeuter zu befreien.

§ 1

Der Hypothekengläubiger, der sich vor 1973 einen Teil des Landes von jemandem angeeignet hat, der fünf Acres (= 1 ha) vom Land ersten Grades oder weniger besitzt, hat nur noch Anspruch auf die anstehende Ernte. Das fragliche Land muß er zurückgeben, ohne vom Hypothekenschuldner sein Geld zurückzuerhalten.

§ 2

Wenn der Hypothekengläubiger sich Land später als 1973 angeeignet hat von jemandem, der fünf Acres (= 1 ha) vom besten Land oder weniger als das besitzt, so hat er Anspruch auf die anstehende Ernte. Das Land muß er zurückgeben, und sein Geld erhält er vom Hypothekenschuldner gemäß folgenden Regelungen zurück:

1 – Im Falle, daß das Land 1973 gepfändet wurde, muß nur 20 % des Geldes nach einem Jahr im Laufe des folgenden Jahres zurückgezahlt werden.

2 – Im Falle, daß das Land 1974 gepfändet wurde, muß nur 40 % des Geldes nach einem Jahr im Verlauf der beiden folgenden Jahre zurückgezahlt werden.

3 – Im Falle, daß das Land 1975 gepfändet wurde, muß nur 60 % des Geldes nach einem Jahr im Verlauf von drei Jahren zurückgezahlt werden.

4 – Im Falle, daß das Land 1976 gepfändet wurde, muß nur 80 % des Geldes nach einem Jahr innerhalb von vier Jahren zurückgezahlt werden.

5 – Im Falle, daß das Land 1977 gepfändet wurde, muß nur 90 % des Geldes nach einem Jahr innerhalb von fünf Jahren zurückgezahlt werden.

§ 3

Bauern, die auf dem Land von Grundbesitzern als Arbeiter beschäftigt sind, sind enthoben, Darlehen des Grundbesitzers oder Geldverleihers und die Zinsen davon zurückzuzahlen.

§ 4

Landlose Bauern und solche, die fünf Acres (= 1 ha) vom besten Land oder ein Äquivalent dessen besitzen, sind davon enthoben, Schulden oder Vorschüsse, die sie vor 1973 erhalten haben, an eine oder mehrere Personen, sei es in Form von Anleihen, Hypotheken oder Krediten mit Zinsen zurückzubezahlen.

§ 5

Bauern, die fünf Acres (= 1 ha) von erstklassigem Land oder Äquivalente davon oder weniger besitzen, müssen an eine oder mehrere Personen Gelder, die sie 1973 oder später in Form von Krediten, Hypotheken, Vorschüssen oder Anleihen mit Zinsverpflichtungen erhalten haben, gemäß folgenden Regelungen zurückzahlen (vorausgesetzt die Gegenpartei kann legale Dokumente vorlegen):

1 – Im Falle, daß der Schuldschein von 1973 stammt, müssen nur 20 % des gesamten Geldbetrages nach einem Jahr innerhalb von einem Jahr zurückgezahlt werden.

2 – Im Falle, daß der Schuldschein von 1974 stammt, müssen nur 40 % des gesamten Geldbetrages nach einem Jahr innerhalb von zwei Jahren zurückgezahlt werden.

3 – Im Falle, daß der Schuldschein von 1975 stammt, müssen nur 60 % des gesamten Geldbetrages nach einem Jahr innerhalb von drei Jahren zurückgezahlt werden.

4 – Im Falle, daß der Schuldschein von 1976 stammt, müssen nur 80 % des gesamten Geldbetrages nach einem Jahr innerhalb von vier Jahren zurückgezahlt werden.

5 – Im Falle, daß der Schuldschein von 1977 stammt, müssen nur 90 % des gesamten Geldbetrages nach einem Jahr innerhalb von fünf Jahren zurückgezahlt werden.

§ 6

Die Hypotheken- und Anleihendokumente sollen nach Verwirklichung der Paragraphen eins, zwei, drei, vier und fünf null und nichtig sein.

§ 7

Das Dekret wird in Kraft treten, nachdem es im Amtlichen Anzeiger veröffentlicht wurde.

(Es folgt ein Anhang mit Regelungen für die Einsetzung von Kommissionen auf Bezirksebene, die die Durchführung des Dekrets überwachen sollen, und Berufungsinstanzen.)

Einsetzung von Kommissionen auf Bezirksebene, die die Durchführung des Dekrets überwachen sollen und Berufungsinstanzen.)

d) Erlaß des Revolutionsrats über die Rechte der Frauen

Text des Erlasses Nr. 7 des Revolutionsrats der Demokratischen Republik Afghanistan (DRA), der am 25. Mizan 1357 (17. Okt. 1978) betreffend Mitgift (*Mahar*) und Heiratsaufwand zur Sicherung gleicher Rechte der Frauen wie der Männer verkündet wurde:

Dieser Erlaß erfolgt zur Durchführung von § 12 der Grundsätze der revolutionären Pflichten der Demokratischen Republik Afghanistan zur Sicherstellung gleicher Rechte der Frauen wie der Männer sowie auf dem Gebiet des Bürgerlichen Rechts und zur Beseitigung ungerechter patriarchalischer feudalistischer Beziehungen zwischen (Ehe-) Mann und Frau und zur Konsolidierung weiterer echter Familienbande.

§ 1

1. Niemand darf ein Mädchen gegen Bargeld oder Ware verloben oder in die Ehe (*nikah*) geben.
2. Niemand darf den Bräutigam zwingen, zum Zeitpunkt der Heirat Geld oder Ware als Mitgift zu zahlen (*toyana oder Walwar*).

§ 2

Niemand darf den Bräutigam oder seinen gesetzlichen Vertreter zwingen, anläßlich *Idi, Naurozi, Barati* oder anderer Gelegenheiten für das Mädchen oder ihre Familie Kleider oder Geschenkartikel herzustellen.

§ 3

Das Mädchen oder ihr gesetzlicher Vertreter dürfen als Mitgift (*Mahar*) nicht mehr als zehn Darham an Bargeld oder Ware nehmen, wie es *Shariat* vorschreibt, was 300 Afghanis nicht übersteigt – auf der Basis des Banksatzes für Silber.

§ 4

Verlobung und Heirat erfolgen mit voller Zustimmung der Parteien; das heißt:

1. Niemand darf zur Heirat gezwungen werden.
2. Niemand darf die freie Heirat einer Witwe verhindern oder sie aus verwandtschaftlichen Gründen oder wegen religiöser Bande zur Heirat zwingen.
3. Niemand darf eine andere Person mit dem Vorwand der Verlobung, erzwungener Verlobungsausgaben oder unter Gewaltanwendung an einer legalen Heirat hindern.

§ 5

Die Verlobung und Verheiratung von Frauen unter 16 Jahren und Männern unter 18 Jahren ist nicht erlaubt.

§ 6

1. Wer die Bestimmungen dieses Erlasses verletzt, wird zur Rechenschaft gezogen, unter Umständen mit Gefängnis von sechs Monaten bis drei Jahren.
2. In Verletzung der Bestimmungen dieses Erlasses akzeptierte Bargelder oder Waren werden beschlagnahmt.

§ 7

Dieser Erlaß wird nach Veröffentlichung im Amtlichen Anzeiger verkündet.

e) Dekret Nr. acht des Revolutionsrats der Demokratischen Republik Afghanistan (DRA) über Grundbesitz, verkündet am 28. November 1978.
(Quelle: Jahrbuch der DRA 1357, Informationsministerium, Kabul, 1979)

Allgemeine Verfügungen
§ 1
Dieses Dekret wird in Übereinstimmung mit den Zielen der Volksdemokratischen Partei Afghanistans (VDPA) und den erhabenen Absichten der großen Saur-Revolution erlassen, um die Paragraphen 1 und 2 der Grundsätze der revolutionären Pflichten der DRA (vom 9. Mai 1978, d. Ü.) zu verwirklichen. Außerdem sollen folgende Zielsetzungen erreicht werden:
1 – Beseitigung der feudalen und vorfeudalen Beziehungen im sozioökonomischen System des Landes.
2 – Popularisierung, Festigung und Vertiefung der Einheit von Arbeitern und Bauern mit dem Ziel, die Einheit des afghanischen Volkes weiter zu stärken, damit eine Gesellschaft ohne verfeindete Klassen und frei von Ausbeutung des Menschen durch den Menschen aufgebaut wird.
3 – Anhebung des Umfangs der landwirtschaftlichen Produktion in der Absicht, ausreichende und verschiedenartige Nahrungsmittel für das Volk zu schaffen, und Rohstoffe für die wachsenden Exporte von landwirtschaftlichen und industriellen Produkten des Landes bereitzustellen.
§ 2
Die folgenden Ausdrücke haben die nachstehende Bedeutung:
1 – «Familie»: sie umfaßt Ehemann, Ehefrau und Kinder, die das Alter von 18 Jahren noch nicht erreicht haben und in direkter Abhängigkeit oder unter der Aufsicht des Familienoberhauptes leben, wenn sie in einem Haushalt zusammengeschlossen sind. Eine nichtverheiratete Person, die das 18. Lebensjahr vollendet hat, soll im Zusammenhang mit der Landverteilung als eine gesonderte Familie gelten.
2 – «Landlose Bauern» sind diejenigen, die kein eigenes Land haben, sondern Land einer anderen Person auf der Grundlage einer vorhergegangenen legalen Abmachung oder lokalen Übereinkunft selbständig bebauen.
3 – «Kleine Landbesitzer» sind diejenigen, die selbständig Land bebauen und die Besitzer von weniger als fünf Dscherib (= 1 ha, d. Ü.) erstgradigem Land oder einem Äquivalent davon sind.
4 – «Landarbeiter» ist derjenige, der kein Land hat und landwirtschaftliche Arbeiten oder andere spezielle Aufgaben auf dem Land eines Grundbesitzers gegen eine festgelegte Summe in Form von Gehalt, Bargeld oder Sachwert auf der Basis vorhergegangener legaler oder lokaler Vereinbarungen verrichtet.
5 – «Grundbesitzer» ist derjenige, der in gesetzlichem Besitz seines Landes gemäß gültiger und legaler Dokumente ist.
6 – «Voll-Nomade» ist derjenige Nomade, der keine andere Einkommensquelle hat außer Arbeit und weidendes Vieh.
7 – «Landstück» ist ein Landteil im Besitz oder Eigentum einer oder mehrerer Personen, das begrenzt wird durch Besitzungen anderer Personen oder des Staates, durch einen Fluß, einen Bewässerungsgraben, eine öffentliche Straße, einen Berg, einen

Hügel oder durch Ödland. Obst- oder Weingärten werden als gesonderte Landstücke angesehen, selbst wenn sie Teil eines Landstückes oder eines Grundbesitzes sind, und der nicht für Wein- und Obstbau benutzte Teil des Landes als ein gesondertes Landstück angesehen wird.

8 – «Landbesitzungen» umfassen ein oder mehrere Landstücke eines Landes, die teilweise oder ganz in legalem Besitz einer Person sind und in einem oder mehreren Dörfern, in einem oder mehreren Bezirken oder Provinzen verstreut sind.

9 – «Überschuß-Land» ist Teil eines Landbesitzes einer Person und wird als Überschuß an seinem Anteil auf der Grundlage von gesetzlich gültigen Dokumenten bestimmt.

§ 3

Keine Familie kann mehr als 30 Dscherib (= 6 ha, d. Ü.) von erstgradigem Land oder seinem Äquivalent besitzen.

§ 4

Niemand kann Land, das über das Limit von 30 Dscherib von erstklassigem Land oder dessen Äquivalent hinaus geht, das Überschußland, das nach der Vermessung übriggeblieben ist, und das Land, das nach den Regelungen dieses Dekrets verteilt wurde, verpfänden, verpachten oder verkaufen.

Bewässerungsverwaltung

§ 5

Zum Zwecke der effektiven und vollständigen Ausnutzung der Wasserressourcen in der Landwirtschaft findet die Verteilung des Wassers nach gerechten Maßstäben statt.

§ 6

Die Kapazität eines normalen jährlichen Zuflusses eines Bewässerungsgrabens oder einer anderen Bewässerungsquelle wird vom Ministerium für Wasser und Energie und vom Ministerium für Landwirtschaft und Landreform festgelegt. Der jährliche Anspruch auf Wasser je Dscherib Land ist gerecht festgelegt, und das Wasser wird entsprechend verteilt.

§ 7

Verbesserung und Reparatur von Bewässerungsanlagen oder anderen Einrichtungen des Bewässerungssystems sollen auf der Basis eines Protokolls zwischen dem Institut zur Verbesserung des Bewässerungssystems der betreffenden Region und den Bauern oder den Genossenschaften abgeschlossen werden. Die Kosten für die Verbesserung und Reparaturen werden von der Landwirtschaftlichen Entwicklungsbank unter günstigen Bedingungen auf Antrag von Bauern oder einer Genossenschaft bezahlt.

Landverteilung

§ 8

Anspruchsberechtigten Personen soll folgendes an Land gemäß den Regelungen dieses Dekrets zugeteilt werden:

1 – Land, das über das gesetzte Limit gemäß der Vermessung hinausgeht, und Überschußland.

2 – Land, das dem Staat geschenkt wurde.

3 – Land der Yahya Dynastie (Familienzweig, aus dem die Königsfamilie stammt, d. Ü.) und der Königsfamilie, Staatsland und Bewässerungsprojekte, die für die Einrichtung von Staatsfarmen ungeeignet sind.

§ 9
Das Überschußland und das Land, das über die gesetzte Größe von Landbesitz hinausgeht, wird von der Landreform-Abteilung ohne Erstattung des Preises übernommen.

§ 10
Land wird in drei Kategorien und sieben Klassen eingeteilt. Um es in eine Austauschrelation zu erstgradigem Land zu bringen, sollen folgende Koeffizienten zugrunde gelegt werden:

Erste Kategorie: Obst- und Weingärten und bewässertes Ackerland mit zwei Ernten jährlich.

- Land ersten Grades (Obst- und bewässertes Weinbauland), Koeffizient 1.00
- Land zweiten Grades (bewässertes Ackerland mit zwei Ernten jährlich), Koeffizient 0.85

Zweite Kategorie: (bewässertes Ackerland, mit einer Ernte jährlich)

- Land dritten Grades (bewässertes Ackerland, mit einer Ernte jährlich, das während 50 % des Jahres oder mehr bebaut und bewässert wird), Koeffizient 0.67
- Land vierten Grades (bewässertes Ackerland mit einer Ernte jährlich, das weniger als 50 % des Jahres bebaut oder bewässert wird), Koeffizient 0.40

Dritte Kategorie: (unbewässertes Ackerland):

- Land fünften Grades (trockenes Ackerland, das einmal in jedem Jahr bebaut wird), Koeffizient 0.20
- Land sechsten Grades (trockenes Ackerland, das einmal alle zwei Jahre bebaut wird) Koeffizient 0.15
- Land siebten Grades (trockenes Ackerland, das weniger häufig als alle zwei Jahre bebaut wird) Koeffizient 0.10

§ 11
Die Maßeinheit des Landes ist der Dscherib, der 2000 m² oder dem Fünftel eines Hektars entspricht. Beim Bemessen eines Landbesitzes soll ein halber Dscherib oder weniger nicht gezählt, aber mehr als ein halber Dscherib soll als ein ganzer Dscherib berechnet werden.

§ 12
Land soll frei wie folgt an die am meisten anspruchsberechtigten Personen und deren Familien verteilt werden:

1 – Obst- und Weinbauland (erster Grad) fünf Dscherib
2 – Bewässertes Ackerland mit zwei Ernten (zweiter Grad), sechs Dscherib
3 – Bewässertes Ackerland mit einer Ernte (dritter Grad), acht Dscherib
4 – Bewässertes Ackerland mit einer Ernte (vierter Grad), zwölf Dscherib
5 – Trockenes Ackerland (fünfter Grad), 25 Dscherib
6 – Trockenes Ackerland (sechster Grad), 33 Dscherib
7 – Trockenes Ackerland (siebter Grad), 50 Dscherib

Das dem Kleingrundbesitzer zugeteilte Land soll einschließlich seines eigenen Landes nur bis zu fünf Dscherib von erstgradigem Land oder seinem Äquivalent groß sein.

§ 13
Landstücke, die zwei verschiedene Grade von Land oder mehr umfassen, sollen auf der Basis der Koeffizienten der entsprechenden Gradstufen zu fünf Dscherib erstklassigem Land umgerechnet und an Anspruchsberechtigte verteilt werden.

§ 14
Land soll an die Personen mit Landanspruch ohne Verlosung verteilt werden. Nur wenn das Land, auf dem die Anspruchsberechtigten arbeiten, in dem Dorf oder Bezirk nicht ausreicht, soll das Land an Personen mit erstrangigem Anspruch auf der Basis von Verlosung verteilt und ihnen übereignet werden.

§ 15
Unter Beachtung des Prioritäts-Rechtes soll Land an Personen mit zweitrangigem Anspruch verteilt werden. Wenn Land übriggeblieben ist, soll es an Personen mit drittrangigem Anspruch und wenn noch mehr Land übriggeblieben ist, an Personen mit viertrangigem Anspruch, mit fünftrangigem Anspruch und schließlich an Personen mit sechstrangigem Anspruch auf der Basis der Verlosung verteilt werden.
Das Prioritäts-Recht der kleinen Landbesitzer auf Verteilung regelt sich nach der Größe ihres Landes und nach der Nähe zu dem zu verteilenden Land.

§ 16
Die Verlosung soll öffentlich in Anwesenheit der anspruchsberechtigten Kandidaten von einem eingesetzten Team durchgeführt werden. Das Landstück, das im Namen der Person mit Landanspruch verlost wurde, soll ihr, gemäß dem festgelegten Verfahren, übereignet werden.

§ 17
Die Einrichtungen und Ausrüstungsgegenstände auf dem Land, das unter den Regelungen dieses Dekrets enteignet und an anspruchsberechtigte Personen, landwirtschaftliche Genossenschaften oder Staatsfarmen übereignet wurde, soll durch die Landwirtschaftliche Entwicklungsbank zu einem gerechten Preis zu Zehnjahres-Raten erworben und an die Genossenschaften und Staatsfarmen verkauft werden.
Die genannte Bank soll von den Personen mit Landanspruch, Genossenschaften oder Staatsfarmen im Verlauf von zehn Jahren das Geld zu günstigen Bedingungen wieder zurückfordern.

§ 18
Das Land von Staatsfarmen und staatlichen Institutionen ist nicht den Regelungen dieses Gesetzes unterworfen.

§ 19
Jede Familie oder jedes Mitglied einer Genossenschaft kann 30 Dscherib Ödland oder ein Äquivalent zu erstgradigem Land unter Zustimmung der Landreform-Abteilung neu anbauen und landwirtschaftlich nutzen. Er kann dieses Land in Übereinstimmung mit den Regelungen dieses Dekrets besitzen.

§ 20
Verstreute Landstücke eines Landbesitzes oder die Teilung in kleine Landstücke, die die Effektivität der Bearbeitung durch den Bauern behindern würde, soll korrigiert, kontrolliert, verhindert und auf Grund von gesonderten Richtlinien geregelt werden.

§ 21
Die Regierung soll unter gebührender Beachtung des wirtschaftlichen Nutzens und der Umweltbedingungen in Übereinstimmung mit festen Regeln Gebiete für verschiedene spezielle landwirtschaftliche Produkte, für Weiden und für Wälder festlegen.

§ 22
Das Datum für die Verteilung des Landes an anspruchsberechtigte Personen in den verschiedenen Regionen des Landes wird der Öffentlichkeit durch gesonderte Dekrete

des Präsidiums des Revolutionsrates und des Premierministers über Radio, Fernsehen und Presse bekanntgegeben werden.

Die Personen mit Landanspruch und ihre Pflichten

§ 23

Personen, die folgende Bedingungen erfüllen, sollen berechtigt sein, Land zu erhalten:

1 – Sie müssen die afghanische Staatsangehörigkeit besitzen.

2 – Sie müssen das 18. Lebensjahr vollendet haben.

3 – Sie müssen landlose Bauern, kleine Landbesitzer, Landarbeiter oder Voll-Nomaden sein.

4 – Sie dürfen kein anderes Einkommen außer durch Landwirtschaft und Arbeit haben.

5 – Sie müssen sich verpflichten, alleine oder mit Familienmitgliedern auf dem zugeteilten Land zu arbeiten, es zu bebauen und instand zu halten.

6 – Sie dürfen keinen Erbanspruch auf Land einer verstorbenen Person haben, es sei denn, daß sie auf dieses Recht schriftlich verzichten.

§ 24

Die Prioritäts-Rechte der Personen, die die Bedingungen des Paragraphen 23 dieses Dekrets erfüllen, sollen wie folgt festgelegt sein:

Personen mit erstrangigem Anspruch auf Land:

1 – Der landlose Bauer, der auf dem zu verteilenden Land arbeitet.

2 – Der landlose Bauer oder Kleingrundbesitzer, dessen Anbauland durch den Staat im öffentlichen Interesse enteignet worden ist.

Personen mit zweitrangigem Anspruch auf Land:

Der landlose Bauer und Landarbeiter des Dorfes, in dem es kein zu verteilendes Land gibt.

Personen mit drittrangigem Anspruch auf Land:

Der landlose Bauer eines Dorfes, in dem nach der Verteilung an Personen mit erstrangigem und zweitrangigem Anspruch kein Land mehr übrig ist.

Personen mit viertrangigem Anspruch auf Land:

Der landlose Bauer, der in einem Bezirk wohnt, und der Nomade, der gewöhnlich einen Teil des Jahres in diesem Bezirk verbringt, wo zu verteilendes Land vorhanden ist.

Personen mit fünftrangigem Anspruch auf Land:

Der landlose Bauer und der Landarbeiter einer Provinz, in der zu verteilendes Land vorhanden ist.

Personen mit sechstrangigem Anspruch auf Land:

Die landlosen Bauern oder Nomaden von verschiedenen Teilen anderer Provinzen, in denen zu verteilendes Land vorhanden ist.

§ 25

Die Personen mit Landanspruch sollen folgende Verpflichtungen übernehmen:

1 – Sie müssen innerhalb von drei Monaten nach der Verkündigung des Landverteilungsdekrets das Landverteilungsformular in der betreffenden Provinz ausfüllen und es dem eingesetzten Team übergeben.

2 – Sie müssen das Land genau bezeichnen, auf dem sie arbeiten und die volle Identität des Eigentümers angeben.

3 – Von der Verteilung des Landes an gerechnet ist die Person mit Landanspruch verpflichtet, innerhalb von drei Monaten das Land in Besitz zu nehmen und Schritte zu seiner Bebauung einzuleiten.
4 – Sie muß in direktem Kontakt zu der Landreform-Abteilung und dem Komitee zur Lösung der Probleme der Bauern in dem betreffenden Bezirk stehen.
5 – Sie sollte an der Numerierung der Blöcke und des verteilbaren Landes in der betreffenden Region praktischen Anteil nehmen.
6 – Sie sollte das Darlehen der Landwirtschaftlichen Entwicklungsbank gemäß den Regelungen in gebührender Zeit zurückzahlen.
7 – Sie sollte die Landsteuer in der vorgeschriebenen Zeit bezahlen.

Organisatorische Fragen

§ 26
Um Auseinandersetzungen, die aus der Erfüllung der Regelungen dieses Dekrets entstehen, zu lösen, werden Besondere Chalqi(Volkspartei-, d. Ü.)-Komitees auf Bezirksebene und Besondere Chalqi-Komitees auf Provinzebene eingerichtet. Die Entscheidungen des Besonderen Provinz-Chalqi-Komitees sollen endgültig und abschließend in Übereinstimmung mit den Regelungen dieses Dekrets und den gesetzlichen Richtlinien sein.

§ 27
Organisation, Aufgaben, Vollmacht und Verantwortungen der Besonderen Chalqi-Komitees sollen gemäß den Richtlinien zur Durchführung der Landreform organisiert werden.

Verteilung ererbten Landes

§ 28
1 – Wenn der Besitzer stirbt, sind die Mitglieder seiner Familie verpflichtet, das von ihm besessene Land in Übereinstimmung mit den Richtlinien zu bebauen und zu nutzen.
2 – Wenn Familienmitglieder noch nicht alt genug, weiblich oder unfähig sind, das Land zu bebauen, kann eines der Familienmitglieder das Land zum Bebauen verpachten, bis eines der Familienmitglieder fähig wird, das Land zu bearbeiten.

§ 29
1 – Der Landbesitz Verstorbener, der 30 Dscherib erstgradigen Landes oder sein Äquivalent überschreitet, soll als Überschußland betrachtet werden.
2 – Die Erben können das ererbte Land untereinander derart verteilen, daß der Anteil eines jeden Erben nicht weniger als fünf Dscherib von erstgradigem Land oder seinem Äquivalent ausmacht.
3 – Verteilung von ererbtem Land, das fünf Dscherib von erstgradigem Land oder seinem Äquivalent oder weniger als das umfaßt, ist nicht erlaubt. In diesem Falle soll einer der Erben, der das Land selbständig bearbeiten kann, das Land in Besitz nehmen.
4 – Wenn einer oder mehrere Erben auf Grund der Regelungen dieses Paragraphen kein Erbland erhalten, so soll Land gemäß den Richtlinien dieses Dekrets an sie verteilt werden, vorausgesetzt sie haben einen Anspruch darauf.

§ 30
Erben können nicht Überschußland über das gesetzte Limit hinaus oder Überschuß-

land des ererbten Landes unter sich selbst aufteilen, nachdem die Landvermessung durchgeführt worden ist.

Regelungen für Bestrafung

§ 31

1 – Wenn eine Person vorsätzlich ohne irgendeinen entschuldbaren Grund seinen Landbesitz nicht innerhalb eines Jahres nach dem Inkrafttreten dieses Dekrets im offiziellen Grundbuch eintragen läßt, soll sein gesamter Landbesitz als Staatseigentum betrachtet werden.

2 – Wenn eine Person zu 20 % falsche Informationen über seinen Landbesitz eintragen läßt, soll ein dem verschwiegenen Tatbestand entsprechender Teil seines Landes in das Eigentum des Staates übergehen.

§ 32

Wenn eine Person Bewässerungseinrichtungen, Gebäude oder Ausrüstungsgegenstände eines Landstückes, das verteilt werden soll, vernichtet, so ist sie verpflichtet, den dreifachen Preis dafür an den Staat zu zahlen, und wird außerdem gesetzlich belangt.

§ 33

Derjenige, der gegen die Regelungen dieses Gesetzes verstößt, soll einer Bestrafung von einem Monat bis zu drei Jahren je nach den Umständen unterworfen werden.

Verschiedene Regelungen

§ 34

Der Besitzer ist verpflichtet, das Land entsprechend seiner Fähigkeiten jedes Jahr zu bebauen. Er soll die Instruktionen und Anleitungen des Ministeriums für Landwirtschaft und Landreform bei der Nutzbarmachung des Landes anwenden.

§ 35

Wenn auf der Grundlage von Eigentumsdokumenten ein Erbe oder eine Person als Ergebnis der Landbesiedelung oder während der Inspektion durch das Besondere Chalqi-Komitee für Landreform beweisen kann, daß eine Person ohne gültige Eigentumsdokumente Land, das von einer anderen Person beansprucht wird, an sich genommen hat, soll in diesem Falle ein Stück Land, das in der Größe dem angeeigneten Land entspricht, an den Erben oder den Anspruchерhebenden von der eingesetzten Gruppe zur Identifizierung des Landes übergeben werden. Voraussetzung hierfür ist, daß er nicht mehr als 10 Dscherib erstgradigen Landes oder seines Äquivalentes besitzt. Der übrige Teil des in Frage stehenden Landes soll als Staatseigentum betrachtet werden.

§ 36

Die Afghanische Chemische-Düngemittel-Gesellschaft, die Gesellschaft zur Verbesserung von Saatgut, die Landwirtschaftsmaschinen-Gesellschaft und die Landwirtschaftliche Entwicklungsbank sollen Zweigstellen in Gebieten, in denen die Landreform durchgeführt wurde, eröffnen. Zugleich sollen sie notwendige Voraussetzungen, Darlehen, Werkzeuge und Material unter günstigen Bedingungen für Personen, die Land erhalten haben, bereitstellen.

§ 37

Wenn eine Person die Bedingungen des Paragraphen 23 dieses Dekrets nicht erfüllt, soll ihr das Land wieder abgenommen werden und an eine andere Person mit Landanspruch in Übereinstimmung mit den Regelungen dieses Dekrets gegeben werden.

§ 38

Die Regierung kann Richtlinien zur wirksamen Anwendung der Regelungen dieses Dekrets aussprechen.

§ 39

Nach Inkrafttreten dieses Dekrets werden das Landreformgesetz, das im Monat Asad 1354 (Juli/August 1975, d. Ü.) veröffentlicht wurde, und jene Gesetze und Richtlinien, die im Gegensatz zu den Regelungen dieses Dekrets stehen, gemeinsam mit ihren Anhängen null und nichtig.

§ 40

Dieses Gesetz tritt mit der Veröffentlichung im Amtlichen Anzeiger in Kraft.

f) Erklärung des/der Dschamiat-ul Ulama Dschirgah

(Aus *The Kabul Times* vom 11. 8. 1979)

Der vollständige Text der Erklärung lautet:

Im Namen Gottes, des Barmherzigen und Gnädigen, die Erklärung der Versammlung des *General Jirgah of Islamic ulama of Afghanistan* lautet:

Wir, die Mitglieder der Versammlung des *General Jirgah of Islamic ulama of Afghanistan*, die wir Zeugen waren der Handlungen, des Verhaltens, der Taten und Leistungen unseres Staates seit dem Erfolg der großen *Saur-Revolution*, haben mit aller Gewißheit erkannt, daß der gegenwärtige Staat der Demokratischen Republik Afghanistan der Diener Gottes und des Gottesvolkes ist und der Diener der Armen und Hilflosen, der Retter und Beschützer der geheiligten Religion des Islam und des mohammedanischen *Shariat*.

Die Predigten und Ermahnungen werden jeden Morgen und Abend im Radio und im Fernsehen übertragen, und ständig werden Unterweisungen in der Lehre der geheiligten Religion des Islam und des mohammedanischen *Shariat* gesendet. In den Moscheen sind überall Predigten zu hören, die jetzt freier sind als in der Vergangenheit. Während des Monats Ramasan rezitieren *Qaris* vom Heiligen *Quran* das heilige Buch in *Taraweh*-Gebeten in Kabul-Stadt und den Provinzen, und wo es keine *Qaris* gibt, werden *Taraweh*-Gebete (gedruckt?) angeboten. Kurzum, alle religiösen Rituale und Praktiken werden ohne jede Störung durchgeführt.

Außerdem sind während dieser Periode von mehr als 15 Monaten, die seit Beginn des Regimes verstrichen sind, Maßnahmen entsprechend der geheiligten Religion des Islam ergriffen worden. Es wurden mehrere Dekrete erlassen, die mit dem Islam übereinstimmen – so das Verbot von Wucher und Korruption, die den Lehren und dem wahren Geist des reinen mohammedanischen *Shariat* widersprechen. Im *Quran* heißt es klar: hat den (Verkaufs-)Handel erlaubt und den Wucher verboten. An anderer Stelle heißt es: Gott schafft den Wucher aus der Welt.

In den Sprüchen des Großen Propheten des Islam (Friede sei mit ihm), die Ibni Masoud in Termizy zitiert, heißt es: Der Prophet Gottes (Friede sei mit ihm) hat beiden geflucht – dem Wucherer (und) dem, der dem Wucher ausgesetzt ist, dem Zeugen und dem Schreiber.

Ebenso hat der Staat Afghanistan zur Sicherung der sozialen Gerechtigkeit den Unterdrückern zum Schutz der Unterdrückten die Hände gebunden und den Mädchenhandel verboten.

Es sind viele Sprüche des Propheten Mohammed vom Islam zitiert worden. Aayesha weist auf den Ausspruch des Propheten Mohammed hin: Die am höchsten geachtete *Nekah* (Heirat) – soweit es ihren Wert betrifft – ist, daß der Aufwand gering und die Zeremonie einfach ist. Nach Altabrani werden Frauen, deren Mitgift die geringste ist, als die Frauen mit der größten Tugend angesehen.

Deshalb ist der Gehorsam gegenüber einem solchen Staat und seinem Führer, die dem Islam zum Triumph verhalfen, sowie seinen Maßnahmen und Verhalten(sregeln) entsprechend den *Shariat*-Bestimmungen zwingend vorgeschrieben. So heißt es in diesem Vers aus dem Heiligen *Quran*: Gehorcht Gott, dem Propheten und denen, die euch regieren. Insbesondere wenn die Regierenden und Organisatoren eurer Angelegenheiten die Diener und Beschützer der Religion und der religiösen Menschen sind. Gott sei es gedankt, daß die gegenwärtigen Herrscher unseres Staates mit diesen guten Eigenschaften ausgestattet sind. Deshalb ist jeder Ungehorsam gegenüber den Anordnungen und Befehlen dieses Staatstyps gegen die Bestimmung des genannten heiligen Verses aus dem *Quran*, und jede Rebellion, jeder Widerstand und jeder subversive Akt dagegen ist zweifellos eine Erhebung, und Leute, die zu solchen Taten gegen den dem Volk dienenden Moslem-Staat schreiten, sind Rebellen und Aufrührer; ihre Aussonderung ist legal, und ihre Bekämpfung ist in Übereinstimmung mit der Vorschrift dieses Verses aus dem Heiligen *Quran*, in dem es heißt: Steht eine Sippe oder ein Stamm gegen den anderen auf, dann bekämpft und tötet die rebellierende Sippe oder den Stamm, bis sie wieder zur Ordnung Gottes zurückkehren, das heißt zu Gehorsam und Unterwerfung.

Im Band VII auf Seite 181 von ‹*Badayes Sanayee*› steht geschrieben, das Töten und die Bekämpfung von Rebellen und Ungehorsamen sei von den *ulamas* (Religionsgelehrten) erlaubt. Und es besteht kein Zweifel, daß dieses Gesetz obligatorisch sein dürfte, da es übereinstimmt mit dem, was Gott, der Große, über das Töten und Kämpfen sagt.

Auf Seite 185 von ‹*Moyaiunal Hukkam Emam*› wird Abu Hanifa zitiert, der da sagt: Wenn zwischen Moslems Rebellion und Krieg aufflackert, ist es erforderlich, daß niemand sein Haus verläßt, und wenn ihn der Führer des Staates auffordert, gegen die Rebellen zu kämpfen, darf er den Gehorsam nicht verweigern, wenn er die finanzielle und körperliche Kraft hat; denn der Gehorsam gegenüber den Befehlen des Staatsführers ist *Farz* (obligatorisch durch göttlichen Befehl).

Deshalb richten wir, die Mitglieder der Generalversammlung des *Islamic Ulama of Afghanistan*, an alle hervorragenden *ulama* unseres geliebten Landes und unsere orthodoxen Moslems die Aufforderung, Rebellen und diesen Aufrührern zu widerstehen, sie zu bekämpfen und zu töten, wie es in den Versen des Heiligen *Quran*, im *Ahadeth* des Propheten Mohammed heißt und vom reinen Mohammedaner *Shariat* vorgeschrieben ist. Wo immer ihr sie findet, nehmt sie fest und sondert sie aus, weil es in der Praxis erwiesen ist, daß diese Anwärter auf den Islam und diese *Ikhwanush Shayateen* nicht nur ein Hindernis des Fortschritts unseres islamischen Landes Afghanistan und den Befehlen und Weisungen des Staates, die mit den Vorschriften des Islam übereinstimmen, ungehorsam sind, sondern auch Hunderte islamfeindlicher, unmoralischer und unmenschlicher Handlungen begehen wie das Töten unschuldiger Frauen und Kinder, alter und gebrechlicher Männer, das Niederbrennen von Schulen, Bibliotheken und die Zerstörung öffentlicher Einrichtungen, welche mit dem Geld der sich plagenden armen Menschen gebaut worden sind. Sie schrecken noch nicht einmal davor zurück, die Ehre von Mädchen und Frauen anzugreifen. Deshalb erklären wir einstimmig, daß derartige Rebellen und Verbrecher nach dem Befehl des mohammedanischen *Shariat* zu töten sind, daß *Jehad* obligatorisch ist und *Farz* gegen sie gilt, um sie mit den Wurzeln auszureißen.

Auch den reaktionären Kreisen Pakistans und den fanatischen religiösen Führern des Iran, die diesen Rebellen und Feinden der Religion in ihren Ländern Asyl gewährt, ihnen dort geholfen und sie gegen unseren Staat aufgehetzt haben, in unserem geheiligten Land umstürzlerische Handlungen zu begehen, erklären wir, daß diese reaktionären religiösen Gruppen Pakistans und des Iran, die sich selbst Moslems nennen, keine Moslems sind. Denn nach dem *Ahadeth* des Propheten Mohammed werden diese beiden am Tage der Auferstehung gleichermaßen bestraft.

Deshalb teilen die reaktionären Kreise Pakistans und die fanatischen religiösen

Führer des Iran die Sünde dieser Rebellen und Umstürzler im Angesicht Gottes und des Propheten Mohammed, und ihre Taten sind gegen die Vorschriften des *Shariat of Islam.*

Deshalb erklären wir hiermit allen Moslems und ehrenwerten Leuten Afghanistans und den hervorragenden religiösen Gelehrten Afghanistans, sie sollen sich nicht täuschen lassen durch die inneren und äußeren Feinde der Religion, ihren Staat und ihr Land, ihren eigenen Staat anerkennen und seinen Befehlen und Anweisungen in Ergebenheit gehorchen. Sie sollten an diesen Vers des Heiligen *Quran* glauben, in dem es heißt: Der Allmächtige Gott führt die Täuschung nirgendwohin. Diese Täuschungen und Intrigen der Verräter und *Ikhwanush Shayateen* werden keine Früchte tragen und gleichen Blasen auf dem Wasser, weil sie sich nicht der Führung Gottes erfreuen.

g) Stellungnahme zur Politik der Regierung der Demokratischen Republik Afghanistan (DRA) im Namen des Zentralkomitees der Volksdemokratischen Partei Afghanistans (VDPA), des Revolutionsrats der DRA und in meinem eigenen Namen, Babrak Karmal

(Aus *The Kabul New Times* vom 1. 1. 1980)

Im Namen Gottes, des Gnädigen und Barmherzigen ...

Folgendes sind die grundlegenden Prinzipien, auf die das politische System in Afghanistan sich stützen soll und die die Regierung der DRA auf der Grundlage einer nationalen Einheitsfront unter Führung der Arbeiterklasse und aller Werktätigen, das heißt der VDPA, sichern und verteidigen wird:

Nationale Souveränität, nationale Unabhängigkeit, territoriale Integrität, wirkliche Demokratie, Schaffung einer demokratischen Regierung und eines demokratischen Verwaltungssystems, Stärkung der Grundlagen der revolutionären Demokratie, Legalität im Leben der Gesellschaft und des Staates und Ausbreitung von Volksorganisationen.

Während es unter den herrschenden Umständen nicht unsere unmittelbare Pflicht ist, Sozialismus zu praktizieren, hält es die Regierung der DRA für ihre historische nationale Pflicht, die Errungenschaften der großen Saur-Revolution, nämlich die fortschrittlichen sozialen und politischen Stützen der DRA, zu festigen und zu erweitern. Die Regierung soll die nationale, demokratische, antifeudale, antiimperialistische und antikompradoriale Revolution zum endgültigen Sieg bringen und in erster Linie folgende dringende Pflichten erfüllen:

1. Die Entlassung aller politischer Gefangener, die das Beil des Henkers Hafisullah Amins überlebt haben, anzukündigen und willkürliche Exekutionen abzuschaffen.
2. Alle antidemokratischen und antihumanen Regelungen abzuschaffen und alle Arreste, Freiheitsberaubungen, willkürliche Verfolgungen, Hausdurchsuchungen und Nachforschungen zu verbieten.
3. Die heiligen Grundlagen des Islam, Freiheit des Gewissens, des Glaubens und der Religionsausübung, zu respektieren, die Einheit der Familie zu schützen, das Prinzip des gesetzlich rechtmäßigen, gerechtfertigten und privaten Eigentums, das frei von unterdrückerischer Ausbeutung, Unterschlagung, Bestechung, Wucher, Hamsterei und Schmuggel zustande gekommen ist, zu beachten.
4. Individuelle und kollektive Sicherheit und Immunität, revolutionäre Gelassenheit, Friede und Ordnung im Lande wieder zu erneuern.
5. Gesunde Bedingungen zu schaffen, die zu demokratischen Freiheiten führen, nämlich zur Freiheit der Bildung fortschrittlicher und patriotischer Parteien, Massen- und gesellschaftlicher Vereinigungen, Freiheit der Presse, Demonstrationen, und zum Recht auf Straßenmanifestationen. Sie sollen das Recht auf Arbeit und Ausbildung, die Freiheit und Immunität des Brief- und Telefonverkehrs, die Reisefreiheit und die Immunität der Wohnung sichern.
6. Der jungen Generation, den Schülern, Universitätsstudenten und der Intelligenz besondere Beachtung und Unterstützung ohne Diskriminierung zu gewähren.

Liebe Landsleute, die Regierung der DRA will Armut, Krankheit und wirtschaftliche Unterentwicklung, Unwissenheit und Analphabetentum, Arbeitslosigkeit und Ungleichheit, nationale und gesellschaftliche Unterdrückung in Afghanistan besiegen. Sie will eine unabhängige nationale Wirtschaft schaffen und die wirtschaftliche Wachstumsrate im Einklang mit den wissenschaftlichen Plänen für die sozioökonomische Entwicklung einschließlich der Gründung von unabhängigen nationalen Industrien, Industrialisierung und Anhebung des Lebensstandards der Massen beschleunigen. In Übereinstimmung mit den allgemeinen Zielen der großen Saur-Revolution will die Regierung der DRA dazu die folgenden grundlegenden Pflichten in der möglichst kürzesten Zeit verwirklichen:

Im Bereich der Innenpolitik:

Die späteren Stufen der demokratischen Landreform durchführen, die Überreste der veralteten feudalen Beziehungen beseitigen, die Vorherrschaft im Außenhandel und imperialistische Monopol-Agenturen beendigen, den öffentlichen Sektor in verschiedenen wirtschaftlichen Bereichen ausweiten, die Handwerker, Landeigentümer, Klein- und Mittelhändler und nationale Kapitalbesitzer anleiten, ermutigen und beschützen, die Grundlagen des politischen und sozialen Lebens und des Regierungsapparates demokratisieren, verschiedene Dialekte und Kulturen von allen brüderlichen Nationalitäten und Stämmen in Afghanistan kultivieren und entwickeln, die Kulturrevolution durchführen, den Einfluß der Überreste des alten und neuen Kolonialismus des Imperialismus aus allen Bereichen verbannen.

Im Bereich der Außenpolitik:

Die Regierung der DRA wird eine in sich schlüssige friedliche Politik verfolgen, die auf den Prinzipien der positiven und aktiven Bündnisfreiheit und friedlichen Koexistenz beruht. Sie unterstützt die Politik der Verteidigung von Frieden und Détente (Verminderung von Spannung), Begrenzung der strategischen nuklearen Waffen, allgemeine und vollständige Abrüstung, Menschenrechte und nationaler Befreiungsbewegungen von unterdrückten Völkern als ein loyales Mitglied der Vereinten Nationen und der bündnisfreien Länder. Sie respektiert alle Vereinbarungen, die zwischen Afghanistan und anderen Ländern der Welt unterzeichnet wurden. Die Regierung der DRA wird gemeinsam mit friedliebenden Kräften in einer breiten weltweiten Front gegen Krieg und Kriegshändlern, alten und neuen Kolonialismus, Imperialismus, Zionismus, Faschismus und Rassismus, Apartheid und rassistische Diskriminierung kämpfen. Sie wird ihre internationale Solidarität mit dem Weltsystem des Sozialismus, den weltweiten proletarischen Bewegungen und der nationalen Befreiung der Länder Asiens, Afrikas und Lateinamerikas verstärken.

Das Volk und die Regierung der DRA wird unter voller Beachtung des Vertrages über Freundschaft und Zusammenarbeit vom 5. Dezember 1978 mit der Sowjetunion, dem großen Land des Friedens, das von Natur aus permanenten Frieden und Sicherheit in der Region garantiert, ihre unerschütterliche brüderliche Freundschaft auf einem höheren Niveau, auf neue Art und Weise und in allen Bereichen verstärken. Diese Freundschaft ist eine Bekundung des unabhängigen Willens und des Patriotismus des afghanischen Volkes während der vergangenen 60 Jahre nach der nationalen Unabhängigkeit. Diese Freundschaft hat sich in voller Aufrichtigkeit als Bestandteil einer angemessenen nationalen Tradition zu einem grundlegenden Prinzip verwandelt und ist ein Ausdruck unseres nationalen fortschrittlichen afghanischen Charakters geworden.

Die Regierung der DRA begrüßt die nationale, islamische, antiimperialistische und antimonarchische Revolution der großen Massen der brüderlichen Völker des Irans. Sie wird die Initiative ergreifen, um die Verbundenheit zwischen den beiden befreundeten Ländern, die gemeinsam historischen Traditionen verpflichtet ist und in der Tat nicht die leisesten Differenzen aufweist, zu stützen und zu stärken.

Zwischen den Völkern Afghanistans und Pakistans bestehen auch starke brüderliche Beziehungen. Die Regierung Afghanistans wird ehrlich und brüderlich gemeinte Anstrengungen unternehmen, um jede Art von Differenzen und Mißverständnissen durch friedliche Verhandlungen mit den pakistanischen Regierungsvertretern aus dem Wege zu räumen.

Da das friedliebende Volk von Afghanistan jede säbelrasselnde, expansionistische, interventionistische und aufhetzerische Politik öffentlich anklagt, ist es vom Gesichtspunkt des Prinzips des Rechtes und des Willens der paschtunischen und belutschischen Brüder der Meinung, daß diese ihr eigenes Schicksal und Glück bestimmen sollen.

Die starken Wurzeln, das gemeinsame Schicksal, die freundlichen und brüderlichen Beziehungen zwischen dem Volk Afghanistans und dem friedliebenden Volk von Indien gehen zurück bis in die Tiefe der Geschichte unserer Region. Daher wird mit Nachdruck betont, daß die weitere Verstärkung der indo-afghanischen Beziehungen eine der wichtigsten Faktoren für die Stabilität, den Frieden und die Sicherheit in der Region ist.

Das Volk von Afghanistan wünscht uneigennützige Freundschaft mit der Volksrepublik China, einem weiteren benachbarten Land.

Die DRA bietet aufrichtig und ernst gemeint allen Ländern der Welt ihre Hand der Freundschaft an, um Frieden und freundschaftliche Beziehungen mit ihnen herzustellen. Zugleich verstärkt sie ihre brüderlichen, islamischen Beziehungen mit den bündnisfreien, islamischen und arabischen Nationen und deren werktätiger Bevölkerung und unterstützt entschieden die Befreiungsbewegungen der heldenhaften Völker Palästinas. Liebe Landsleute, die Grundlage der Macht der DRA wird durch das Volk gebildet, und sie gehört dem Volk. Ihre politische Macht geht aus von Delegierten des Volkes in lokalen und nationalen Versammlungen auf der Grundlage einer anwendbaren, humanen, demokratischen und fortschrittlichen Verfassung, die sobald wie möglich entworfen wird. Die Volksdelegierten werden auf der Basis eines allgemeinen Wahlrechts in gleichen, direkten und geheimen Abstimmungen gewählt. Die DRA wird organisatorisch als eine Vereinigte Republik Afghanistan gegründet werden auf der Basis der Gleichheit der Rechte und des freien und freiwilligen Zusammenschlusses aller brüderlichen Nationalitäten und Stämme, die in ihrem einzigen und gemeinsamen Mutterland, Afghanistan, leben.

Es wird klar und mit fester Entschlossenheit angekündigt, daß unser endgültiges Ziel die Eliminierung jeder Art von Ausbeutung des Menschen durch Menschen, das unbarmherzige Zerbrechen des Widerstandes der Reaktionäre, Unterdrücker und Ausbeuter und die Begründung einer neuen und fortschrittlichen Gesellschaft in Afghanistan ist.

Liebe Landsleute, es ist klar, daß ihr während der vergangenen Jahrzehnte viele demagogische Worte und hohle Versprechungen von unterdrückerischen und ineffizienten Regierungen von Afghanistan, von den Lügnern der Nadir-Familie bis zu denen der Aminis, gehört habt. Aber laßt uns in aller Bescheidenheit erklären, daß «Praxis das Kriterium der Realität ist». Daher könnt ihr das, was wir euch sagen, im Leben selbst erproben. Wir sind von der ehrwürdigen und menschlichen Feststellung überzeugt, wonach «in der Tat derjenige Staatsmann oder Regierungslenker glücklich ist, der immer sagen kann, was er wirklich denkt. Er erreicht das, was er für nützlich hält. Er arbeitet und kämpft für ein Ziel, an das er wirklich glaubt.»

Es folgen noch weitere abschließende Aufrufe und Beteuerungen.)

h) Wir wollen die Islamische Republik – Programmatische Aussagen von Oppositionsgruppen

(Zusammenstellung von Wolfgang Holzwarth/Latef Tabibi)

1. Auszüge aus einem BBC-Interview mit Theologie-Professor Burhanuddin Rabbani am 29. 5. 1979:

Rabbani: Die «Dschabhe-e-Milli-e-Nedschat-e Afghanistan» (Nationale Front zur Rettung Afghanistans) setzt sich aus verschiedenen Gruppen zusammen und besteht seit einem Jahr. Mitglieder sind islamische Gelehrte, die eine gesellschaftliche Kraft in Afghanistan waren, die Mehrheit aller Afghanen, Gebildete, Intellektuelle, Würdenträger. Gleichzeitig auch Minister und Botschafter früherer Regierungen, die Anhänger unter dem afghanischen Volk haben.

Frage: Warum nimmt die Hesb-i Islami nicht teil?

Rabbani: Da müssen Sie sie selber fragen. Es gibt Probleme um die Führung. Traurig ist, daß jeder Führer sein will. Wichtig ist, daß die Führung vom Volk akzeptiert wird.

Frage: Falls Sie siegen, was für eine Regierungsform wird Afghanistan haben?

Rabbani: Eine Islamische Republik, die den wahren Islam vertritt, in der islamische Gesetze gelten.

Frage: Kennen Sie so eine Regierung?

Rabbani: Nein, leider kenne ich eine derartige Regierung, wie wir sie *wünschen*, bisher nicht.

2. Ziele der «Nationalen Front zur Rettung Afghanistans»

Burhanuddin Rabbani aus deren Programmbroschüre:

Unser Ziel ist eine islamische Gesellschaft, die Verwirklichung der Gerechtigkeit, der islamischen Rechte, der Menschenrechte, der islamischen Brüderlichkeit. Die Förderung der Autonomie Afghanistans. Der Kampf für die eigene Kultur, Geschichte und Nationalcharakter. Eine Umgestaltung der Wirtschaft und Gesellschaft, die auf der islamischen Ordnung basieren soll. Die Garantie der persönlichen und gesellschaftlichen Rechte auf der Grundlage des Islam ist unser wesentlicher Punkt. Wir werden keine absolutistische Regierung und Despotie erlauben. Die Front wird immer gegen «Materieanbeter» (Materialisten) kämpfen, solange es diese in Afghanistan geben wird. Wir wollen eine islamische Gesellschaft, die auf Koran und Sunnat (Tradition) basiert. Wer diese Punkte akzeptiert und nicht an der jetzigen Regierung beteiligt ist, kann ohne weiteres mit uns zusammenarbeiten. Falls wir siegen werden, werden wir freundschaftliche Kontakte mit unseren Nachbarn haben. Die jetzige Regierung ist eine Regierung der russischen Imperialisten.

3. «Bekanntmachung» (Esteqamat) der Harakat- i Islami-Gruppe:

Die Harakat- i Islami - Gruppe kämpft zum Wohle des Islam, für soziale Reformen und für die Errichtung einer Islamischen Republik, die weder westlich noch östlich gefärbt, sondern auf der Grundlage des fortschrittlichen Islam aufgebaut sein wird. Wir rufen alle, die diese Punkte akzeptieren, auf, mit uns zusammenzuarbeiten, damit wir so schnell wie möglich eine Regierung nach dem Koran aufbauen und die Würde des afghanischen Volkes wiederherstellen. Die jetzige Regierung besteht aus «Vaterlandsverkäufern».

4. Verlautbarung der Peyam-i Mobares-Gruppe:
(Diese islamische Gruppe arbeitet auch mit Marxisten zusammen)
Wenn wir die realen sozialen und ökonomischen Verhältnisse Afghanistans und vieler anderer Länder untersuchen, so sehen wir, daß es die ideologischen Schulen von Ost und West nicht geschafft haben, die bestehende Ungleichheit (Barriere der sozialen Ungleichheit) abzuschaffen. Die einzige Kraft, die dazu fähig ist, ist der Islam. Die islamische Revolution zielte von Anfang an auf die Abschaffung der Tyrannei, Ausbeutung des Kolonialismus und ist gegen jede Macht gerichtet, die nicht von Gott ist (gottlose Macht). Der Islam ist die Ideologie der Unterdrückten, Ausgebeuteten, Barfüßigen. Wir sind gegen jegliche gottlose Regierung und gleichzeitig gegen östlichen und westlichen Imperialismus, Zionismus, Faschismus und Reaktion. Die islamische Ideologie ist politisch, sozialrevolutionär. Wir wünschen die Solidarität aller islamischen Gruppen.

5. Plattform der «Front der kämpfenden Modschahed»
An der «Front der Modschahed» (Befreiungskämpfer, Märtyrer) sind folgende Gruppen beteiligt:
Sasmane defa as Islam (Organisation zur Verteidigung des Islam)
Arakate Enklabe Islam (Bewegung der islamischen Revolution)
Sasmane Neddschate Meli (Organisation der nationalen Rettung)
Aldjahad (Kampf)
Grohe Enklabie kalkhae Afghanistan (Revolutionäre Gruppe der Völker Afghanistans)
– Zur inneren Lage:
1. Die Kernpunkte unserer Kämpfe sind die Erlangung der Freiheit und Unabhängigkeit von den Russen und ihren inländischen Dienern durch den gewaltsamen und bewaffneten Sturz des Taraki-Amin-Regimes und die Gründung einer Islamischen Republik. Das heißt insbesondere: Kampf gegen den Sozialimperialismus und für den Schutz des Islam und der nationalen Freiheit, Kampf gegen die faschistisch-chauvinistische Diktatur und für die Verwirklichung der Demokratie des kämpferisch-revolutionären Islam.
2. Blockierung des Eindringens der Sozialimperialisten und aller anderen Imperialisten auf politischem und kulturellem Gebiet und die Gründung eines islamischen von den Supermächten unabhängigen Afghanistan.
3. Entschiedene Verteidigung der geheiligten Dinge und des Glaubens unserer islamischen Völker und der anderen Minderheitsreligionen.
4. Unterstützung der unabhängigen Geistlichkeit und der kämpfenden Islams (Sunniten-Schiiten) in einheitlichen islamischen Kadern.
5. Gleichheit für alle afghanischen Nationalitäten; Kampf gegen Chauvinismus und Lokalchauvinismus, für das Selbstbestimmungsrecht aller Nationalitäten über ihre Zukunft und Festigung der politischen Einheit des Landes auf demokratischem Weg.
6. Gründung eines islamisch-nationalen Staates, unabhängig von allen imperialistischen und sozialimperialistischen Mächten (Islamische Republik auf Wunsch des Volkes), basierend auf den Kräften der Völker und den Reichtümern ihres Vaterlandes, und die Gründung einer nationalen unabhängigen Wirtschaft, Politik, Kultur und einer islamischen Armee.
7. Unabhängigkeit und Selbstvertrauen sind die Grundprinzipien im Kampfprozeß

für die Front und den in Zukunft unabhängigen Staat; weder Russen noch Amerikaner, noch andere Mächte!

– Zur internationalen Lage:

1. Unterstützung der kämpferisch-islamischen Bewegung, der Befreiungsbewegungen und der blockfreien Staaten.
2. Festigung der Freundschaft und brüderlichen Beziehungen mit den Nachbarstaaten ohne eine solche Ausbeuterpolitik, wie sie von den Russen und ihren Marionetten bezüglich der Nachbarstaaten praktiziert wird.
3. Festigung der Beziehungen zu allen Nachbarländern auf der Basis der fünf Prinzipien der friedlichen Koexistenz.
4. Verteidigung und Unterstützung des unabhängigen, nationalen und islamischen Staates Iran mit Khomeini an der Spitze.
5. Kampf gegen alle Arten militärischer Pakte, Kampf gegen die Supermächte.

Kommentar zur Paragraph 1 dieser Plattform

a) Hinsichtlich des Kampfes gegen den Sozialimperialismus und den Imperialismus und für die nationale Freiheit und Unabhängigkeit:

– Annullierung aller wirtschaftlichen, militärischen, politischen und kulturellen Verträge, die einseitig sind und ausbeuterischen Charakter haben.
– Kampf gegen die Ausbeutung und Plünderung der Naturressourcen Afghanistans durch jede Macht.
– Kampf für die Vertreibung aller militärischen und nichtmilitärischen russischen Berater; keine Billigung militärisch-imperialistischer Berater.
– Kampf gegen die Wirtschaftspolitik der offenen Tür; Gründung einer islamischen Wirtschaft, basierend auf den eigenen Naturressourcen und Arbeitskräften des Inlands und Nutzung ausländischer Hilfe auf Grund der fünf Prinzipien der friedlichen Koexistenz zwischen den Staaten.

b) Hinsichtlich des Kampfes gegen die faschistische Diktatur und für die Verwirklichung der kämpferisch-islamischen Demokratie:

– Kampf für die Beseitigung der Geheimdienstorganisationen, Folter und Hinrichtungen.
– Kampf gegen Zensur und für Meinungs- und Pressefreiheit die jede Ideologie einbezieht, außer den zwei verräterischen Parteien «Chalq» und «Partscham», und schonungslos ernster Kampf gegen alle Gruppierungen, die Anhänger und Sympathisanten der russischen Ausbeuter sind.
– Kampf für soziale Freiheit und Gründung von politischen und gewerkschaftlichen Organisationen.
– Kampf gegen die nationale Unterdrückung der einzelnen Nationalitäten, der nationalen und religiösen Minderheiten und für die vollständige Gleichberechtigung der Nationalitäten und deren Recht auf Selbstbestimmung ihres Schicksals.
– Sicherung der vollständigen Gleichberechtigung in allen sozialen Bereichen für die islamischen Religionen.
– Kampf gegen die vom Imperialismus abhängige Kultur und Moral (gegen Prostitution, Alkolismus, verderbliche Filme, Nachtklubs ...) und Gründung einer islamischen, nationalen und menschlichen Moral.
– Sicherung der Gleichberechtigung von Frauen und Männern in allen sozialen Bereichen.

– Kampf für die Gründung von kämpferischen Frauenorganisationen im Land zur Verteidigung der Rechte der unterdrückten Frauen Afghanistans.
– Unterstützung des Kampfes der Arbeiterklasse für die Inanspruchnahme ihrer Rechte, Gründung der Organisation der Werktätigen und der freien unabhängigen politischen Organisationen, bis die Arbeiterklasse selbst mit Klassenbewußtsein über ihr Schicksal entscheidet.
– Kampf gegen die Arbeitslosigkeit und für die materielle und immaterielle Unterstützung der Arbeitsstreiks.
– Kampf für die Sicherung der Gesundheit, Wohnung und sozialen Absicherung.
– Gerechte Lösung des Bodenproblems auf Grund der islamischen Gesetze zugunsten der Bauern mit wenig oder ohne Boden.
– Kampf gegen alle Art Ausbeutung der Bauern und gegen den Feudalismus.
– Kampf für den allgemeinen Wohlstand der mittleren Gesellschaftsschicht, der Beamten, gedungenen Arbeiter, Handwerker, Kleinhändler ...
– Kampf für die nationale Industrie, die industrielle Nationalbourgeoisie und für den Schutz der nationalen Händler im Rahmen der Vorteile des Volkes.

Die Existenz einer solchen Front ist eine große Gefahr für das Handlangerregime und die russischen Aggressoren.

Wir sind sicher, daß der Sieg dieser Befreiungsfront unser Land auf den Weg der Freiheit und Unabhängigkeit führen wird.

2. Chronologische Übersicht

1841/42	Erster Anglo-afghanischer Krieg
1878/79	Zweiter Anglo-afghanischer Krieg und Vertrag von Gandomak
1880–1901	Emir Abdur Rahman, Einiger des nationalen Afghanistan
1901–1919	Emir Habibulla, wurde ermordet
	Anfang 20. Jahrhundert: Jung-Afghanen-Bewegung
1919	Dritter Anglo-afghanischer Krieg und Unabhängigkeitserklärung durch König Amanullah
1919–1929	König Amanullah, Reformer Afghanistans
1929–1933	König Nadir Schah, wurde ermordet
1933–1973	König Sahir Schah, lebt im italienischen Exil
1947–1950	Bewegung «Wisch Salmayan» (Erwachte Jugend), an ihr beteiligte sich Nur Mohammad Taraki
1950–1951	Bildung einer Studentenunion, an der Babrak Karmal beteiligt war
1952–1963	Mohammad Daud ist Ministerpräsident unter König Sahir Schah
1. 1. 1965	Gründungskongreß der «Volksdemokratischen Partei Afghanistans» (Chalq = Volk, Masse), Gründungsmitglieder Taraki und Karmal, nicht Amin
1966	Sechs Ausgaben des Parteiorgans *Chalq* erscheinen; die ersten beiden Ausgaben enthalten das Programm der Chalq-Partei
1968	Abspaltung der Partscham(«Fahne»)-Gruppe unter der Führung Babrak Karmals
1968/69	Die wöchentliche Publikation *Partscham* erscheint; Hg. Suleiman Laeq, Redakteur Mir Akbar Chaibar
1973	Putsch Mohammad Dauds gegen seinen Vetter und Schwager Sahir Schah, Ausrufung der Republik
1977	Wiedervereinigung von Partscham und Chalq
17. 4. 1978	Ermordung von Mir Akbar Chaibar auf offener Straße
27. 4. 1978	(= 7. Saur 1357) Partscham und Chalq organisieren gemeinsam mit Hilfe des Militärs die Saur-Revolution
Jul./Aug. 78	Ausschaltung von Partscham aus Partei- und Regierungsspitze
März 1979	Hafisullah Amin wird Ministerpräsident
Sept. 1979	Taraki wird abgesetzt und ermordet, Hafisullah Amin wird Alleinherrscher in Partei und Regierung
27. 12. 79	Einmarsch sowjetischer Truppen in Kabul, Babrak Karmal wird von den Sowjets eingesetzt, Hafisullah Amin hingerichtet

3. Literaturverzeichnis

Autorenkollektiv, Klassen und Klassenkampf in Entwicklungsländern, 3 Bde., Berlin/DDR, 1969/70 (Übersetzung aus dem Russischen)

Democratic Republic of Afghanistan, Annual, Saur 7, 1358, Kabul, April 1979

Democratic Republic of Afghanistan, Exports of Merchandise from Afghanistan (1977–1978), Ministry of Planning, Kabul, o. J. (Oktober 1979)

Democratic Republic of Afghanistan, Imports of Merchandise into Afghanistan (1977–1978), Ministry of Planning, Kabul, o. J. (Oktober 1979)

Dupree Louis, Afghanistan, Princeton 1973

Gäng, Peter, und Reimut Reiche, Modelle der kolonialen Revolution, Beschreibung und Dokumente, Frankfurt a. M., 1967

Geerken, Hartmut (Hg.), Moderne Erzähler der Welt, Afghanistan, Tübingen, 1977

Glaubitt, Klaus/Fawzi Saadeddin/Bernd Schafer, Das System der Staatseinnahmen und seine Bedeutung für die Wirtschaftsentwicklung Afghanistans, Meisenheim, Glan, 1975

Grevemeyer, Jan, Afghanistan und die Saur-Revolution, Manuskript (erscheint im Jahrbuch «Mardom Name», Berlin, 1980)

Fred Halliday, Revolution in Afghanistan, in: New Left Review, Winter 1978/79

Jaeggi, Urs, und Sven Papcke, Revolution und Theorie 1, Materialien zum bürgerlichen Revolutionsverständnis, Frankfurt a. M., 1974

Jäkel, Klaus, Nur Mohammad Taraki, in: Afghanistan Journal, Jg. 5, Heft 3, 1978, S. 105–108

Kabul Times, April 1978–Dezember 1979, Kabul (Tageszeitung, regierungsgelenkt)

Kraus, Willy (Hg.), Afghanistan, Natur, Geschichte, Kultur, Staat, Gesellschaft und Wirtschaft, Tübingen/Basel, 1975 (Dritte Auflage)

Lenin, W. I., Ausgewählte Werke, Band 1, Berlin/DDR, 1965

Poullada, Leon B., Reform und Rebellion in Afghanistan, 1919–1929 King Amanullahs Failure to Modernize a Tribal Society, Ithaka/London, 1973

Renesse, Ernst-Albrecht v., (Hg.), Revolte und Revolution in Entwicklungsländern, Bielefeld, 1969

Schlesinger, Rudolf, Die Kolonialfrage in der Kommunistischen Internationale, Frankfurt a. M., 1970

Stalin, Josef, Fragen des Leninismus, Moskau 1947, Nachdruck Berlin/West, 1971

Statistisches Bundesamt (Hg.), Länderkurzbericht Afghanistan 1979, Wiesbaden, Mai 1979

Tibi, Bassam, Internationale Politik und Entwicklungsländerforschung, Materialien zu einer ideologiekritischen Entwicklungssoziologie, Frankfurt a. M., 1979

Tibi, Bassam, Militär und Sozialismus in der Dritten Welt, Allgemeine Theorien und Regionalstudien über arabische Länder, Frankfurt a. M., 1973

Zapf, Wolfgang (Hg.), Theorien des Sozialen Wandels, Köln/Berlin, 1971